赣商的过去现在和未来

The History, Present, and Future of
Jiangxi Merchants

汤 涛　王明夫　史贤德　著

上海三联书店

汤 涛

华东师范大学研究员，经济与管理学院、马克思主义学院研究生导师，校档案馆馆长兼校史党史办主任。兼任华东师大政治传播与公共关系研究中心副主任、上海市现代管理研究中心特邀研究员。曾留学日本，美国哥伦比亚大学、西班牙"未来中国领袖"等访问学者。出版《筹资》《品牌传播新论》等专著18部。

王明夫

和君集团董事长、和君小镇创建人、和君商学院院长、南昌大学新质生产力（科创产业）研究院院长。兼任中国人民大学财政金融学院和复旦大学经济学院专业硕士导师。历任君安证券研究所所长、君安证券收购兼并部总经理、中国人民大学金融与证券研究所执行所长、国家开发银行专家委员会聘任专家、合肥市政府经济顾问等职务。

史贤德

和君咨询合伙人、南昌区域总经理，江西省教育厅科技成果转化中心委员，南昌大学新质生产力（科创产业）研究院副主任，江西科技师范大学创新创业导师，江西财经大学MBA校友会副秘书长。

目　录

第一章　导言：赣鄱大地、赣人和赣商

　　一、赣鄱大地 3

　　二、赣人 9

　　三、赣商 15

第二章　江西经济与赣商市场

　　一、江西经济的底层逻辑 35

　　二、经商之风与特色商镇 39

　　三、赣商经营行业及其市场 46

第三章　赣商史脉与地域分布

　　一、赣商扎根湖湘荆楚 61

　　二、赣商挺进川滇黔 68

　　三、赣商纵横长三角 75

　　四、赣商雄踞幽燕关陕 80

　　五、赣商向洋闯世界 84

　　六、在地化赣商 87

第四章　历史中的十大赣商

一、黄庆仁药栈：豫章药业第一家 　　　　　　　　　　99

二、李祥泰：南昌最大的绸布号 　　　　　　　　　　102

三、黄文植：近代爱国金融家 　　　　　　　　　　　105

四、胡慎怡堂：蜚声西南大盐商 　　　　　　　　　　108

五、华之鸿：贵州第一富 　　　　　　　　　　　　　111

六、汤子敬：重庆的"汤半城" 　　　　　　　　　　115

七、周扶九：民初中国首富 　　　　　　　　　　　　118

八、王伯群：投资创办大夏大学 　　　　　　　　　　122

九、样式雷：半部中国建筑史 　　　　　　　　　　　127

十、王兹华：台湾拆船大王 　　　　　　　　　　　　131

第五章　赣商的现在：从百人百企看赣商

一、当今赣商综述 　　　　　　　　　　　　　　　　135

二、当今赣商百人百企 　　　　　　　　　　　　　　153

三、当今赣商的特征 　　　　　　　　　　　　　　　175

（一）赣商的产业特征 　　　　　　　　　　　　　　175

（二）赣商的经营特征 　　　　　　　　　　　　　　179

（三）赣商的管理特征 　　　　　　　　　　　　　　205

（四）赣商的文化特征 　　　　　　　　　　　　　　219

（五）赣商的财富与传承特征 　　　　　　　　　　　230

第六章　从现在看未来：江西省上市公司发展报告

一、上市公司数量 　　　　　　　　　　　　　　　　242

二、上市进程与速度 　　　　　　　　　　　　　　　246

三、区域分布 　　　　　　　　　　　　　　　　　　247

四、产业特征和产业意味 　　　　　　　　　　　　　250

五、市值特点 　　　　　　　　　　　　　　　　　　253

六、实际控制人和所有制性质 　　　　　　　　　　　261

七、上市公司股东财富和高管薪酬　265

八、资产负债情况　269

九、创收和盈利能力　275

十、研发投入(创新投资)　294

十一、资本运作　297

十二、国际化程度　313

十三、就业贡献　317

十四、税收贡献　323

十五、合规性　336

十六、市场关注度和参与度　337

十七、ESG　353

十八、前瞻远瞩:赣商的未来　362

(一)赣商强,则经济强　362

(二)赣商的企业家精神　363

(三)赣商有所为,有所不为　365

(四)政府有为,赣商有感　368

后　记　374

第一章

导言：赣鄱大地、赣人和赣商

　　江西得山川地理之利，发展出三面环山、水系纵贯和鄱阳湖辽阔为表征的山湖文明。江西独特的地理特征，为赣商数百年的辉煌提供一种地缘稳定性。

　　赣鄱山水，壮阔雄浑，南北融合，蕴含一种不屈的赣人精神。唐宋至晚清，江西综合发展位居全国之首，唐元两代为全国经济中心，宋明两代为全国的经济文化中心。经济文化的繁荣奠定了赣商昌盛的市场基础，助推赣商的扩张壮大。

　　赣商在数百年的发展史上，蓬勃生长，与徽商、晋商、粤商、闽商、湘商等形成了竞争合作、互鉴互利的商业生态，形成各具特色的区域商帮。赣鄱大地经济富裕，从而文教发达，尤以书院和文化成就最为突出，被誉为"文章节义之邦，白鹤鱼米之国"。

一、赣鄱大地

江西名称的来历，最早源自唐朝设江南西道，时称"江西"。江西又被称为"江右"，魏禧在《目录·杂说》解释名称的由来："江东称江左，江西称江右。盖自江北视之，江东在左，江西在右。"

关于赣鄱大地，有八个字如神来之笔，概括堪称绝妙：

吴头楚尾，粤户闽庭。

这句总结，既归纳江西历史文化的演变，又呈现江西人文地理之特征。

1. 地缘稳定性

江西地形很特别，类似一张贵妇的侧脸照。

江西地处中国长江中下游交接部的南岸。北接鄂皖，东临浙闽，南连广东，西邻湖南。江西地形宛如大簸箕，地势周围高中间低，由南向北，从边缘向腹地，逐渐向北部的鄱阳湖倾斜，构成一个朝北开口的巨大的红色盆地。

山川之美，古来共谈。

江西的地形结构可分为三部分：一是东西南三面环山，约占全省总面积的五分之一；二是中南部丘陵区。其间盆地相间，错落别致，盆地内气候宜人，城市发展迅猛，如吉泰、赣州、瑞金、兴国、南丰诸盆地等；三是北部鄱阳湖平原区。地势坦荡，土地肥沃，江湖交织，河道纵横。

山是江西雄健的筋骨，江西的地理构成颇有意蕴。

省境东北为怀玉山和武夷山。怀玉山呈东北—西南向，卧横在江西境东北部，是鄱阳湖水系和钱塘江水系的分水岭，也是江西铜储量最多的地区。武夷山呈东北—西南走向,斜卧于江西的东垂,海拔多在一千至一千五百米之间,绵延500公里,山势雄伟,构成赣闽屏障。武夷山主峰黄岗山为省内第一高峰,是江西的"屋脊"。山间的峡谷和隘口是赣闽两省的天然通道。

省境南部赣粤两省之间盘亘九连山和大庾岭。山岭大致呈东北—西南走向。九连山是赣江与珠江流域东江、北江水系的分水岭。九连山富藏以钨为主的有色金属矿床,被誉为"钨都"。

西部的罗霄山脉,耸立于赣湘之间,山体呈东北—西南走向,为赣江水系和洞庭湖区湘江水系的分水岭,海拔多在一千米以上。罗霄山脉的武功山,是赣江支流泸水和袁水上游的分水岭。井冈山外环高山,野生动植物资源丰富。

省境西北雄踞幕阜山和九岭山,分隔着赣、鄂两省,山形呈东北—西南走向。幕阜山东部的余脉断层突起成为庐山,云雾缠绕缥缈,奇松怪石林立,风光崎旎秀丽,是驰名中外的避暑地和文化名胜地。九岭山位居幕阜山之南,是锦江和修河的分水岭。

江西地貌类型齐全,也较为复杂。境内群山环绕,绵延横亘,兼有山地、丘陵和平原,地形系以山地丘陵为主,为中国江南丘陵的重要组成部分。在赣东北山地,赣东南、西南山区,以及赣西北山地中,河流两侧有冲积平原,形成若干谷地,如信江谷地、袁水谷地和修水谷地等。全省地理地形和土地利用为"六山一水二分田,一分道路和庄园",形成一个四周有自然屏障、内有完整体系结构的地理空间。

赣地山川,壮阔雄浑,彰显着赣人的不屈精神,为赣商的诞生和成长提供独特的地理环境。赣地与周边省境狭道隘口、空疏得当的地理特征,打通了江西沟通世界的窗口,为赣商数百年的辉煌提供了一种超然的地缘稳定性。

2. 五龙戏珠,万流归宗

初唐的王勃在《滕王阁序》曰:"襟三江而带五湖,控蛮荆而引瓯越。"因而赣都大地"物华天宝""人杰地灵"。序中的三江五湖,即指江西境内水网密布的河流湖泊,主要是赣江、抚河、信江、饶河、修河等五大河流汇归鄱阳湖。

鄱阳湖就如地球表层一块硕大的翡翠。而这五大河流,犹如五条蛟龙,蜿蜒于丘陵之间,嬉游于盆地之中,流畅于平原之上,不仅给农田以灌溉之便,给航运以舟楫之利,而且还为江西的经济发展提供了取之不尽的水利资源。

江西全境大小河流 2400 多条。在这众多的河流中,除瑞昌、彭泽等地部分河流直接注入长江,萍乡、寻乌和定南一带的部分河流分属于湘水与珠江水系外,其他各主要河流都流入鄱阳湖,最后经湖口注入长江。

赣江是江西第一大河流,全长 750 余公里,纵贯江西南北,穿越一串串的红色盆地和丘陵峡谷,最后经南昌流入鄱阳湖。赣江流域面积几占全省面积的一半。

抚河,发源于武夷山脉西麓广昌县,全长 349 公里,为省内第二大河流。抚河两岸为冲积台地,田畴广阔,由青岚湖注入鄱阳湖。

信江,古名余水,发源于浙赣两省交界的怀玉山南的玉山水和武夷山北麓的丰溪,在上饶汇合后始称信江,在余干县境分为两支注入鄱阳湖,全长 300 余公里。信江上游沿岸一带以中低山为主,地形起伏较大。中游为信江盆地,下游为鄱阳湖冲积平原区,地势平坦开阔。信江盆地中心的铅山、上饶一带农业富饶,有"赣东北粮仓"之谓。流域内森林资源丰富,富藏铜、铅、铀、金、银、稀有金属和稀土等矿产。

饶河,亦称鄱江,全长 300 余公里。饶河有南北二支,北支称昌江,其发源于安徽祁门县东北部;南支称乐安河,发源于皖赣交界的婺源县北部。饶河下游段临鄱阳湖区,系重要的农业区。

修河,古称建昌江,以其水行修远而得名。源头在铜鼓县境内。修河流经九江、宜春、南昌三市的 12 个县区,干流总长 357 公里,在永修县吴城镇注入鄱阳湖。

除了五大河流,江西还有天然湖泊一百多个,除鄱阳湖最为著名外,其他较大的有南昌的青山湖、象湖、瑶湖,进贤的军山湖,九江的赛城湖、八里湖、赤湖,湖口的南北港、皂湖,彭泽的茅湖、太泊湖,都昌的花庙湖,波阳的珠湖、大连子湖,余干的汉池湖等,他们如同万里长江腰带上的颗颗明珠,镶嵌在赣鄱大地上。

江西的土壤类型多样,有红壤、黄壤、山地黄棕壤、山地草甸土、紫色土、潮土、石灰土和水稻土等八个土类,其分布的地带性和地域性规律较明显。其中红壤和黄壤两大类型分布较为广泛,约占全省土地面积的 70%,尤以红壤分布最广,从鄱阳湖滨到丘陵冈地,从高丘到低山都有分布,约占全省土地总面积的一半余。鄱阳湖平原及五大水系的河谷冲积平原多冲积性耕地土壤,主要是水稻土和潮土,是全省主要的农业土壤,尤其是水稻土非常适宜耕作。

江西独特的地质地貌和亚热带气候,农业文明时期,赣地土地肥沃,五谷丰登,经济繁荣,赣商昌盛,文教发达,被誉为"文章节义之邦,白鹤鱼米之国"。江西的白鹿洞书院、鹅湖书院、象山书院、白鹭洲书院、东湖书院,以及陶渊明、晏殊、欧阳修、曾巩、王安石、黄庭坚、朱熹、姜夔、文天祥、汤显祖等等,无一不是闻名天下的文化人,勾勒出一条赣人精神天际线,至今仍让人生发高山仰止之情愫。

3. 吴文楚质,兼容并包

在中国历史人文地理的演变中,古代行政区划分、城邑格局等影响国家政治、经济乃至文化的发展。以行政区划为例,古今遵循"随山川形便"和"犬牙交错"两大原则。前者遵循自然,后者取决于政治,且多在二者之间寻求最佳方案,从而保障国家基础性的稳定。

于江西而言,自西汉初年,中央朝廷设立豫章郡,下辖南昌、庐陵、馀汗(今余干)、赣(今赣州市)等 18 县。两千余年来,在中国的政区版图上,江西的行政规划和空间政治典型地体现了"随山川形便"的特征,保持完整的地理单元。

认识江西的历史地理,是我们打开江西过去、现在和未来的一把钥匙。

江西历史悠久厚重。据考古发现,赣地在比较早的时代就已有人类活动。从万年县的仙人洞、吊桶环遗址的出土文物来看,最远可以上溯到距今 1 万年以前的旧石器时代。3500 年前商朝时期的瑞昌铜岭铜矿遗址、鹰潭角山陶窑遗址、樟树吴城文化遗址和新干大洋洲遗址等 30 余处遗址,佐证江西文化的嘹亮与恢宏,也证明从铜的开采冶铸、陶的烧造,以及青铜文化等方面对商代的生产与生活细节进行了勾画。

西周时期,江西曾出现应监诸侯国。郭沫若根据 1958 年 9 月在余干县出土的铜器铭文"雁监作宝尊鼻"(雁即应)。应监的出土,说明在余干或附近存在周朝的一个诸侯国——应国,同时也论证了江西部分区域已被西周中央纳入管控范畴。

春秋战国时期,江西全境先后分属于楚、吴、越三国管辖。新干县的战国粮仓遗址、贵溪仙岩的崖墓等出土实物,表明江西已进入封建社会。

秦帝国统一天下后,共设三十六郡,江西属九江郡,赣北大部被归入彼时的九江郡。江西作为一个独立完整的区域以西汉为始。汉高祖初年,江西设豫章郡,治设南昌,下辖 18 个县,这是江西有明确行政区域建制之始。这 18 个县的分布与后来江西区划大致相当。

以后历代,江西的区域不断发生演变。

公元 291 年,西晋元康元年设江州,治所南昌,后迁至浔阳郡(今九江市),其主体为江西原有郡县。隋文帝曾做行政区划调整,省并州郡,将州的级别降与郡同,因而隋代的江西地区设有七郡二十四县。公元 622 年,唐高祖武德五年在江西境内设置洪州总管府。公元 733 年,唐玄宗开元二十一年时增为十五道,属江南西道,时称"江西",其监察区下辖八州,治洪州(今南昌)。宋代在州之上改道为路,江西地区被置九州、四军、六十八县,大部属江南西路,仍治洪州。

元朝实施行中书省制度,全国分为十一行省,江西行省下辖十三路、二直隶州和四十八个县、十六个县级州,辖区包括今江西绝大部分地区,以及今天广东的大部分。但今属赣东北地区,即江西的信州、饶州以及铅山归江浙行省管辖。

明代沿袭元制,但改行省为布政使司,江西布政使司地域基本等同于今天的江西境界,下辖十三府七十二县,与今天省境基本一致,只有婺源县尚不在江西区划之内。清代基本承袭明制,改江西布政使司为江西省,分豫章、浔阳、庐陵、赣南四道。巡抚成为全省最高行政长官。民国时期,江西的辖区范围没有大的变动,只是将清朝的府、州、厅一律改为县,全省共辖八十一县。

新中国成立后,江西的行政区划做过多次调整,截至目前,江西共设南昌、九江、上饶、景德镇、赣州、宜春、吉安、抚州等二十七个市辖区、十二个县级市、六十一个县。

两千余年来,江西地域隶属关系的持续变动,客观上促进江西地域文化包容多元、兼容并包的品格和格局。清代江西省提学道高潢的评价,最为一语中的,他说,江西"大不如吴,强不如楚,然有吴之文而去其靡,有楚之质而去其犷"。

在江西行政区域的流变中,赣鄱大地的青铜、稻作、陶瓷、禅宗等标志性文化高峰迭起,豫章文化、临川文化、庐陵文化、浔阳文化、袁州文化、赣南客家文化等地域文化穿越时空,文脉文明各领风骚。从商帮历史看,晋商走黄河,徽商走长江,而赣商足迹尤以荆楚湖湘、川蜀滇黔、幽燕关陕、八闽两广为盛。

二、赣 人

关于江西先民的历史记录，总体上是比较含混。赣人最早的祖先，被指向为生活于赣南山区的赣巨人。

1. 从赣巨人到百越人

在遥远的史前时代，江西境内已经有早期人类定居。《山海经·海内经》载："南方有赣巨人，人面长臂，黑身有毛，反踵，见人笑亦笑，唇蔽其面，因即逃也。"晋代地理学家郭璞在《山海经注》中对赣巨人进行过清晰的阐述：今交州、南康郡深山中皆有此物也。长丈许，脚跟反向，健走、披发、好笑，雌者能做汁，洒中人即病。土俗呼为山都。

郭璞注中的交州系古地名，指五岭以南地区，南康郡即为魏晋南北朝时期的赣南。魏晋时期的赣南为南康郡，下辖赣县、平阳等四县，郡中延绵群山，故称"山都"。南康孕育了赣南古代文明。因山及人，山里人由于常年生活在"山深菁密"之中，"竭胼胝之力，食土壤之毛"，以山为家，形如野人，也就一并呼作"山都"。山都，即山都人是也。

典籍中关于赣巨人和山都人的记载和描述，也许是民间传说中赣人的祖先。根据人类学的研究，他们可能是某种古人类，或者一种未知的长臂猿科动物。

《战国策·魏策一》记载："昔者，三苗之居，左彭蠡之波，右有洞庭之水，文山在其南，而衡山在其北。恃此险也，为政不善，而禹放逐之。"此处"彭蠡""洞庭"之名。至于"衡山"，乃楚汉之际的衡山郡，余干人吴芮在黄州当"衡山王"的"衡山"，即今大别山。"文山"在南，虽不明其准确地点，但"彭蠡"（鄱阳）、"洞庭"、"衡山"，足证江西是三苗腹地。由此推断,在夏朝甚至是夏朝之前,三苗及其后裔就已经活跃在现江西的范围之内,江西就有初步的地域文化沉淀于斯。

春秋战国以前,江西境内的主要住民是百越族。所谓百越,是我国东南和南方地区古代民族的泛称。他们断发文身,刺臂而盟,架木而居,擅长舟楫,多食水产,语言难懂。从考古发现,江西境内的北至瑞昌,西到萍乡,东至贵溪,南到赣南,都发现了古越民族文化特征的遗址和遗物。

春秋战国时期,吴、楚、越三国在江西境内逐鹿混战,双方你争我夺,赣地时而吴头楚尾,时楚尾越头。

公元前601年,楚庄灭舒,与吴越定盟,将群舒之地划为楚之东部疆域,以将"吴头"变成"楚尾"。《史记·吴太伯世家》载,"吴王使太子夫差伐楚,取番,楚恐而去郢徙。"吴王阖闾夺得楚番邑,此处的番即赣东北,又使地转入吴国辖区,从而使"楚尾"变成了"吴头"。吴王夫差继阖闾之后又打败越王勾践。十年后,勾践出兵直袭吴都姑苏。吴国亡后,原来吴的领地又变为越国的辖区,江西一变而为"楚尾越头"。公元前4世纪前后,楚国灭越国,并吞江西全境,使江西成为"南楚之地"。

随着秦汉大统一,中央朝廷一是将百越族强制迁移至汉族地区,另一方面将中原汉族迁移到百越地区,百越与汉族融合同化,成为汉族的重要来源之一。

随着江西开发渐广,赣地人口日益繁盛,主要出现了历史上著名的三次大规模的北人南迁浪潮。

2. "永嘉之乱"后,北民首次流离入赣

江西属于江南地区,在汉代之前,江西人口并不稠密,至西汉平帝元始二年,总数也不过37万,列全国第十七位。江西为江左政权的腹地,鲜有战争之威胁,这就客观上为社会经济发展提供了安定的良好氛围。加之赣地资源丰富,"地方千里,水路四通,风土爽皑,山川特秀,奇异珍货,此焉自出",尤其是鄱阳湖平原,山水辽阔,襟江带湖,土地肥沃,物产丰饶,江西自然成为这些北来侨民的理想寓所。自永嘉之乱始,"洛京倾覆,中州仕女避乱江左者十六七"。《晋书·华轶传》载,两晋之际,华轶为江州刺史,"在州甚有威惠,州之豪士接以友道,得江表之欢心,流亡之士赴之如归",是以"自江陵至建康,三千余里,流民万计,布在江州"。

历史学家谭其骧根据史料估计,永嘉之乱后,进入江西的移民约一万户,以每户五口计,约 5 万人,占移民总数的 5%,主要分布在寻阳郡(今九江)。东晋在寻阳郡境内先后设置了西阳郡、新蔡郡、安丰郡、松滋郡、弘农郡和太原郡等侨置州郡,也说明移民数量不小。

沈建华在其主编的《江西文化概论》统计,西晋太康初年,隶属今江西的六郡总户数为 6.26 万户,其中只有豫章郡和庐陵郡超过一万户。按豫章等六郡每县平均户数估算,寻阳郡户数约为 2300 余户,则北方侨民进入寻阳郡的户数是本土户数的四倍多。此后一百余年时间里,北方移民约占江西总户数近六分之一,占寻阳郡户数比例更高。

永嘉之乱后南迁的北方侨民,多中原冠带士族。这些士族进入赣地后,相对发达的中原文化与本土的文化相互交融,首次全面推进了江西的发展。

3. 唐朝后期及五代,北民二次播迁入赣

"安史之乱"是中国历史上一桩重要的事件。普遍认为,是唐朝由盛而衰的转折点。

"安史之乱"及其之后的二百余年间,黄巢起义、五代十国混战,可谓兵火所至,田园荒芜,百姓流离失所,纷纷逃往他乡避难。

江西因远离北方战场,省境内大体保持着和平安定局面,经济文化生生不息,继续发展。于邵在《送王司议季友赴洪州序》中道:"洪州之为连率也,旧矣。自幽蓟外奸,加之以师旅,十年之闲,为巨防焉。当闽越奥区,扼江关重阻,既完且富,行者如归。"洪州的状况无疑是江西全境的一个缩影。尤其是隋朝大运河开通后,江西在全国南北交通格局中地位上升,经济社会得到快速发展,为朝廷赋税的主要供给地区。江西繁荣稳定局面,与十室九空的北方形成鲜明对比,由此吸引了大量避乱的北方移民,他们经荆襄和淮南,拖儿带女扎住赣鄱大地。

大量北方移民的迁入,提高了江西人口在全国人口结构中的比例。学者沈建华在《江西文化概论》一书中考证,公元 639 年至 742 年的一百余年间,江西户数增加 3.5 倍,即已近 25 万户,人口增加五倍余,高于全国同期水平。公元 806 至公元 820 年的唐元和年间,江西户数增加了五万多户,占全国户数比重达到 12%,增加人口接近 30 万。这些增加的人口主要分布在洪州、吉州、饶州。安史之乱后新设立的信州,其户数超过虔州、江州、袁州、抚州四州。

唐朝末年,江西人口的大幅度增长,除本土因经济发展促进人口增长外,自中唐以来持续不断迁入江西的北方移民也占相当的比重,在一定程度上改变了江西人口结构,促使各地人口分布相对均衡。

在北方移民中,有许多是中原望族。譬如举家迁入南昌的卢氏、崔氏、裴氏等。抚州的黄氏来自淮南,修水县的陈氏则发展成为天下闻名的"义门陈"。吉安则接纳了萧、江、王、严、刘、倪等族。赣州陆续迁来了晋省古、洛阳丘、彭城刘等族。中原大姓望族的大量迁入,带来了中央文化和中原文化,改变了本土文化面貌。唐之后的五代和两宋时期,江西的经济文化等在全国独树一帜,与北方外来移民多寡成正向关系。

4. 宋金战争之后,北民三次播越入赣

北宋"靖康之变"以后,开启了中国历史上北方人口大规模南迁的第三次浪潮。

此次南迁,与西晋"永嘉之乱"和唐后期五代的前两次移民浪潮相比,迁移规模最为庞大,对近现代经济文化的影响最为深远。

除大批宗室和文官随太后迁入江西,朝廷下令"官吏士民家属南去者,有司册禁",大批百姓亦随之入江西。是年 11 月,金军自湖北黄州一带渡过长江,从大冶抄捷径袭击洪州。隆祐太后急忙溯赣江逃亡至赣州。金军尾随追击,直至泰和县而止。隆祐太后于次年八月自江西返回杭州,那些随之逃难的移民,大都没有北归,有的定居在赣地,有的复自赣州翻越五岭进入岭南。

南宋的统治区域主要在江南。江西此时比北宋时期更加靠近政治中心,成为南宋政权的主体政区,与朝廷的交往更趋便利,信息的双向沟通也更加快捷。当社会趋向安定之后,各方面恢复较快,江西重新成为北方移民迁入之地。

实际上,靖康南渡后,由于江西经济比较发达,交通方便,是适宜移民定居的好地方。南宋初期移民甚多,出现"东北流移之人,布满江西"

现象。据《靖康乱后南迁的北方移民实例》统计,迁入地移民的15%,和始迁者的14%分布在江西,以地区论,所占比重仅次于江南。

在以后的中国移民史上,虽然各阶段迁入的移民数量均无法与靖康之役阶段相比,但江西仍是重要的迁入目的地。南宋初年的战乱,使得城乡破坏,人口急剧减耗。尽管如此,江西人口的发展趋势和绝对数量,在南宋时期仍明显处于全国领先地位。譬如南宋绍兴年间,江西总户数接近190万户,占南宋总户数的16%点。此后一直都保持这一规模。到嘉定年间,最高值达到220万户,在南宋各路户数中位居第二位。

至南宋末年,文天祥领导的抗元斗争转战赣地,斗争持续时间长且规模大,江西大量人口在战争中死亡。如上犹县在被元军攻陷后,一次就被屠杀万余人。与此同时,北方人口为逃避繁重的赋役,被迫迁往江南,仅公元1288年,“内地百姓流移江南避赋役者已十五万户”。因此,江西虽然死伤者众,但人口规模仍然较大。公元1290年,江西在册户口为267万户,1370万人口,占全国人口总数的24%以上,人口数高居全国第一。

5. 明清海禁海迁,客家倒迁入赣

北方移民入赣,实际上持续到明清时期。不过,明清时期的人口不是直接从北方进入江西,而是北方移民的后裔从闽粤等省回迁。

明朝初期,由于闽粤等省人口迅速增长,生存空间被挤压。同时因沿海倭寇的侵扰,社会动荡不安。明代中期,闽粤移民陆续倒迁进入赣南和赣中平原的吉安府。移居赣南一带的称为客家,移居赣西一带的则称为棚民,或称作客籍。清初沿袭明朝海禁制度,实行迁海政策,海上贸易被阻塞,而地广人稀的赣南和赣西北则成为两省移民的桃花源,他们千百为群,攀山越岭,筚路蓝缕,开垦荒地,伐木架棚。

从闽、粤两地迁入江西的流民许多是中原移民的后裔。

在从西晋“永嘉之乱”到两宋时期的三次大规模移民中,闽粤两省同江西一样,都是接收移民的重点地区。明代闽人何乔远在《闽书》中写道:“晋永嘉二年,中州板荡,衣冠始入闽者八族,所谓林、黄、陈、郑、詹、丘、何、明是也。”

唐末战乱延续九年,波及中原及南方十余省。西晋末年迁入赣北的中原移民再往南迁,进入赣南、闽西及粤东北地区。而当闽粤地区动荡时,这些移民后裔再回迁至赣。如宁都的章姓,先祖本是河间郡人,迁福建南安后又迁浦城,明初转徙抚州乐安,最后从乐安迁移至宁都。再如孔姓,宋高宗初从开封迁临川,复徙建宁,接着又从建宁迁宁都。而这时,以前迁徙至此的中原移民已成土著,视他们是为客籍。

赣西北的宜春在嘉靖、万历以后有大量闽籍移民涌入。据康熙初年《宜春县志》载,宜春"接壤于南,为吴楚咽喉重地,百年以前居民因土旷人稀,招入福建诸不逞之徒,赁山种麻,蔓延至数十万"。

1985年江西对全境各县地名进行过一次普查,结果显示:全省约三分之一建于唐宋时期,约三分之二的村庄建于明清时期,晋末所建村庄极少。而唐宋时期的村庄多为北方移民所建,这些移民在本土繁衍生息后,逐渐向平原、盆地、丘陵地带迁徙;元明清时期村庄多为本土化的移民后裔所建。而在赣南、赣西北和赣东北等村庄则为闽粤客家人所建,江西的客家人多分布在这些区域。

江西历史上三次接纳外省大移民后,千余年来,外来移民与本地世居居民相互交融,相互借鉴,逐渐产生和沉淀出具有鲜明特色的江西文化样本。譬如被誉为"中国原始文化的活化石"抚州南丰县傩舞,有"窑火千年"之美誉的景德镇瓷器制造业,"中国皇家风水师的摇篮"兴国三僚村,被称为"客家摇篮"赣南客家风情,以及宜春与萍乡地区的花炮生产、鄱阳湖的渔风渔俗等都闪耀着江西地方特质的独有文化气韵。

江西从奠基时代以降,区域文化就表现出一种兼容并蓄、包容万方之特质,江西有着质朴热情,求同存异、海纳百川的精神文化传统。

三、赣　商

　　人类自诞生以来，就有商业往来。熙熙攘攘，皆为利来利往。人类交换，最早是以物易物，后来发明货币，充当一般等价物，商贸交易更为便利。

　　中国的商业兴起于先秦，夏代的商国第七任君主王亥被尊为中国商贸始祖。《周书》提出"商不出则三宝绝，虞不出则财匮少。"秦汉时期，秦始皇统一货币，两汉政府实行"开关梁，弛山泽之禁"政策，商业得于初步发展。唐代陆路和海上丝绸之路，促使东西贸易，商旅不绝。两宋时期，国内外贸易和边境贸易繁忙。元代国家的空前统一，促进了商业的接续繁荣。至明清两代，资本主义的初步萌芽，农产品商品化、手工业市场化，城乡经济繁荣，出现北京和南京等全国性的商贸城市，同时在全国各地涌现出许多地域性的商人群体，他们被称为"商帮"。

　　1. 中国商脉下的赣商

　　纵观中国古代商业史，有两个明显的特征：一是官营和专卖长期存在，即官商繁荣昌盛；二是私营商人的社会政治地位低，即民营经济匮乏落后。前者如汉武帝时，任用大理财家桑弘羊和大盐商出身的孔仅和东郭咸阳，实行盐铁官营。后者为朝廷素来实行重农抑商的政策，士农工商四民社会阶层结构，商人排列最后。官府对商人的日常生活设限，甚至禁止商人参加科举或为官吏。

　　古代所谓抑商政策，主要抑制的是中小私人商业。相反，那些官商合流的权贵富豪从中获利而大发其财。官吏经商在中国历史上屡见不鲜，《旧唐书·王处存传》曾这样记载王氏家族：王处存的父亲王宗历任检校司空、金吾大将军，"宗善兴利，乘时贸易，由是富拟王者"。宋初丞相赵普"广殖资产，邸店之多甲于京师"。在古代，大官僚往往与大商人和大地主三位一体，自由独立的商人难于立足。

中国历代重农抑商政策，窒息了商品经济活力。虽然明清孕育了资本主义萌芽，但它很难凭借自身积蓄的力量突破厚实的封建冻土。

中国商品经济的发展经历了秦汉、唐宋和明清三次高潮。与此相应，商人的成长也经历三个生机勃发的时期。早在秦汉之际，就有富商大贾周游天下；唐宋时代发生的社会经济变革，促进了当时商品经济的发展，也造就了一代商贾；明清之际，经济社会有了进一步的发展，出现了富有特色并与地域文化相统一的商帮群体。

中国商帮的形成是经济与文化相互催生下的产物。

商帮，也就是商人群体，有着地缘和业缘的文化认同意识的群体。商帮是地域文化、区域文化与开放市场空间矛盾的产物，譬如晋商若只在山西做生意，就不成其为晋商，它所面对的市场是开放的，超地域的。

中国古代传统商帮有"八大商帮"和"十大商帮"之说。无论是八大还是十大，赣商都跻身其中，且位列前三。明清时期，八大商帮包括赣商、晋商、徽商、浙商、粤商、闽商、苏商和陕商。

晋商、徽商和陕商，由于《乔家大院》《红顶商人胡雪岩》《那年花开月正红》等电视剧的公演，一度成为社会热门话题，被民间捧为商帮中的至尊。其实，晋商和徽商的辉煌在明清达到顶峰，此后却一蹶不振。粤商后来居上，尤以潮汕帮影响最大，曾统领了20世纪后二十年的中国商界，在港澳、东南亚有着强大的势力和辐射力。苏商中的洞庭商帮和无锡商帮，在近代影响至巨。浙商中的宁波帮在近代影响颇大，是上海商业文化的主要源头之一。改革开放后，苏商、浙商复兴势头甚猛，商业势力遍布全国。

赣商，这个古韵悠悠的商帮从唐宋的初具规模到明清之际的高峰，以及晚清民国后的衰落，历史最为悠久，生命力最为顽强，稳健而有力，直至今天仍显发达昌盛。

笔者略书明清时期中国八大商帮的简史，以窥中国商帮之概貌。

晋商

晋商是极其优秀的商业群体。主要经营茶叶、食盐、粮食、丝绸、典当、票号、铁器、木材、棉布等。其有三大经营特点:(一)商业资本与金融资本相结合;(二)以长途商品贩运转售贸易著称;(三)投资土地,形成商人、地主、官僚三位一体之结构。

晋商对中国商业最大的贡献是其"汇通天下"的票号业。其中著名商票号至少有八家,如日升昌、蔚丰厚、日新中三家票号在全国各地设立三十五家分支机构,分布在全国二十三个城市。为承揽清政府对外活动款项汇兑等国际业务,晋商票号在国外设立分支机构,如祁县合盛元在日本神户、东京、横滨、大阪开设分号,平遥的永泰裕在印度加尔各答开设分号。下表为综述晋商票号四大发展周期,从列表中可窥代表性票号的基本情况。

表 1 晋商票号四大发展周期

发展周期	大本营	票号名称	创始东家	创始人籍贯
第一周期 (1823—1840 年)	平遥	日升昌	李大全	平遥
	平遥	蔚泰厚	侯培余、侯荫昌父子	介休
	平遥	蔚盛长	侯培余、侯荫昌父子	介休
			王培南	平遥
	平遥	新泰厚	侯培余、侯荫昌父子	介休
			赵一第	平遥
	平遥	蔚丰厚	侯培余、侯荫昌父子	介休
	太谷	志成信	沟子村 19 家	太谷
	祁县	合盛元	郭源逢、张廷将	祁县
	平遥	日新中	日升昌投资	祁县
第二周期 (1856—1864 年)	平遥	协同庆	王栋	榆次
			东秉文	平遥
	平遥	百川通	渠源潮、渠源浈、渠烟洛、渠源淦	祁县

（续表）

发展周期	大本营	票号名称	创始东家	创始人籍贯
第二周期 （1856—1864 年）	太谷	协成乾	吴道仲、张堂村、房映宾等	太谷
	祁县	三晋源	渠源浈	祁县
	祁县	存义公	渠源浈、渠晋贤和张祖绳	祁县
	平遥	其德昌	冀以和	介休
	平遥	乾盛亨	冀以和	介休
	平遥	蔚长厚	侯家	介休
			毛鸿翙、乔某	平遥
			常氏	浑源
			王某	大同
	平遥	天成亨	侯氏、马辙林	介休
第三周期 （1881—1889 年）	祁县	大德恒	乔致庸、乔景俨父子	祁县
			秦家	祁县
	祁县	大德通	乔致庸、乔景俨父子	祁县
			秦家	祁县
	祁县	长盛川	渠源潮等	祁县
	太谷	大德玉	常家	榆次
	祁县	大盛川	大盛魁、王伸	太谷
			张廷将	祁县
第四周期 （1894 年以后）	太谷	锦生润	曹师宪	太谷
			常安生	榆次
	平遥	宝丰隆	乔英甫	介休
			许涵度	河北
			赵尔丰	辽阳
	太谷	大德川	常家	榆次

徽商

徽商，是指明清时期徽州府的商人集团和创办民用企业的淮系集团。

前者主要经营盐、典当、茶木、棉、文房四宝等传统行业，无徽不成镇。其基本特点：（一）以儒家思想规范为经商行为，坚守以诚为利，以和为贵，以衡为价，以信为赢，以均为财；（二）善于与政府建立公共关系以发展商业。"红顶商人"胡雪岩即为典型。

后者主要经营采矿、采煤、电信、交通运输、纺织和铁路等现代行业。代表人物以李鸿章为代表的淮系集团,倡守"师夷制夷""中体西用",提倡"洋务"、以"自强""求富"为口号,创办民用工业和新式企业,以求达到国家"富强"之目的。

下表为淮系集团创办的主要民用企业列表,从表中可窥李鸿章为代表的淮系徽商。其特点是:(一)打破血缘、地缘界限,不拘一格降人才;(二)企业具有与世界接轨的现代产业特征。

表 2 淮系集团创办主要民用企业表(1872—1894 年)

企业名称	创建年份	首任总办	主要产品及用途	备 注
轮船招商局	1872	朱其昂	购船承运漕粮及商货	次年改组,唐廷枢为总办,徐润、朱其昂、盛宣怀为会办。由官办到官督商办
直隶磁州煤铁矿	1875	冯焌光	采煤	奉旨首次试办,官办
江西兴国煤矿	1876	盛宣怀	采煤	沈葆桢同办,官办
湖北广济煤矿	1876	盛宣怀	采煤	翁同爵同办,官办
直隶开平矿务局	1877	唐廷枢	煤铁并采	丁寿昌、黎兆堂会办。官督商办
上海机器织布局	1878	龚寿图	纺纱、织布	郑观应会办,后为总办,官督商办
天津中国电报总局	1880	盛宣怀	铺设电缆开通电信	郑观应襄办,后为总办,官督商办
唐胥铁路	1881	唐廷枢	云开平矿煤铁	
上海源昌五金厂	1883	祝大椿	五金、小机械	招商局入股为主
上海电报总局	1884	盛宣怀	津、沪电信	郑观应、谢家福会办,后郑观应总办,官督商办
津沽铁路	1887	伍廷芳	交通运输	周馥督办
黑龙江漠河金矿	1887	李金镛	采金	李鸿章与荣铿合办
热河四道沟铜矿	1887	朱其诏	采铜	
热河三山铅银矿	1887	朱其诏	采铅、银	
华新纺织新局	1888	龚照瑗	纺织	严信厚协办,官督商办

（续表）

企业名称	创建年份	首任总办	主要产品及用途	备　注
北洋官铁路局	1891	周兰亭、李树堂	铁路	奕劻与之会奏
华盛纺织总厂	1894	盛宣怀	机器纺织	上海机器织布局重建，商办

本表综合参考严冬梅著《中国传统金融机构向近代银行演化的制度分析》等制表

陕商

陕商的崛起是伴随着晋商的崛起应运而生的。如果说徽商是"徽骆驼"，晋商是"晋算盘"，那么陕商就是"陕棒棰"。陕商厚重质直、忠义仁勇、作风硬朗的从商行为和基本形象，在中国商界留下了良好的商誉。

陕商凭借地缘优势迅速崛起，主要经营粮货业、棉布业、茶叶业、药材业和水烟业等。陕商有中国历史上首批"西部牛仔"之谓，有几大特点：（一）共创"合伙制"的经营体制，即所有权与经营权的分离，东为东家，西为掌柜，是中国最早的"股份制"雏形；（二）创建泾阳的周家大院、三原吴家大院等系列商宅大院文化；（三）建立以泾阳、三原为中心覆盖陕省和整个西部的"双层次西部市场网络结构"；（四）"一大二土"，大即资本大、生意大，土即生活极不讲究，穿棉布衣，戴瓜皮帽。陕商随着电视剧《那年花开月正》爆红，人们对陕商的记忆被重新唤醒。

苏商

早期苏商是指苏州的洞庭商帮。苏州东山、西山的洞庭商帮，号称"往往天下所至，多有洞庭人"。洞庭商帮善于捕捉商机，以小博大，文学家冯梦龙称其为"钻天洞庭"。鸦片战争后，洞庭商人在上海开辟银行、钱庄等金融机构和丝绸、棉纱等实业，诞生了一批民族资本家和实业家。

后期苏商，（一）指以常州盛宣怀运用官督商办或商办的形式，陆续开办轮船招商局、中国电报局、中国铁路总公司、汉冶萍煤铁厂矿公司等新式企业，并担任这些企事业的督办、总办或董事会会长，是我国近代民族工业和洋务运动的开拓者与奠基人,被誉为"中国商父";(二)南通张謇创办以大生纱厂为核心的二十多家企业;(三)无锡荣德生兄弟创办的纺织、面粉、机器等实业,享有"面粉大王""棉纱大王"之美誉;(四)镇江的陈光甫、胡笔江为代表的金融家。

从下表民国苏商代表人物及其创办的实业,可以发现近代苏商坚守"实业富国、产业报国"精神,走上了由贸易资本向工业资本发展的道路。

表3　民国苏商代表人物及企业列表

地区	代表苏商	创办企业及职务
苏州	席正甫	汇丰银行上海分行买办、沪上第一买办世家发家人
	陆润庠	状元下海,后再转仕
	陈调甫	永利碱厂创办者、中国纯碱工业和涂料工业的奠基人之一
淮安	周作民	创办金城银行
镇江	陈光甫	上海商业储蓄银行创办者、上海银行公会会长
	严炳生	大清银行董事长
	谈荔孙	大陆银行创办人
	胡笔江	中南银行总经理、交通银行董事长
	徐国懋	金城银行总经理、上海市金融学会名誉会长
	陆小波	茅麓公司董事长、南京大同面粉厂董事长、江江苏商会联合会理事长
	严惠宇	大东烟草公司董事长、总经理,华东煤矿公司董事长,四益农产育种场总经理
南通	张謇	创办大生纱厂等、主导南通自治
无锡	杨宗濂、杨宗瀚	创办无锡首家业勤纱厂
	周舜卿	创办无锡首家机器巢丝厂,裕昌丝厂,创办信成商业储蓄银行、主导周新镇自治
	祝大椿	创办机器碾米厂、巢丝厂等,上海商会董事
	荣宗敬、荣德生	创办申新纺织公司、福新面粉厂等实业
靖江	刘国钧	创办大成纺织印染股份有限公司,全国人大代表
武进	吴羹梅	创办中国标准铅笔厂

浙商

浙商最初指浙西以龙游县为主的龙游商帮。龙游位居浙皖闽赣四省交通枢纽,主要经营珠宝业、垦拓业、矿冶业、造纸业和印书业等。商

业足迹遍及全国各地,以及海外日本、吕宋等地。明人徐复初说:"邑
(龙游)当孔道,舟车所至,商货所通,纷总填溢。"龙游商帮的特点:
(一) 处事谨慎,看重"财自道生,利缘义取"和"以儒术饰贾事";
(二) 最具影响的创造性生产方式,在大西南采用雇佣制的方式经营边
陲的屯垦业。

后指宁波甬商。宁波是中国最早开放的贸易口岸之一。唐宋以
来,宁波商人与国外就有了贸易往来。鸦片战争后,甬商随着粤商、闽
商之后来到上海。在浙东文化熏陶下,甬商具有超前意识,以传统行业
经营安身立命,以航运等支柱行业经营为依托,以金融新兴行业经营为
方向,先后超越闽商、粤商在上海的地位。

表4　甬帮投资银行情况表

买办姓名	所属洋行	投资银行
朱葆三	英商平和洋行	中国通商银行(1897 年) 中华商业储蓄银行(1912 年) 江南银行(1922 年)
虞洽卿	德商鲁麟洋行 华俄道胜银行 荷兰洛希尔银行	惠通银号(1903 年) 四明商业储蓄银行(1908 年) 中国劝业银行(1920 年)
刘鸿生	开平矿务局上海办事处	上海煤业银行
傅筱庵	美兴、长利洋行	中国通商银行(1931 年)

粤商

粤商包括广府商人、潮州商人和客家商人等。

粤商是重商主义,人人皆商,全民皆商。其基本特点:(一) 早期代
表是广府商人,其中以十三行为突出。海商主要经营海外贸易,牙商
主要是代购国货、代销洋货及长途贩运,批发商主要从事收购、运输等
活动;(二) 由于毗邻东南亚、香港、台湾等特殊地理位置,国外的先进
技术和设备最早由粤引进,然后辐射全国;(三) 海外粤商群体中,潮商
的势力最大;(四) 客商有"东方犹太人"之称。客商深受儒家文化浸
染,吃苦勤勉,精明实干,恪守诚信之道。

22

近代以降，粤商出现了一批对中国近代工商业发展举足轻重的民族企业家先驱。下列两表分别为"民国时期粤商部分代表人物及其企业"和"部分粤商在港澳台及海外华侨家族"，从粤商代表身上，一窥他们敢为天下先，以及自由、开放、冒险的商业精神。

表 5　民国时期粤商部分代表人物

代表商人	籍贯	本土/侨商	创办企业及职务
方举赞	香山	本土	上海发昌机器厂
阮霭南、周元泰	香山	本土	上海开林油漆股份有限公司(1915 年)
冼冠生	佛山	本土	冠生园(1915 年)
梁崧龄	香山	本土	裕华化学工业(1933 年)
冯福田	南海	本土	广生行(上海家化前身,1930 年)
劳敬修	广州	本土	南京创办金陵自平水厂(1906 年)、上海保险公司、上海先施百货公司等
郑伯昭	香山	本土	永泰和烟草股份有限公司(1925 年)奥迪安大戏院(1925 年)
陈炳谦	香山	本土	祥茂洋行买办,广肇公所董事、粤侨商业联合会会长
郑介臣	香山	本土	烟土业大亨、广潮帮领袖
何挺然	香山	本土	上海北京大剧院、南京大剧院等院线
冯少山	香山	本土	上海开林油漆公司等,上海总商会会长(1927 年)
唐季珊	香山	海归本土	茶叶富商、联华影业股东、中华造纸厂股份有限公司董事长、上海市输出业同业公会理事长等
蔡楚生	潮汕	本土	执导《南国之春》《渔光曲》等电影、中国电影联谊会主席
郑君里	香山	本土	昆仑影业
马玉山、马宝山	香山	侨商	中华制糖厂
简照南、简玉阶	佛山	侨商	南洋兄弟烟草公司(1916 年)等
马应彪	香山	侨商	先施百货(1917 年)
郭乐、郭泉	香山	侨商	永安百货(1918 年)、永安纺织(1922—1935 年)
刘锡永、李敏周	香山	侨商	新新百货(1926 年)
蔡昌、蔡兴	香山	侨商	大新大厦(1936 年)
郭乐、郭顺	香山	侨商	永安纺织一厂(1922 年)、二厂(1925 年)三厂(1928 年)、四厂(1929 年)、五厂(1931 年)、印染厂(1933 年)

（续表）

代表商人	籍贯	本土/侨商	创办企业及职务
郑正秋	潮汕	本土	明星影片公司(1922 年)
黎民伟	新会	侨商	联华影业联合发起人(1930 年)、香港电影之父
罗明佑	番禺	侨商	华北电影创始人、联华影业联合发起人(1930 年)

表6 部分粤商在港澳台及海外华侨家族

姓名	国家/地区	祖籍	出生地	生卒年	备 注
连瀛洲	新加坡	潮汕潮阳	潮汕潮阳	1906—2004	新加坡最大银行大华银行创始人
谢国民	泰国	广东澄海	广东澄海	1939—	正大国际集团董事长
苏旭明	泰国	广东潮汕	泰国	1944—	泰国 TCC 集团创始人
郭得胜	中国香港	广东香山	澳门	1911—1990	洋杂大王、新鸿基地产创办者
霍英东	中国香港	广东番禺	香港	1923—2006	霍英东集团创始人,香港特别行政区筹备委员会副主任委员
李嘉诚	中国香港	福建莆田	潮州潮安	1928—	长江和记实业、长江实业地产主席、汕头大学、长江商学院资助者
郑裕彤	中国香港	广东顺德	广东顺德	1925—2016	周大福珠宝金行创办人、香港新世界发展创办人兼首任董事会主席
李兆基	中国香港	广东顺德	广东顺德	1928—2019	恒基集团创始人
吕志和	中国香港	广东新会	广东新会	1929—	石矿大王、嘉华国际集团主席
曾宪梓	中国香港	广东梅州	广东梅州	1934—2019	金利来集团创始人、香港中华总商会会长
刘銮雄	中国香港	广东潮州	香港	1951—	华人置业、香港崇光、上海九百股东
何鸿燊	中国澳门	广东宝安	香港	1921—2020	博彩大亨、地产商人

闽商

闽商起初靠内外贸易起家。福建地处边缘,兼备山地文化和海洋文明,闽商从地方贸易逐步发展为海上贸易,北上鲁省乃至朝鲜,南入两广,远航南洋诸国,西至欧洲,东赴日本。出口商品包括手工业品、矿产品、水产品、农副产品、干鲜果品、文化用品及中药品等;进口商品为香料、手工业原料、手工业制品、矿产等。闽商特点:(一)以家族为单位,或以乡族关系组成舰队合伙经营;(二)把赚来的钱用于故乡的工业、农业、商业等产业资本投资或公益副业投资,也有的转化为土地资本、高利贷资本和宗族资产的;(三)具有强悍的体魄和不屈的精神。明清时期,中国有三千万人下南洋,其中包括福建人。他们坚信"三分命注定,七分靠打拼"。

从下列"部分闽商在港澳台与海外华侨家族"表中,体现闽商敢冒风险、爱拼会赢,合群团结、豪爽义气,以及恋祖爱乡、回馈桑梓的文化传统。

表7　部分闽商在港澳台与海外华侨家族

姓名	国家/地区	祖籍	出生地	生卒年份	企业及职务
陈嘉庚	新加坡/马来西亚	泉州同安	泉州同安	1874—1961	马来西来橡胶业四大功臣之一、南侨总会主席、创办厦门大学
李光前	新加坡	泉州南安	泉州同安	1893—1967	创办华侨银行、陈嘉庚女婿
邱德拔	新加坡/马来西亚	福建厦门	马来西亚		创办马来亚银行
黄廷芳	新加坡	福建莆田	福建莆田	1929—2010	创办远东机构
郭芳枫	新加坡	泉州同安	泉州同安	1913—1994	创办新加坡丰隆集团、新飞电器控股方
黄祖耀	新加坡	福建金门	福建金山	1929—	新加坡大华银行集团的董事长、新加坡工商联合总会会长、福建会馆主席
林梧桐	马来西亚	泉州安溪	泉州安溪	1918—2007	云顶高原创办人
郭鹤年	马来西亚	福州盖山	柔佛新山	1923—	嘉里集团董事长、香格里拉之父
陈永栽	菲律宾	泉州晋江	泉州晋江	1934—	福川烟厂创始人、菲律宾航空公司董事长、联盟银行董事长
郑周敏	菲律宾	泉州石狮	泉州石狮	1936—2002	郑氏集团创始人
吴奕辉	菲律宾	泉州晋江	泉州晋江	1926—	JG顶峰控股公司创始人
郑少坚	菲律宾	泉州永春	泉州永春	1933—	首都银行创始人
施至成	菲律宾	泉州晋江	泉州晋江	1924—2019	SM控股公司主席、鞋庄购物中心创始人

（续表）

姓名	国家/地区	祖籍	出生地	生卒年份	企业及职务
林绍良	印尼	福州福清	福州福清	1916—2012	林氏集团董事长
黄奕聪	印尼	泉州	泉州	1923—	金光集团创始人
胡文虎	越南/新加坡	福建永定	缅甸仰光	1882—1954	创办永安堂,岭南大学、大夏大学校董
蔡万春	中国台湾	泉州晋江	台湾苗栗	1916—1991	国泰集团创始人
王永庆	中国台湾	泉州安溪	台湾台北	1917—2008	台塑集团创办人
辜振甫	中国台湾	泉州惠安	台湾彰化	1917—2005	台湾工商协进会理事长、台湾证券交易所董事长、台湾工业总会理事长、台湾海峡交流基金会董事长
蔡万霖	中国台湾	泉州晋江	台湾苗栗	1924—2004	台湾国泰建设股份有限公司董事长
蔡万才	中国台湾	泉州晋江	台湾新竹	1929—2014	富邦集团创办人兼总裁
施振荣	中国台湾	泉州晋江	台湾彰化	1944—	宏碁集团创始人、台湾自创品牌协会理事长
施崇棠	中国台湾	泉州晋江	台湾	1952—	华硕集团董事长
王雪红	中国台湾	泉州安溪	台湾新北	1958—	HTC 手机创始人、王永庆女儿
李嘉诚	中国香港	福建莆田	潮州潮安	1928—	长江和记实业、长江实业地产主席、汕头大学、长江商学院资助者
许荣茂	中国香港	福建石狮	福建石狮	1950	香港世茂集团董事局主席

2. 从江右商帮到今日赣商

赣商,历史上被称为"江右商帮"。

学者方志远在《江右商帮》一书中称:明清时期的官私纂述,多将江西省称为江右,江西商人则被称为"江右商"或"江右商帮"。

江右商帮是中国历史悠久的著名商帮,其活动地域和范围广布全国。主要经营瓷器、茶叶、粮食、药材、夏布、纸张、盐业和印刷业,相应产生瓷器商、茶叶商、粮食商、药商、夏布商、纸商、盐商和刻板印书商等。

表8　江右商帮行业流派表

行业类别	行业流派					
瓷器商	景德镇窑	吉州窑	洪州窑	赣州七里	高安窑	/
	都帮/杂帮					
茶叶商	浮红茶帮	婺源茶帮	河红茶帮	宁红茶帮	九江茶帮	遂庚茶帮
粮商	九江粮帮	南昌粮帮	赣州粮帮	/	/	/
药商	樟树药帮	建昌药帮	/	/	/	/
夏布商	万载夏布帮	宁都夏布帮	宜丰夏布帮	宜黄夏布帮	瑞金夏布帮	/
纸商	广信府纸帮	南昌府纸帮	袁州府纸帮	吉安府纸帮	/	/
盐商	淮盐帮	潮盐帮	自贡帮	桂盐帮	黔盐帮	/
刻板印书商	金溪帮	河口帮	饶州帮	吉州帮	/	/

　　江右商帮兴始于北宋时期,彼时江西人口占全国总人口的十分之一,成为经济文化的先进地区。历元至明,江西继续保持这一经济文化优势。由于地产丰富,商贸繁荣,纳税在明孝宗弘治年直至明神宗万历年居全国第一。明代以降,随着江西对外移民运动,江右商帮经济随之扩张,以其人数之众、操业之广、实力和渗透力之强称雄中华工商业,对当时社会经济产生了巨大影响。1500多座江西会馆和万寿宫遍布全国,在湖广有"无江西商人不成市",在西南川滇黔"非江西商贾侨居之,则不成其地"。赣商的兴起,推动全国和江西经济的繁荣,贸易的繁荣造就了江西的辉煌。"瓷都"景德镇、"药都"樟树、"江南粮仓"赣鄱平原等闻名全国。

　　晚清以来,江西声誉和江右商帮与日渐衰落。可谓"六百年领袖群伦,一百年茫然四顾。"经过百年的起伏、沉淀、再生,新的赣商赓续传统江右商帮的文脉精神和优秀传统,迈上了复兴之途。

　　对于"商"成之为"帮",学者梁小民提出了五个条件,即在这个地区要有相当发达的商业,有一批积累了大量资本的巨商作为中坚,在经营、制度、文化等方面存在不同于其他商业集团的特点,许多独立的商家出于经营和竞争的需要组成以地域为纽带的松散联合,在历史上产生过重要影响。

　　赣商符合学者梁小民提到的全部条件。

　　本书定义的赣商概念,从地域维度来看,包含"赣地"和"赣籍"两个方面。所谓赣地,即在江西境内经营的群体,这其中既包括本省籍商人,也包括非赣籍商人;所谓赣籍,即江西籍贯的商人在省内外经营群体。简而言之,赣商是指(一)生于江西、商于江西,或赴外省经商的人;(二)外省商于江西且落户本地的商人。

本书为叙述方便,把过去的"江右商帮"和当下称谓的"新赣商",统称为"赣商"。

进入新时代,中国各地重振商风,纷纷主办世界商人大会。2017年,江西主办首届世界赣商大会,相比其他各省商会,世界赣商大会的举办虽然晚了几年,但亦正逢其时。

表 9 　全国各省商会名称及商会精神

会议名称	成立时间	举办单位	商会精神
世界闽商大会	2004	中华海外联谊会、全国工商联和中共福建省委、省人民政府	善观时变、顺势有为,敢冒风险、爱拼会赢,合群团结、豪侠仗义,恋祖爱乡、回馈桑梓。
中国国际徽商大会	2005	安徽省人民政府	自强不息、以义取利、崇文重道、心系家国
豫商大会	2006	河南省政协	草根成长、信用为本、行商无疆、传承有脉
湘商大会	2007	湖南省人民政府	心忧天下的责任意识、敢为人先的创新精神、经世致用的务实风格、兼容并蓄的开放心态和实事求是的诚信作风。
粤商大会	2008	广东省政府、省政协	改革创新、敢为人先、报国情怀、全球视野(TCL集团董事长李东生)
全球秦商大会	2009	陕西省人民政府	坚韧不拔、恪守诚信、开放包容、敢作敢为
渝商大会	2009	中共重庆市委、重庆市人民政府	重信重义、自强不息(重庆市委常委、统战部长翁杰明)
世界浙商大会	2011	由浙江省工商业联合会、浙江海外联谊会、浙江海峡两岸经济文化发展促进会等12家单位联合主办	坚韧不拔、百折不挠、敢为人会、浙江海外联谊先、报国担当、义行天下。
世界晋商大会	2012	中共晋省省委、晋省省人民政府、全国工商联、中国侨联	开放、诚信、创新(中共晋省省人民政府、全国工省委常委、宣传部长王清宪)

（续表）

会议名称	成立时间	举办单位	商会精神
苏商大会	2013	江江苏苏商发展促进会	厚德、崇文、实业、创新
楚商大会	2013	全国工商联、中国侨联、中共湖北省委、湖北省人民政府	筚路蓝缕的创业精神、抚夷属夏的开放精神、一鸣惊人的创新精神、深图难徙的爱国精神、止戈为武的和合精神
贵商发展大会	2014	贵州省工商联、省政协经济委员会、省文联、贵州日报报业集团、当代贵州期刊传媒集团、贵州广播电视台	诚信为贵、仁义如山
世界冀商大会	2015	河北省委统战部、河北省工商联	见利思义、以义取利、以利行义、义利相通
川商返乡发展大会	2016	四四川政府	包容、共享、乐观、大义
世界蒙商大会	2016	内蒙古自治区工商联、自治区发改委、自治区商务厅等联合主办	讲究诚信、重德重义、敬畏自然、善于创新
世界赣商大会	2017	江西省委、省政府	厚德实干、义利天下
辽商总会	2018	辽宁省委统战部、省工商联	回报家乡、建设家乡

3. 从江西会馆到赣商总会

中国古代商帮，主要依靠自身的力量和民间网络来生存和发展。根本缘由是封建王朝素来重农抑商，官厅对私人商帮鲜有明确的支持和保护。数百年来的"江右商帮"，其遭遇与其他商帮毫无二致。赣商如何当自强？江西会馆或万寿宫是江右商帮自我建设、自我商介、自我团结、自我议事，自我进行公益事业的主要场所。

直到 19 世纪末期，由于维新派和工商人士的呼吁，以及列强借助技术、资本和商品倾销中国，工商业者为保护民族工业和自身利益，期盼联络各行各业的力量抵抗外商。1902 年，江西地方政府成立商务局，制定商务局章程。1906 年，江西地方政府遵照朝廷指令，决定成立江西商务总会，总会的组织体系，广泛分布并集中于江西境内的府、州、县、镇。中华民国成立后，江西各地商会逐步走向正规。1928 年，成立江西全省商会联合事务所。不久，更名为江西全省商会联合会。联合会为发展江西实业起到了一定的作用。

赣商日益受到政府的关注和重视,是在进入新世纪和新时代之后。2007年12月,在江西省委、省政府倡导下,赣商总会在南昌成立,由省商务厅归口管理。作为联络海内外赣商的法人社团组织,赣商总会进入第四届,会长为全国人大代表、方大集团股份有限公司董事长熊建明,党委书记、第一执行会长为朱元发。

赣商总会是全球赣商的"娘家",更是江西招商引资的重要平台。围绕服务江西的经济社会发展和服务赣商会员企业做好一切工作。赣商总会自成立以来,全球赣商队伍日益壮大,组织体系不断完备,实力日益增强,服务家乡实效日益凸显,赣商品牌影响力大幅提升。赣商总会的工作成就主要体现在六个方面。

一是,助力赣商壮大。赣商总会积极支持赣商企业加快发展,壮大实力。据不完全统计,全球赣商超过600万人,创办企业超过20万家,较大规模的有6000余家,各省江西商会副会长以上重点企业2400余家,在境内外上市的赣商企业100余家。赣商中涌现出一批世界500强、中国500强、国家级制造业单项冠军企业、专精特新企业和国家级高新技术企业等。赣商企业家携手互助、抱团发展,打造了进贤医疗器械、南康家具、资溪面包、于都服装、安义门窗、鹰潭眼镜等地域性产业品牌,形成了江西一张张靓丽名片。赣商涌现出一批新能源、电子信息、生物医药、新材料、装备制造、现代咨询业等赣商龙头企业和领军企业。赣商积极参政议政,建言献策。据统计,赣商企业家在全国省级以上担任人大代表和政协委员的有43人,其中有3人当选全国人大代表,1人当选全国政协委员。此外,众多赣商在省级以下人大、政协、工商联、各类民间组织中担任重要职务。

二是,强化网络体系。赣商总会强化省、市、县纵向指导、横向交流的赣商组织体系,鼓励支持体系内各级江西商会、区域赣商联盟,以及各级专委会的成立和发展。省级江西商会、国(境)外江西商会、省内设区市赣商联合会、江西异地商会为赣商总会的团体会员单位计86家。其中各省(区、市)及新疆生产建设兵团江西商会31家,实现了境内省级江西商会全覆盖;计划单列市江西商会5家,省内设区市赣商联合会12家,国外(境外)江西商会36家,江西异地商会2家。外省地级市江西商会也迅猛发展，目前已有地级以上江西商会300余家，大部分省市还成立了众多行业分会。赣商组织的蓬勃发展为江西和各地的交流和投资、经贸往来发挥了重要的桥梁纽带作用。

三是，助力招商引资。赣商总会始终倡导并支持全球赣商在做大做强企业的同时，积极回乡创业。全球赣商心系家乡、报效桑梓。据统计，2018至2023年，全省新增赣商返乡投资创业项目6695个，实际进资5733亿元。赣商总会倡导赣商加强产业链招商、以商招商、以情招商，带动更多亲朋好友、合作伙伴、上下游产业链企业到江西投资。仅2023年，全球赣商返乡投资和介绍引进第三方到江西投资金额达1400多亿元。

四是，履行社会责任。赣商总会积极倡导和组织赣商参与社会公益活动，赣商企业家富而思源，踊跃参加精准扶贫、捐资助学助残、家乡基础设施建设、光彩事业等社会公益活动。据不完全统计，2020年以降，赣商公益捐赠达10余亿元；2023年全球赣商及商会公益捐赠1.73亿元，向江西捐款捐物折合人民币1.38亿元。赣商总会的"赣商爱心卫生计生服务室扶贫项目"和"抗击疫情·赣商在行动"分别连续两届荣获赣鄱慈善奖最具影响力慈善项目奖。

五是，服务全体会员。赣商总会创新高效为企业提供服务，建有金融、信息、法律、人才等多种服务平台。与银行的常态合作，为会员提供金融服务；建设赣商总会官方网站、微信公众号，创办《中华赣商》会刊、视频号、微信群等全媒体传播平台，为会员提供全方位信息服务；与省高院、省检察院的常态化联络，在赣商总会设立省检察院法律服务联络点，为赣商提供涉诉涉法方面的服务；赣商总会法律工作委员会与知名律所的合作，为会员提供法律咨询、合规建设等服务；与高校的合作，为促进大学生就业、赣商企业用工提供桥梁服务。

六是，重视党建工作。赣商总会高度重视党建工作，2019年3月赣商总会成立党委。为加强商会党建工作，总会党委制定系列党建有关制度，实践"商会＋党建"等工作模式，加强"党建"与"会建"融合发展，确保了各地江西商会和赣商在思想上、政治上和行动上与党中央保持高度一致。

　　赣商总会和各地江西商会在全国有着较高的知名度,一批江西商会荣获"5A级"社会组织称号,58家江西商会荣获全国"四好"商会称号。在建设中国式的现代化进程中,赣商总会弘扬新时代"厚德实干、义利天下"赣商精神,发挥全球赣商之家的作用,带领全球赣商抱团合作、互利共赢,讲好赣商故事,塑造赣商品牌,力创全国一流品牌商会,谱写赣商的华彩篇章。

第二章

江西经济与赣商市场

北方数次大规模的"衣冠南渡",南北文化的融合,促进了江西的经济、交通、农业和社会等全面发展。

明清时期,白银的货币化,商品流通愈加发达,江西持续保持全国经济发达、物产富饶的优势地位,经商之风吹遍各州府县,形成了一批著名商镇,造就了一批赣商,成就了南昌商都、抚州商都、赣州商都、上饶商都等富含地域特色的强势商业群体,他们在制瓷业、制茶业、造纸业、纺织业、制烟业、刻书业、制酒业、中药业、冶炼业、钱庄银行、造船业等行业,纵横捭阖,独领风骚。

一、江西经济的底层逻辑

　　江西的经济发展是一个累世积淀的过程。

　　自秦汉设置豫章郡，赣地开始种植毛竹、杉木、油茶等经济作物，但经济总体还是相对落后，正如司马迁《史记·货殖列传》所载："楚越之地，地广人稀，饭稻羹鱼，或火耕而水耨，果隋蠃蛤，不待贾而足，地埶饶食，无饥馑之患……是故江淮以南，无冻饿之人，亦无千金之家。"从魏晋南北朝至唐朝，大量中原民众为避战乱而南迁进入赣地，为江西带来了劳动力、新的技术和多元文化，促进了赣地的经济、社会和文化之发展。

　　自唐朝至清朝中期，江西的人口增长、经济发展和呈贡税赋迈入黄金期。

　　一是，人口增长。两宋时期，江西人口众繁，物产丰富，渐为国内经济文化的发达地区，居各路前茅。公元 1102 年，即宋徽宗崇宁元年，全国在册户口数为 2000 余万户，4500 余万人，其中江西为 200 余万户，人口为诸路之首，达 440 余万人。由元至明，江西的经济优势继续保持。公元 1290 年，即元世祖至元二十七年，江西在册户、人口数分别占全国的 20％和 23％多，居各省之首。至明代，虽然人口次于浙江，但仍居全国十三布政司的第二位。

　　二是，经济发展。唐朝中期，江西许多产品市场已经形成一定的规模，如茶叶、柑橘、药材、纸业等已享誉四方。随着政区建置和人口数量的逐步增加，至宋初时江西设县二十七个，区域框架已见雏形。宋元时期，闽赣水系的治理以及海外贸易的发达直接促进了造船业的发展，时有"舟船之盛,尽于江西"之说。《马可·波罗游记》中记述道:"九江这座城市虽然不大,确是一个商业发达的地方,由于滨临江边,所以它的船舶非常之多……不下一万五千艘。"斯时,江西已经成为众多产品贸易的重要集散地,恰如《宋史·食货志·漕运》载:"广南金银、香药、犀象、百货,陆运至虔州而后水运。"

三是,呈贡赋税。自五代两宋直至清代中期,江西既是人口稠密之地,又是财富聚集之处,是国家财政收入的重要来源。这一时期,江西的其他农副产品,如茶叶、纸张、苎麻、兰靛、木竹、油料,以及制瓷、造纸、木竹加工、夏布、火药等手工业在全国占有重要的地位。早在唐代,江西已成为朝廷缴纳税粮重心之一,"朝廷倚为根本,民物赖以繁昌"。白居易在《除裴堪江西观察使制》称:"江西七郡,列邑数十,土沃人庶,今之奥区,财赋孔殷,国用所系。"北宋赣籍文学家曾巩在《洪州东门记》云:"其赋粟输于京师,为天下最。"吴曾在《能改斋漫录》中记录南宋漕粮数:"本朝东南岁漕米……诸路共计六百万石,而江西居三之一,则江西所出为尤多。"元代的江西,仍然是朝廷财富的主要供应地,所缴赋税一直位于各行省前列。明代江西人口虽位次全国第二位,但江西每年所纳税粮,据公元 1502 年即明孝宗弘治十五年,和公元 1578 年即明神宗万历六年的统计数据,却超过人口第一的浙江。由此可见产粮之富,也足见其经济地位之重要。清代中期,随着政治形势的变化,江西经济地位有所起伏。但大体说来,仍具有重要地位,彼时江西缴纳的田赋占全国总量的 10—20％

江西的人口的繁盛、经济繁荣和税赋贡献,其背后是江西商业的蓬勃发展。而江西的商业大发展,背后源于两大经济底层逻辑。

其一,江西崛起为全国交通网络中心。江西交通发展体现在水陆和陆路交通。中国在大运河开凿之前,水运交通集中在中原地区。随着大运河的开发,"汉水—长江—湘江—西江—珠江"这一南北交通被"运河—长江—赣江—北江—珠江"取代,成为国内主要的南北水上通道。这条新的水上通道近 3000 公里,流经北直隶、鲁、南直隶、赣、粤等五省,而在江西境内占三分之一。公元 1415 年,明永乐十三年大运河转输漕粮贯通南北,加快了国内商品流通,江西之货物运送到北方。正如史料所描述："燕、赵、秦、晋、齐、梁、江、淮之货,日夜商贩而南。蛮海、闽广、豫章、楚、瓯越、新安之货,日夜商贩而北","舶衔尾,日月无淹"。

明清时期的禁海政策,无形中把赣江推向了全国商贸主干道的历史舞台。明政府实行长时期的海禁政策,管理朝贡贸易的市舶司由元朝的七个减为宁波、泉州、广州三个。规定宁波只许接待日本使者、泉州接待琉球使者,广州接待东南亚、印度洋和欧洲地区的商人。对官方贸易,实际上只有广州一口通商。如此一来,南北贸易和对外贸易只能依靠"运河—长江—赣江—北江"这一水上通道。

明清时期,赣州作为江西的南方城市,赣州的商品,由赣江、鄱阳湖流经北运河沿河北上,一是直达豫省的开封,二是由信江入闽江到达福州,三是由海运抵达北方港口或出口到其他国家。同时,浙闽等外省贸易亦多经赣东北走赣江至广州。明代张瀚在《松窗梦语》卷二《南游纪》中记述了他途径江西到"粤之会城"的丰富旅程。他自江西铅山、弋阳、贵溪、安仁,达饶州,而"余干之瑞洪塘则民居辐辏,舣舟蚁集,乃东南商贾往来之通道"。寻渡鄱阳,经鄱阳湖、赣江路南行抵广州。

在水路交通发展的同时,江西的陆路交通也得到大发展。据《天下水陆路程》载曰,彼时全国水陆路程 143 条,其中南京至全国各地的长途路程就达 11 条,南北两京之间其路有 3 条,两京至南昌之间其路有 4 条。

明清时期,赣南的大庾岭商业极度繁忙。明朝学者张弼记载彼时盛况："盖北货过南者,悉皆金帛轻细之物;南货过北者,悉皆盐铁粗重之类。"每年翻越大庾岭输往全国的商品价值银数十万两,明末清初著名学者屈大均写道："以香、糖、果箱、铁器、藤、蜡、番椒、苏木、蒲葵诸货,北走豫章、吴、浙,西走长沙、汉口。"不仅江西输往外省的商品要借由这条陆路,如徽商等其他省商人贩运的商品到华南地区,也得走这条道路。早期西方传教士利玛窦曾行走在大庾岭商道上,他兴奋地写道："许多省份的大量商货抵达这里,越山南运;同样地,也从另一侧越过山岭,运往相反的方向。运进广东的外国货物,也经由同一条道输往内地。旅客骑马或者乘轿越岭,商货则用驮兽或挑夫运送,他们好像是不计其数,队伍每天不绝于途。"

江西及全国交通条件之改善,促进了商品经济和赣商集团形成。

其二,江西商业发展的人文基础。江西自古文风鼎盛、教育发达,唐宋后发展为全国重要的文化中心之一。宋朝以来,江西的书院遍布全境,数量为全国第一。如庐山白鹿洞书院、铅山鹅湖书院、余干东山书院、吉安白鹭洲书院等,程朱理学思想盛行。

赣人历来尊师重教,家诵诗书,每年中举者络绎不绝,朝中官宦赣人居多。譬如吉安地区,有"隔河两宰相,五里三状元"之说,欧阳修、文天祥、周必大等名宦皆出自于此。明万历《吉安府志》称:"至欧阳修一代大儒开宋三百年文章之盛","文章节义遂甲天下"。时至元朝,有程钜夫、吴澄、虞集等著名学儒。及至明代,朝廷上有"朝仕半江西"的说法,黄文澄、杨士奇、杨溥、解缙、胡广、费宏、夏言、严嵩、谭纶、况钟、徐贞明、欧阳德、邹守益、罗钦顺等名仕辈出,政治影响很大。清朝的朱轼、裘曰修、甘如来、戴衢亨等学儒层出不穷。

这些官宦故乡情深,注重对家乡的关心和奖掖,不仅在京城和各地保护赣商的地位与权益,还为赣商提供不少的市场信息和商业机遇,在一定程度上鼓励和激发赣人外出经商的信心力和积极性。

重教化的结果使得江西民风淳朴,社会风气和经商环境良好,犯罪率较低,航运安全,赢得了各地商人的信赖,商品大流通,使江西发展成为国内外贸易中南北贯通之重要地位,为江西的商业发展和赣商活动提供了前所未有的机遇。

二、经商之风与特色商镇

明清时期,江西由于经济、交通、农业等得到全面发展,经商之风遍及南昌、抚州、饶州、赣州、吉安、建昌等各州府县,形成了一批著名商镇,造就了一批本土和外籍赣商。

南昌府民众经商四方。

该府所辖下的南昌县、奉新县和义宁州等地,商业经营较为流行,经商四方成为民众之风。清乾隆《南昌县志》记载南昌县商业盛况:"商贾辏集,帆樯如织,为本邑一大镇,设有巡检把总"。清同治《南昌府志》亦载:"编户之民,五方杂处,多以逐末为业。"丰城尤为突出,大量民众出外经商。恰如地方志记载:"民勤耕稼,而更务商贾。商贾工技之流,视他邑之多,无论秦、蜀、齐、楚、闽、粤,视若比邻;浮海居夷,流落忘归者,十常四、五。故其父子、兄弟、夫妇自少至白首不相面者,恒散而不聚,无怨语也。"

抚州府是江西重要纺织中心。

该府所辖的宜黄商人主要经营苎麻业,仰于"苎布、斗方纸",所造土布名闻天下。金溪县商人中经营商业、手工业者众多,其人数占总人数的比例高达三之一。

饶州府经商十分盛行。

浮梁县的茶叶和瓷器生产贸易十分繁荣,商人被称为"浮梁贾",自唐宋以来即已名闻天下。景德镇向为"天下窑器所聚",镇民业陶为生,"繁富甲一省"。余干县拥有鄱阳湖的水路交通优势,水上贸易发达,"乃东南商贾往来之通道"。

赣州府物产阜盛。

该府龙南县盛产木材、花生等物,当地民众以此进行商贸活动。石城县盛产的夏布,成为民众商贸的主要产品。雩都县(今于都县)民众主要以盐业、布业经营为主。会昌县的民众有的经营木业和盐业,并到其他县市销售,有的则以在本地经营土产杂货为主,其中许多成为富商。赣县民众多种植烟草牟利,"夺南亩之膏"。

吉安府游走他乡。

该府由于土瘠齿繁,民众多"事末作",各县民众或小贩经营贴补家计,或远走外地从商营业,促进了本地经商之风和商业的发展。

建昌府的经商之风较为盛行。

该府黎川县地处赣闽交界,为两地商人往来之要道,"江闽孔道,其仕宦商贾,舟车负担之往来,昼夜无停晷"。在明代隆庆、万历之后,民众经商之风逐渐鼎盛,所谓"行商渐多,不复重离乡井如昔时矣"。

江西山田资源丰富,为商品流通提供了稳定而充足的生产资料和商品资源。在商品经济的发展过程中,江西诞生了一批如九江、赣州、樟树、吴城、河口、饶州等为代表的著名商镇。

1. 赣北出口之九江

九江地处长江南岸,是联系鄱阳湖与赣江水系的重要港口,亦是闽赣与华南沿海地区货物运至北方的必经通道。九江早在汉代即已建城。宋代九江就有商人开始从事山地产品的贸易活动。

明清时期,闽赣粤等地的商品必须经过九江才能贩运入江浙。川滇湘等地木材顺长江漂流而下,也必须经过九江才能运至江南。

九江关设于明代景泰元年,是明代八大钞关中唯一设在长江上的榷关。万历年间其税额为 2.5 万两,占全国税收总额的 7.3%。天启时为 5.75 万两,占总额的 12%。清嘉庆间增至近 54 万两,是清代前期长江各关中税收最高的榷关。

经由九江关流通的商品以粮食、竹木、食盐、茶叶等为大宗。作为全国四大米市之一,从湖广、川、赣输往江浙的米谷均经由九江转运和输出。清乾隆五十年秋两湖遭灾,半个多月即"从江西贩去米谷约有数十万石"。由九江过境的食盐主要是销行湖广的淮盐,乾隆年间"每年正额七十八万余道",以每引 364 斤计,总量达 2.8 亿斤。这些淮盐溯长江经九江而抵汉口,然后分销湖广各州府县。

茶叶多来自福建武夷山区和本省的鄱阳湖产区,其流向大致有二:北路主要销往西北边疆和俄国,武夷茶在河口镇装船顺信江而下至鄱阳湖,穿湖而过出九江口入长江,然后溯江而上抵汉口,转汉水至樊城(襄樊)起岸,经豫、晋抵张家口,再由张家口转运俄国。东路则顺长江而下至上海并转输欧美各国。东路在鸦片战争以后发展迅速。江浙的绸缎布匹溯长江至中上游地区,广东和国外杂货由大庾岭商道入鄱阳湖转中原各省,江西所产瓷器、纸张、夏布、药材等输往汉口、重庆等地,均经由九江转输。

2. 南下贸易通道之赣州

赣州扼赣、闽、粤、湘之要冲,被称为"江湖枢键,岭峤咽喉"。

唐宋时期,赣州成为一座名副其实的商业城,为大庾岭商道上重要的转运枢纽,赣州的经贸空前繁荣,"广南纲运,公私货物所聚",据《宋会要辑稿》记载,公元 1077 年,宋熙宁十年赣州的商税额是 5.129 万贯,旧税额是 2.538 万贯,遥居全省第一。

明清时期,赣州作为江西的南方城市,赣州的商品,由赣江、鄱阳湖流经北运河沿河北上,一是直达豫省的开封,二是由信江入闽江到达福州,三是由海运抵达北方港口或出口到其他国家。同时,浙闽等外省贸易亦多经赣东北走赣江至广州。明代张瀚在《松窗梦语·南游纪》记述了他途径江西到"粤之会城"的丰富旅程。他自江西铅山、弋阳、贵溪、安仁,达饶州,而"余干之瑞洪塘则民居辐辏,舣舟蚁集,乃东南商贾往来之通道"。寻渡鄱阳,经鄱阳湖、赣江路南行抵广州。

明清两代,经由赣关流通的商品种类繁多,尤以茶叶、生丝、洋广杂货为大宗。由赣关输往广东的商品以闽徽浙生产的茶叶、生丝为最大宗。清代前期每年从广州出口的商品中,仅茶叶、生丝及丝织品三项价银即达 1000 余万两,占出口商品总值的 70%。

江西本地商品经由赣关输出的多为桐油、茶油、瓷器、木材、烟草、纸张、夏布、粮食等。而同时由广东输入江西的商货主要为粤地所产蔗糖、果品及进口洋货。在明代,果品、蔗糖即大量从大庾岭入赣粤,进口洋货主要有哆啰、哔叽、羽毛、纱缎等纺织品,香料、铅、锡、犀角、象牙等,其中也有很大部分由赣关转销全国各地。

货物相互转运的繁荣给赣州府城带来了商业的繁荣,在府城沿江一带,遍布瓷器街、米市街和棉布街等,商贾辐辏,船舶往来,从朝至暮熙熙攘攘。

3. 赣中药都之樟树镇

樟树镇,明清属清江县,位于赣江中游,扼赣江与袁江交汇之处。

樟树成为江西东西南北通道的交汇点。

由樟树镇溯赣江而上越大庾岭可达广东,顺赣江而下过鄱阳湖可通中原诸省,由鄱阳湖转信江水道可抵闽浙,溯袁江而西,经新喻、袁州、萍乡至湖南醴陵入湘江水系可达洞庭湖。

樟树镇以药材加工和集散享誉全国。唐宋时期,樟树已有"药墟""药市"之称。明代中叶发展为全国著名的药材加工和集散地,明中后期至清末的 400 余年是樟树药业的鼎盛时期。

樟树药材绝大部分来自外地,各地药材集于樟树镇,加工炮制,然后转销各地,民间有"药不到樟树不齐,药不过樟树不灵"之谚语。樟树镇全盛时有药材行、号、店、庄近 200 家,其中本地商人开设的超过半数,著名者如大源行、金义生行、茂记、德生源、义新美等。樟树药商字号资本最为雄厚,有固定的业务范围和经营路线,如"广浙号"专营两广、闽浙等沿海省份的药材,"西北号"则专营川陕冀豫等省所产药材。

樟树镇也是赣江流域最重要的商货流通中心。汇集于樟树的商货有木材、布匹、日用器具等,凡民用所需之物大多具备。至清代,樟树成为全省货物转运中枢,由外省输入的货物汇集于此,通过赣江、袁江、鄱阳湖等水道转销南北及省内各府县。譬如抚州府乐安县流坑村董氏家族,拥有山林 10 余万亩,所出竹木由村边的乌江放下,至吉水入赣江,经樟树销往安庆、芜湖、南京。该村现存数十座豪华宗祠多为董氏商人所建。

此外,袁江流域各种农副产品如漆、苎麻、夏布等多由袁江东下经樟树镇外销。樟树本地所产以青矾、红矾为著,盛时有作坊近百家,年产量约五万担,主要销往苏浙闽皖诸省。

4. 鄱阳湖滨贸易集散地之吴城镇

吴城镇,地处江西北部,是赣江流入鄱阳湖的咽喉。

明清时期,吴城镇为新建县所辖。吴城镇的商业兴起于明末清初,是以转运贸易为主,由大庾岭商道输入的洋广杂货转销北方诸省者多由吴城换船入长江转销鄂皖豫诸省;由湘鄂皖吴入江者,至吴城而趸存,至樟树而分销。

汇集在吴城镇的本地产品为木材、纸张、茶叶、苎麻等,尤以木材为最。大批木排在吴城停靠后重扎为大排,然后经鄱阳湖出长江,销往江浙,吴城是江西木材外运的最大的集散地。

江西本地的农副产品也多沿修河下运至吴城镇输出。如奉新、靖安等县的纸张,义宁州的茶叶,靖安县所产茶油等均由该镇集散,可谓"烟火不下五千余家,岁出茶、桐、竹木以万计"。

江西各府商人聚集于吴城。最为标志性的是各地商人在吴城建造的万寿宫。譬如吉安府商人建有合德堂,武宁县商人建有武宁公馆,为往返省城京师的商人、士人学子提供借宿之所。

5. 赣东北贸易中转站之河口镇

河口镇位于江西东北部,明清为广信府铅山县所辖。河口镇水道联结赣浙闽粤数省,是重要的商业城镇。

河口镇的兴起约在明中叶前后,史载"其货自四方来者","西北则广信之菜油,浙江之湖丝、绫绸,都阳之干鱼、纸钱灰,湖广之罗田布","此皆商船往来货物之重者。"

茶叶是河口镇加工集散的最主要商品。汇集河口镇的茶叶,输出路线主要分为南、北、东三条。南路即运往广州十三行用于出口的茶叶;北路主要销往俄国,均由晋商人经营;东路主要运往上海。清道光年间,赣商在沪建立江西会馆,有四分之三的资金来自茶商捐厘。

河口镇作为武夷茶转销南北的集散地,成为各路商人麇集之所,资金往来款项甚巨,促进金融业的发展。清代中叶新产生的金融机构日升昌、日新中等票号在河口设有分号。清道光年间,全国设立票号的城镇二十三个,其中属于"镇"城者仅河口、安徽屯溪和河南周家口三个,斯时江西设有票号的城镇只有河口一处。

丝及丝织品是河口转运的重要商品。河口汇集的各种丝织品,即有"浙江之湖丝、绫绸……黄丝、丝线、纱罗、各色丝布、杭绸、绵绸、彭刘缎、衢绢"等。这些商品大都产自江南,由浙江过屏风关入赣,由信江转大庾岭商道。

纸张也是河口集散的另一重要商品。广信府是江西纸张的主要产区之一,而尤以铅山县为最,"小民藉以食其力十之三四焉"。铅山所产纸张品种甚多,以连史纸品质最优。纸业盛景时,仅石塘镇从事造纸业者达三四万人,平时外来的纸业工人近万人,每日所消费的粮食、食盐、百货等都由河口镇运入。河口镇也是赣闽两省纸张的重要集散地。江西铅山、玉山、广丰、上饶所产纸张运抵河口;而福建光泽、崇安等县纸张先运至铅山河口镇重新包装后外销,纸张主要销往沪、杭、徽、豫、鲁、京、津等地。

棉花、棉布、杂货、粮食等也是河口镇输入分销的主要商品。杂货则以闽粤所产为多,如福建延平的铁,崇安的闽笋,漳州的荔枝、龙眼,海外的胡椒、苏木;广东的锡、红铜、漆器、铜器等,这些商品除供铅山本境消费之外,分销至赣东北的广信府和饶州府。

6. 赣东北贸易通道之饶州

饶州府位于江西东北部。明清时期、饶州府所辖的县包括鄱阳、余干、万年、浮梁、德兴等。饶州当地农、渔、木、陶等资源富饶,生产水平较为发达,商品贸易较为繁荣。清同治《饶州府志》载:"饶郡依山滨湖,高下肥饶,三则四则,则赋有差等,秋粮夏税,岁有常额。山木泽鱼,兼资杂课。粮艘之运,厥惟电丁,水次交兑,民实便之。"

饶州府的浮梁和万年县盛产竹木,山林贸易兴盛。清末学者傅春官在《江西农工商矿纪略·饶州府·农务》记载:浮梁"伐褚为纸,坯土为器,行于中外,资国家利";德兴县的林木资源丰富,苗竹一项为出产大宗,县属土产杉树,种植易而获利速,数年即可成林;乐平县的蓝靛最负盛名,质量上乘,县属土产植物,以靛青为最,地方深资利赖。

江西除上述六大著名商镇之外,还有赣西贸易通道宜春。至明清时期,随着交通条件的改善,商品经济迅速发展,如"漆,宜春稍多,贾人以达四方,曰袁漆,几与广漆、建漆等。"赣商已将宜春的漆贩卖到各地。

　　江西这些商镇,东西南北分布在全省各地,然后以这些商镇为中心,江西商业呈放射射状延伸到各地,成为促进各地商镇以本地特产经营为主的商品经济发展的基础。

三、赣商经营行业及其市场

　　赣商是在江西自然经济结构内部自发产生和发展起来的,它以两宋以来江西社会经济所处的优势地位和其他地区间经济发展的不平衡为存在前提。从元至明,江西继续保持全国经济发达、物产丰富的优势地位。商品市场流通领域内的大宗商品如瓷器、茶叶、纸张、粮食、夏布、食盐、手工业品、药材等,皆为赣商经销的物品。在此基础上,生发出了制瓷业、制茶业、造纸业、纺织业、制烟业、刻书业、制酒业、中药业、冶炼业,以及一批批瓷商、茶商、药材商、粮食商、盐商、纸商、酒商、木商和杂货商应运而生。

　　日本东亚同文会主编的《中国省别全志·江西省》(第二十一册),曾对江西南昌、九江、会昌等15个市县商行分布做过统计。

表 1　《中国省别全志》江西省商行分布

地　名	主　要　商　行
南　昌	麻行、粮食行、油行、烟行、纸行、夏布行
九　江	茶行(17)、木行、粮食行、报关行
余　江	粮食行、猪行
景德镇	瓷行(43)
上　饶	纸行(14)、油行(9)
玉　山	夏布行、纸行、莲行、烟行
弋　阳	油行(3)、烟行(1)、米行(13)
彭　泽	木炭行、猪行、鱼行
吉　安	樟油行、粮食行、麻行、棉花行、杂粮行

（续表）

地　名	主　要　商　行
赣　州	糖行(4)、纸行(2)、米行(3)、豆行(2)、布行(8)、麸行(1)、木行(4)、船行(3)、烟行(10)
雩　都	油行(3)、纸行、米行、豆行
会　昌	盐行(2)、猪行(1)、油糖行(5)、靛行(2)、豆行(1)、青果行(2)
瑞　金	烟行(3)、油行(8)、纸行(4)、过载行(3)、苎麻行(1)、酒米行(1)、豆行(5)、杂货行(2)
南　安	油行(8)、豆行(3)、过载行(4)、烟行(2)、木行(1)、船行(1)、纸行(8)
南　康	油行

从表中分析发现,江西的商行特点与各地的主要商业活动和产业情况基本吻合,且各地除了有代表性的商行外,如弋阳的油行、吉安的樟油行、瑞金南安的过载行等均比较突出,同时也兼有其他商行,如食盐、烟草、蓝靛、矿产等商贸活动,在江西有一定的规模,其中不仅有本地赣商,也有徽商、晋商等外籍商人。

笔者结合赣商经营的各大行业,略述各行在历史发展过程中的市场演变,以及赣商在其中的作用与贡献。

1. 制瓷业

历史学家翦伯赞在《中国史纲要》中指出,明朝中叶,中国"已经形成为五大手工业的区域,即松江的棉纺织业、苏杭二州的丝织业、芜湖的浆染业、铅山的造纸业和景德镇的制瓷业。"在全国五大手工业区域中,江西就占了两个。

制瓷业是江西手工业经济的重要组成部分。早在宋代,江西制瓷业的发展体现在以瓷都景德镇为首的一批瓷窑走进宫廷和市场。瓷窑主要分布在饶州浮梁景德镇、乐平,吉州庐陵永和,抚州南丰,赣州宁都和江州等地,仅景德镇就有300多座。

明代景德镇成为全国的制瓷中心。公元1369年,洪武皇帝在景德镇珠山建立御窑厂,专门生产皇宫御用瓷器,所制瓷器只求精工,不惜工本,客观上促进了制瓷技艺的进步。据公元1537年至1620年统计,万历年间瓷业雇工"每日不下数万人"。明后期,景德镇瓷器行销国内外,并大量运往欧洲。公元1602年至1637年的35年间,经荷兰东印度公司运到荷兰的中国瓷器总数高达 300 万件以上。1608 年至 1616 年(缺两年)六年内,经荷兰东印度公司运入欧洲的瓷器共 640 余万件,其中以景德镇瓷为主。清代前期,景德镇瓷业的发展达到了瓷业发展的高峰,制瓷技艺、产品品种和生产数量均达到历史最高水平。清人沈怀清记述彼时的盛况:"昌南镇陶器行于九域,施及外洋,事陶之人动以数万计。"

景德镇瓷器是全国乃至世界的畅销商品,因而自然成为赣商经营的主要商品之一。明嘉靖《江西省大志》记述景德镇瓷器市场分布:"所被自燕云而北,南交趾,东际海,西被蜀,无所不至"。据统计,清雍正、乾隆年间,景德镇产瓷值约 400 万两白银,输出商品值折白银 4 亿两,主要商品流通额约相当于 17 世纪英国每年的出口商品值,相当于法国年出口商品值的三分之一强,商品输出值是英国的三分之二,法国的四分之一强。随着瓷业生产的发达,景德镇的城镇规模亦得到相应的扩大。在发达的瓷业影响下,至清嘉庆年间,景德镇街市的扩展,前后街计 13 里,人口达 25 万之众,与佛山、汉口、朱仙镇并列为全国四大镇。

2. 制茶业

江西有着久远的茶文化历史和深厚的茶文化底蕴。

制茶是赣商经营的主要行业,也是江西代表性的产业,是支撑江西经济发展的重要力量。

明清以来,随着制茶技艺的不断提高和改进,江西形成了婺绿、浮红、宁红、饶绿四大种茶叶类型,拥有宁红茶、庐山云雾茶、婺源绿茶、遂川狗牯脑、得雨活茶、浮瑶仙芝等数十个品种,以及宁州、浮梁、赣东、婺源和赣南等五大产茶区域。其中绿茶主要内销,红茶则外销为主。江西茶业素有"唐载茶经、宋称绝品、明清入贡、中外驰名"之美誉。

江西各地制茶业的兴起,推动了茶商和茶行,其中以河口镇茶市、九江茶市和修水茶庄等为代表,河口镇一年生产红茶 1000 万斤,贸易额 100 万两白银。九江输出品中最重要的物品是茶叶,据《中国省别全志·江西省》载,1910 年九江全年的输出 20 万担至 25 万担,价值六七百万两。下表为九江的茶号和茶栈名单:

表2 九江的茶号和茶栈名单

土茶栈	恒丰顺、天顺祥、清元和、恒昌祥、黄恒吉、生昌和、李同春
丝茶栈	洪昌隆、谦泰昌、洪源永、新隆春、谦顺安、公慎祥、森盛恒、万和隆、忠信昌、永慎昌

上表中的土茶栈通常制茶兼贩茶,丝茶栈主要以茶的居间为业,17家茶行每年的茶期(红茶四、五月,绿茶六、七月左右)产出红茶25万箱以上(1箱50斤),绿茶8到10万箱,红茶主要销往汉口,绿茶主要销往上海,然后再由两地销往海外。

江西茶业从产出到加工都在本地完成,茶商以江西本地人居多。白居易《琵琶行》写到"商人重利轻别离,前月浮梁买茶去"。诗中的浮梁就在江西东北部。浮梁盛产一瓷二茶,景德镇过去隶属于浮梁县。赣商不仅在浮梁、赣南等地设立制茶手工工场,同时还在邻近省区租占山地丘陵,垄断茶叶的生产和经营。福建西北部的武夷山区,即"多租于赣人开垦种茶,其价甚廉,其产值颇肥"。直至清前期,武夷山茶的生产、加工制作和销售,均主要控制在赣商之手。

江西茶业在长期的经营过程中,尤其是到了20世纪品牌主导的时代,从传统商品销售发展到以品牌为目标,催生了一批著名的制茶品牌,如遂川县狗牯脑茶厂、江西宁红集团公司被认定为"中华老字号",林恩茶业公司、井冈山茶厂、含珠实业公司、浮梁县浮瑶仙芝茶业公司等"江西老字号"。这些茶叶公司历史悠久,拥有世代传承的产品和工艺技艺,具有鲜明的传统文化背景和深厚的茶文化底蕴。

3. 纺织业

江西种植苎麻早在春秋就开始培植。至唐宋时,万载、赣州、宜春等地的夏布被列为贡品。江西的棉花生产始于南宋,至明中叶,种棉由北部推广到中部,九江的德化、湖口、彭泽,赣州的都昌,上饶的鄱阳、余干,以及抚州、吉安、宜春均为著名棉区。清季学者吴其濬在《植物名实图志》一书载:种苎仍以江西、湖南及闽粤为盛,尤其是江西的抚州、赣州等地农户种麻织丝,如同嘉兴、湖广农户的养蚕治丝。

随着棉花种植的面积扩大,江西棉织业日渐发达,明清时期为夏布生产的鼎盛时期。清代赣州石城县每年生产夏布几十万匹,多销往外省,宁都每年夏布产量达数十万匹。清宣统《南昌县志》载,南昌乡村百里"无不纺纱织布之家,勤者男女更代而织,鸡鸣始止,旬月可得布十匹,赢利足两贯余"。清代吉安的"资生常货,用广而利厚者,无过蓝青白布,岁数百万金"。农家妇女往往黎明上机,傍晚便织成布。抚州因当地所产棉花不足,除从九江、南康购进外,每年还从皖鄂两省运进 2 万多包。

江西布业不仅产量高,而且质量上乘。何刚德在《抚郡农产考略》一书中比较了各地夏布的质量,认为抚州府所属临川、崇仁、宜黄所产夏布与湖南永定夏布约在同一水平,为海内所推,但仍不如万载夏布的"柔软润滑,平如水镜,轻如罗绮"。根据彭泽益著《中国近代手工业史资料》统计,1933 年全国夏布生产情况,主要省份产量如下表。

表 3 1933 年全国夏布生产情况

省份	江西	湖南	福建	四川	江苏
产量	90 万匹	20 万匹	20 万匹	60 万匹	10 万匹

全国共约生产 230 万匹,江西约占全国的 40%,位居首位。以产值算,江西为 450 万元,约占全国的 56%。

从 1912 年至 1930 年,仅从九江关输出的江西夏布即达 35 万担,其中近半数输往国外,占全国夏布输出的三分之一强。于此也可推测出明清时期江西夏布生产的地位,以明孝宗弘治十五年和神宗万历六年夏税为例,夏布征收额为 1341 匹,皆产自江西。

棉麻的种植和棉织业的生产,为布商创造市场先机。

尤为值得一提的是,该行业已出现新型的经营模式——包买商。有位叫陈泰的布商,每年年初,他都向崇仁、乐安、金溪以及吉安等地的织户发放生产性贷款,作为其织布本钱。到夏秋之际,再赴这些地方催收麻布,以供贩卖式批发。由于生意越做越大,各地有"驵主""甲首"作为代理人,帮助他放钱敛布。

明朝前期,赣商主要贩运夏布。明中叶以后,则夏布、棉布兼营。万载、乐安、宁都、石城等地的夏布,清江、南昌等县的棉布,是赣商致富的重要商品,"衣被楚、黔、闽、粤"。在江西所有的棉商中,吉安的布商最为能干,他们采取双向贸易策略,一部分商人先从江西把夏布、棉布贩运至川粤等省,并设在当地"蜀庄""粤庄"专号。销售完后,再用资本把川粤的特产运回本地;另部分商人把本省夏布、棉布贩运至川黔等地,然后就地收购水银,转售湖广、粤、浙、苏等省,然后再回本乡收购布匹外销,如此形成一个商贸产业链。

棉业种植生产,同时催生了靛业副产品。蓝靛为浆染业的重要原料,随着棉纺织业的发展,江西的吉安、抚州、赣州等地蓝靛种植也日益推广。抚州的蓝靛有湿靛、水靛、角蓝靛等品种,多运本省余干、丰城和闽粤外省销售。赣州、吉安所属各县所种蓝靛,则多销往湖广、豫省销售,江西的蓝靛覆盖着半个中国市场。

4. 制酒业

江西是中国酒文化的发源地。

2002 年,中国考古学家在进贤李渡酒厂发现了距今 800 年的特大元代烧酒作坊遗址。此次发现,是我国迄今发现年代最早的烧酒作坊遗址。在深厚的酒文化发展长河中,江西涌现出四特、临川、李渡、章贡、堆花等一批制酒厂。

四特酒。四特酒既是赣酒,也是中国白酒行业的一面旗帜。其有产区独特、原料独特、工艺独特和香型独特等四大特色。四特酒业所处樟树地理生态环境特殊,同时依靠精选的江西大米为酿酒原材料,酿造清香醇口的白酒。四特酒传承了千年的酿造方法与红石古窖,其差异化的工艺和香型为四特酒的崛起提供了品牌保障。

李渡酒。进贤县民间素有吊烧酒和做水酒的习俗,产酒尤以李渡为最盛。李渡酒厂酿制的李渡高粱酒,基于民间酿酒中发展而来,具有千年历史。北宋年间,邓金林、娄宝清到李渡办起第一家酒作坊。至元代,李渡周边乡镇相继出现酒作坊。明代东乡商人梅焕荪、黄德昌联袂在李渡办酒坊。清代,邓金林的二十七世孙实现了小曲酿酒向大曲酿酒的突破。李渡最大一家制酒作坊——万茂酒坊,酿成了酒味纯善有独特风味的李渡高粱酒。随着李渡商业的繁荣,制酒作坊相继开办,最盛时期多至十几家,年产量高达 60 多万斤。20 世纪 50 年代,李渡镇的万隆、万盛、万茂等九家私营作坊合并为公私合营民生酒厂,即李渡酒业的前身。2006年,李渡烧酒作坊遗址被国务院公布为全国重点文物保护单位,2008年,李渡烧酒制作技艺入选为江西第一批非物质文化遗产。

临川贡酒。富庶的临川号称"赣抚粮仓",也有"才子之乡""文化之邦"之美称。临川素来酒风极甚,酒坊云集,酒旗处处。每当夜幕降临,灯火初上,家家酒肆,饮者满座。临川贡酒可上溯至北宋。彼时宰相王安石以临川本地酒敬献神宗皇帝,深得皇上喜爱,被列为皇宫贡酒。明清时期,抚州商帮的足迹行销于城乡闾巷之间,进出于朝野贵贱之室,传播抚州人精湛的生产技艺和诚信重义的优良品格。临川贡酒历代传人推陈出新,赴川黔拜师,入晋鲁学艺,娴熟的酿酒技艺、优质的曲品质量以及较长的窖藏储存年限,遂成为临川贡酒作为江西乃至全国的知名品牌。

堆花酒。堆花酒原为庐陵谷烧,有着千年的酿造历史。堆花酒之名出自南宋丞相文天祥之口,文早年求学于白鹭洲书院,偶至县前街小酌,但见当地谷烧甫入杯中,酒花叠起,酒香阵阵,便脱口道:"层层堆花真乃好酒!"从此,堆花酒之名口口相传,成为当地传统佳酿。"堆花牌"系列白酒产品是江西四大名酒之一,以优质大米为原料,采真君山古清泉,用人工老窖发酵精酿而成。堆花酒以清亮透明、醇香浓郁、入口绵甜和回味悠长而著称。

5. 造船业

"舟船之盛,尽于江西"。江西造船业繁荣发达,原因有三:(一)江西有赣江、信江、鄱阳湖等发达水系和水运,京杭大运河的开通,赣南大庾岭的开辟,沟通了古中国的南北商路,客观上促进造船业的发展;(二)江西山林古远,为造船业提供优质材料,造船遂成江西重要产业;(三)赣人掌握了先进的技术。

早在唐代,江西的现今南昌、鄱阳和九江已为中国造船中心。王勃在《滕王阁序》中所描述的"舸舰弥津,青雀黄龙之舳""渔舟唱晚,响穷彭蠡之滨",尽现江西舟船之盛。为了满足朝廷的漕运之需,两宋时期的南昌、抚州、吉安、赣州和九江等州设置造船工场。北宋真宗时期,全国各地造船总计 2634 艘,江西仅吉安、赣州两州造船数约占 43%,居全国首位。南宋时,南昌、吉安、赣州三州造船已达千艘以上。

两宋时期,江西的造船和修船已开始使用船坞,并率先运用滑道下水的方法。相较于国内其他地方造船场所造的船只,"江西制造"的船体更巍峨高大,结构更坚固合理,行船工具更趋于完善,装修更为华美,特别是开始使用指南针进行导航,开辟了全球航海史的新时代,推动宋代经济、商业、对外贸易达到中国古代的最顶峰。史载南宋淳熙六年,都虞候马定远主持在江西制造了一百艘马船,均配备了可以拆卸的轮桨,平时可作渡船使用,遇上战事又可摇身一变成为战船,被称为"马船"。

《江西通史》曾对宋船有过专业记述:宋船头小,尖底呈"V"字形,便于破浪前进;身扁宽,体高大,吃水深,受到横向狂风袭击仍很稳定;底板和舷侧板分别采用两重或三重大板结构;船上多樯多帆,便于利用多面风。大船上均设有小船,遇紧急情况可用于救生、抢险等等。这些特点非常适合远洋航行,在一定程度上推动了中国航海事业的发展。

6.造纸业

纸业是赣商主要经营行业之一。

江西山林覆盖面积大,且为产粮大省,竹木、稻草等造纸资源丰富。作为传统的文化大省,江西教育科举发达,对纸的需求量大,造纸业在全国处领先地位。

随着中国社会经济文化的进步,隋唐五代时期造纸业得到了显著的发展,造纸材料丰富的长江流域陆续出现造纸中心,吉安生产的陟厘纸、上饶的藤纸、临川的滑薄纸为当时的名品,且被列为朝廷贡品。

江西的造纸业在宋元两代得到新的发展,吉安、抚州、上饶等地都有名品纸张出产。明清时期,在赣东北、赣西北、赣中、赣南等地遍布造纸厂。

赣东北主要以铅山、玉山、上饶、广丰等县为代表,尤以铅山县为最,其主要生产连史纸,为当时我国江南地区的"五大手工业区域"之一。铅山的造纸业在明清前期达到顶峰,有名的纸店"裕兴隆""益裕""光裕",陈坊的"鸿泰昌"等,专营批发的纸号中,"吴志记""祝荣记""赖家纸号""查声泉""复源生"等老字号,它们资本雄厚,将优质纸张销往全国及南洋各地。

赣西北主要以万载、修水、铜鼓县为主。赣南的宁都、兴国、石城三县造纸业较为发达。赣中地区以泰和县土纸生产为代表。

明朝时期,全国主要纸张产地在江西、浙江、南直隶等地。江西各地名纸迭出,譬如南昌西山官局的连七、观音纸,铅山的奏本纸,临川的小笺红,玉山的火纸、包裹纸、柬纸、皮纸等。上饶是明清时期江西造纸业的中心,主要有楮皮纸、白鹿纸、高帘纸等品种。

明万历年间,苏州常熟人毛晋汲古阁刻十三经、十七史等典籍,特派人来江西选纸,吉安泰和等县出产的竹纸中选,遂名"毛边纸",至今沿用其名。松江名笺潭笺,乃由临川连纸加工而成。

与造纸业的发达相适应,吉安、抚州和上饶的刻板印书行业素来比较繁荣。至明清时期,金溪和婺源等地成为著名的刻书中心,尤其是金溪浒湾镇,其刻书业始于宋,是我国最大的刻版印刷基地之一,汤显祖的作品也多由此刊刻。金溪做书纸生意的商人数量众多,与福建建阳的印业作坊常有往来,销路遍布全国重要城市。"临川才子金溪书",真实反映了临川才子群体性的崛起与造纸、制笔和印书业之间的密切关系。

7. 粮食业

江西作为中国粮食主产区之一,粮食产量较高,是江浙粤闽等省的重要粮食供应地。由是,粮食自然成为赣商经营的重要商品。

两宋时期,江西人口激增,农业劳动力的增加,耕地面积的扩大,农田水利的兴修,生产工具的改进,先进稻种的引进,促进了粮食产量的大幅度增长,江西"沃壤百里""稻云烘日",成为国内重要的粮食生产基地。江西每年发运京师的漕粮,北宋时至少120万石以上,南宋时至少在200万石以上,元朝时至少占全国的三分之一。

江西粮食外销,主要有五条商道:一是由长江而下至江浙地区;二是由长江出口,经江南转运,由海道运至福建;三是顺赣江之章水南运到大庾岭,然后挑运到广东南雄;四是由赣州溯贡水到会昌县,然后转运到广东潮州;五是由九江向北沿昌江运往安徽等。

明朝学者顾起元写道:"金陵百年来,谷价虽翔贵至二两,或一两五六钱,然不逾数时,米价辄就平。""惟仓庾不发,而湖广、江西亦荒,米客不时至,则谷价骤踊,而人情嗷嗷矣。"这则史料说明,明朝后期南京及周边地区的粮食依赖江西和湖广之供给。

学者施由民在《明清江西社会经济》一书中,统计明清朝廷在江西的征粮数量。从表格中数据,一窥江西对国家粮食之贡献。

表 4　明清时期朝廷在江西的征粮数量

年　　代	征粮米量(石)	全国排名
明洪武二十六年(1393)	2585256	2
明弘治十五年(1502)	2559706	1
清嘉靖二十一年(1542)	2527905	2
清顺治十八年(1661)	993756	3

清康熙年间,江西巡抚上奏皇帝,禀报赣粮被豪强垄断之弊。他写道:"今富豪之家,广收湖广、江西之米,囤积待价,于中取利,虽米船沿江而下,而粜卖之米愈少。此事关系贫民甚大。"由奏文可见江西、湖广的粮食均由粮商运往江浙地区,粮食的歉丰与江浙地区的米价呈正相关关系,粮食业的稳定影响社会的稳定。清雍正年间,浙江总督李卫上奏云:"各省米谷,唯四川所出最多,湖广、江西次之。"江西米谷的产量排在四川和湖广之后,位居全国第三。清乾隆五十年,"江西商贩赴楚,已有(粮船)一千三百余只,米谷约有数十万石。"江西粮商规模之大,拥有一千多船只穿梭在长江沿岸将本地的粮食运往江浙的南京、苏州、杭州和松江等地。

江西的赣北、赣中、赣南等地均有比较集中粮食市场。九江云集一批稻米和其他谷物等的中介商。南昌粮食行,除批发业务外,尚建有米市。赣州有永发、通济、公和等二百多家米店,每年吉安商人由兴国、会昌等产地运入 20 万担。

8. 木材业

江西位居亚热带,雨量充足,环境湿润,同时地处丘陵地区,盛产森林,为中国古代重要的木材生产基地。明成祖营建北京时,采木于赣、川、湖广等省。

江西各府均产木材,且以南安、赣州二府为最。赣州商人主要靠杉木运销外省致富。《王阳明全书》载曰,这两个地方,山场开旷,盛产杉木,吉安等府县的流民常年来此,谋求生理,结帮成伙,砍伐竹木,栽林木锯板,然后将木料或板材扎成木排,顺流而下,以此致富。

吉安、南昌、抚州各府也是木材的重要生产地。赣商多以吴城镇为木材集散地,来自赣江、修水、抚河上游的木材,均在此重扎大筏,然后出湖口、入长江,运销江苏、松江、南京和武昌等地。明代遂川县商人所创的计算木材材积的"龙泉木码法",通行于江西,沿用至民国。据统计,清末仅九江姑塘关,江西每年外销的木材为1.6万立方尺。

9. 制药业

药业是赣商的主业之一。古代医药不分家,诊所多备有药材,药店通常聘请医生坐诊看病,医药的一个核心问题是药材的流通和经营。

江西医药历史悠久,早在东汉,樟树就有采药行医业。"樟树的路道,建昌的制炒",即樟树为药材的集散中心、建昌为药材的炮制中心,借助这些得天独厚的优势,江西产生了一批药店老字号和百年老店。

樟树药业源远流长,樟树人及其他赣商为拓展药业生意,外出经营,逐渐形成了地区性家族型的樟树药帮,控制着湘鄂赣的药材市场,与京帮、川帮并列为三大药帮。樟树的药店大多是"前堂卖药,后堂加工"。由于樟树选购道地药材加工炮制精良,医用疗效较高,樟树中药被视为珍品。2020年由"樟树帮"第七代传人袁小平投资创办的天齐堂中药饮片公司,是集科、工、贸于一体的大型中药饮片生产企业。

建昌帮药业。抚州"建昌帮"药业以擅长传统饮片加工炮制、药材集散交易著称,为中国十三个大药帮之一,是著名的古药帮。建昌医药源于晋朝,兴于宋元,盛于明清,它依托建昌医药一千五百余年的深厚的历史传承,融合各朝代医学、经济、文化等各种社会要素,积历代经验,博采众长,形成了自己一套独特的传统炮制技术。

除地域性的药商外,还有不少大药店。譬如赣州协记大药房。该药房由何莘耕于1924年创办,前身为协记药店。由于协记对药材精选道地,严格炮制,重商德,讲信誉,遂名扬赣南及闽粤邻近各县。协记药房作为赣州市著名私营民族工商业代表之一,被首批纳入到公私合营体系,改名为赣州市协记国药店,成为江西老字号企业。九江王万和药店由王亮炎、王芝田叔侄于1853年创立。此后五代行医卖药。该店自行配方烘制的"疳疾饼",对儿童脾虚积食诸症颇有奇效,配制的"烫伤药膏""梨膏""吹喉散"等均疗效显著,深得患者赞誉。景德镇种德堂始建于1910年,其前身是"叶开泰"药店,本着"修合虽无人见,存心自有天知"精神,精心炮制各种地道药材。该店公私合营后,成为该市唯一的国营连锁药店。南昌黄庆仁栈由清江人黄金槐1833年于南昌创办,初为行医郎中,兼经营中草药。由于经营得法,黄庆仁栈生意兴隆。至新中国成立时,经营额占南昌市中药业的70%,为江西药店之冠。

10. 渔业

渔业在江西有着得天独厚的条件。

江西境内的鄱阳湖水域宽阔,江河纵横,气候温暖,适合各种淡水鱼类的生长和繁殖。明代学者陆深在《俨山外集》记述道:"今人家池塘所蓄鱼,其种皆出九江,谓之鱼苗,或曰鱼秧。南至闽广,北越淮泗,东至于海,无别种也。""每岁于三月初旬,挹取于水。其细如发,养之舟中,渐次长成。亦有盈缩,其利颇广。"

鄱阳湖地区的渔业发展的范围广泛,赣商瞄准渔业商机,进行贩运。清人陈梦雷赞叹道:"江湖渔利,亦惟江右人有。"

11. 采矿业

江西采矿和冶铸生产鼎盛,各地开采的矿产种类丰富。

赣州的稀土、钨矿,余干、德兴、贵溪、吉安、等地的铁矿,铅山、德兴、弋阳、南康、瑞金等地的铜矿,鄱阳、浮梁、抚州等地的金矿,南丰、赣县、于都等地的银矿,宁都、会昌等地的锡矿,宁都等地的铅矿。

铜铁的高产量使得铜铁钱造铸业发达。北宋元丰时,饶州永平监岁铸61.5万贯,江州广宁监铸34万贯,两者共铸95.5万贯,占全国的18.9%。德兴人张潜在总结前人成就的基础上创作《浸铜要略》,为冶炼技术的最早记载之一。铜器铸造在江西也十分广泛,《宋史》卷180记载说:"临川、隆兴、桂林之铜工,尤多于他郡。"其他如上饶、吉安、赣州、丰城等地的铜器铸造业和金银器的制作很兴盛。

高安、萍乡、丰城、玉山等蕴藏着丰富的煤矿。"丰城、萍乡二县皆产石炭于山间,掘土黑色可燃,有火而无焰,作硫磺气,既销则成白灰"。至今萍乡的煤在江南仍十分出名。赣州的铝业、稀土等矿藏丰富,深加工发达,如江西赣锋锂业集团、江西远桥金属公司、江西金力永磁科技公司等企业年收入超百亿。

第三章

赣商史脉与地域分布

赣山苍苍,鄱水泱泱。

在中国数百年的创造财富的历程中,赣商落地造屋为安,江西会馆和万寿宫俨然成为赣商的文化地标和心灵归属,化身为中国建筑史上的一大奇观。

自元末明初至晚清五六百年间,赣地有两千万子民从鄱阳瓦屑坝出发,穿越崇山峻岭,间关千里,他们移民安徽,扎根湖湘荆楚,挺进川滇黔,纵横长三角,雄踞幽燕关陕,至少留下一亿赣民后裔。北京作为天下财货聚之都,半产出于东南,而赣商为夥。太平洋西岸的东海和黄海的琉球,以及安南等为明清的藩属,其通事多为赣商。

在中国版图和中华文化圈,赣商及其后裔的身上,蕴藏和流淌着江西人民改变陈旧世界的血脉和基因。

一、赣商扎根湖湘荆楚

中国移民运动基本是南北互动和东西对流。但到明清时期,中国移民的运动方向,则出现了由东向西的骤变,大量的人口从长江下游向中上游迁徙,出现了"江西填湖广"和"湖广填四川"的波浪式运动。如果说之前向南向北的人口流动均由战争和政策造成的话,那么明清时期从东向西的迁移则多为经济因素所推动。

明清两朝,由于全国的统一,在国家政治版图上,出现自发性或强制性的规模庞大、影响深远的移民浪潮。在北方,经历着数百万人走西口、三千万人闯关东;而在南方,则发生过三千万人下南洋,两千万人填湖广充西南之现象。

如果说,走西口促成了晋商和陕商,闯关东成就了冀商和鲁商,下南洋诞生了粤商和闽商,而两千万赣人填湖广,充西南,则造就了著名的赣商。

1. 赣人最先移民安徽

元朝的江西饶州路,所辖相当今鄱阳、余干、万年、景德镇、浮梁等市县,属江浙行省。元末朱元璋、陈友谅等争霸于江淮之间,长达十三年的战争给安庆带来巨大的灾难,人口锐减,土地荒芜。由于朱元璋在鄱阳湖决定性的大战中,得到江西民众的强力支持,一举打败陈友谅。朱元璋对江西人民的忠诚、勇敢和支持心存感激,具有深厚的赣地情。

朱元璋定都南京后,第一个设省的地区就是江西省。随着明朝对全国的统一,明军不断进兵两湖、两广、云贵时,都以江西为基地。明军北伐中原,进军川渝,战火不绝,相对而言,东南地区则战事缓和,生活较为太平。

明朝统一中国的军力虽从南京出发,而军需给养则多依赖于江西。同时北伐偏师也是从赣鄂进军豫陕川。"兵马未动、粮草先行",随着明军的推进,江西开始了有史以来第一次大规模的向外移民。随后,朱元璋为恢复被战争破坏地区的社会经济,决定组织江西饶州移民到江淮地区,填实安徽。

学者曹树基研究指出,"洪武大移民"是中央政府组织的有规划的移民。移民是以府为单位进行的,某一地移民来自何处,有着严格的规定,逾越规定的现象虽然存在,但不普遍。来自鄱阳湖东侧的移民被相对严格地限定在江淮之间的安庆府、庐州府和黄州府。族谱中大量出现的迁移,带"户帖"迁移及"命为十长,率众即行"的记载。

除因战争因素外,赣人与耕地的矛盾日益突出,即人浮于土的现象。《明太祖实录》(洪武三十年三月条)载:"江西州县多有无田失业之人"。明政府此时鼓励向江淮和其他人口稀少地区移民,并规定外来移民开垦的土地不仅可合法登记为私有财产,还能在一定期限内享受赋税优惠。饶州、九江的27万无地贫民纷纷北迁,当到达安庆府属各县后,大片宜垦荒地以及与家乡相对一致的自然环境很快就吸引他们就地定居。

从明初到清嘉庆年间,官方有组织的移民和民间自发地移民,达到数百万人。鄱阳的瓦屑坝和南昌城里的瓦子角是江西移民的集散地。二十多年前,笔者曾赴安庆和桐城考察,读到著名大学士、宰相张英撰写关于先祖来自瓦屑坝的文章,他写道:"吾桐(城)与潜(山)同郡而接壤,相距百里许。余之先自鄱阳瓦屑坝徙于桐,始祖为贵四公。潜亦同时同地并来鄱阳,始祖为贵七公,徙居于潜之青山焉。"清初安庆宿松人朱书在《杜溪文集》卷三说:安庆为"神明之奥区,人物之渊薮也。然元以后至今,皖人非古皖人也,强半徙自江西。"张英的祖先张贵四、张贵七是数百万饶州移民中的一员。外国学者比阿蒂曾对桐城县的人口进行研究,在63种族谱中,其中有20%的家族的始祖来自鄱阳瓦屑坝,其余也大多是在元末明初由江西迁来。笔者曾在合肥参观李鸿章故居,睹李氏生平介绍,其祖籍为九江湖口,明代由瓦屑坝迁移至肥西。

安徽是长三角的重要组成部分,处于全国经济发展的战略要冲和国内几大经济板块的对接地带,濒江近海,有八百里的沿江城市群和皖江城市带承接产业转移示范区,内拥长江水道,外承沿海地区经济辐射,经济、文化和长江三角洲与其他地区有着历史和天然的联系。

清朝安徽建省时,辖安庆、徽州、宁国、池州等七个府及滁州、和州、广德等三个直隶州,疆域格局基本稳定,安庆为省治地。由于江西移民占40%,安庆的街市遍布赣商,其中最能体现赣商的实力的是江西会馆。安徽布政使吴坤修重修会馆碑记称:"江右豫章磁帮","前曾有清明义会,今于同行集钱七十余千,商存生息以作各庙香资及修理孤坟、鬼节超度之需"。赣商大量捐款捐物维修安徽九华山化城寺,安徽庐阳"尤多药物,江右、江南商贾咸集聚焉"。

2."江西填湖广"

在农业文明时代,经济的发展促进人口的剧增,人口剧增造成人均耕地的锐减和生产成本的增加,加上自然灾害和繁重的赋税,导致长江下游地区生活容量相对饱和,从而向中上游形成大规模人口迁徙。在这种社会变迁中,地处长江中游的湖广承上启下。一方面,它接受来自上游的移民,开垦本埠的垸田和荒山,形成手工业商镇和系统的商品交换网络.促进了社会经济的空前繁荣;另一方面,它反向朝下游输送劳力和商品,从而促进了长江流域的整体发展。

江西移民除迁往安徽外,还有一个更为重要的去向,史称"江西填湖广"。

"湖广"是古代省一级行政区的名称,在元代包括今湘、桂、琼全省区和粤鄂黔的一部分。到明代则调整为基本上辖有湘鄂两省。本文所指的湖广,即指明清时期的辖区。

"江西填湖广"移民运动最早上溯到唐朝,一直延续到清后期,时间跨度达一千多年。其中以元、明时期数量较多,尤其是元末明初百年间的江西移民规模空前。江西填湖广的移民主要源自饶州、南昌、吉安、九江四府,即今南昌、丰城、九江、德安、景德镇、乐平、鄱阳、余干、吉安、泰和等市县,尤以赣江中下游迁出人口为最盛。

(1) 赣人移民湖南。

著名学者谭其骧在《湖南人由来考》文章中,开篇就称:移民至湖南的江西移民属南昌为多。学者曹树基对明清时期江西流向湖广的人口做了较为详尽的考订和推测,进一步提出:元末明初对湖南的移民属补充式移民近 279 万,占全部人口的 26.2%。以氏族计,78% 来自江西,且多为民籍。其中来自吉安府的占一半以上;湘南以吉安为最。湘中也以吉安为多,但南昌也不少,湘西以吉安、南昌移民平分秋色;湘北则以南昌移民一统天下。

两宋期间,湖广发展的重点在湖南,其中以长沙为中心的经济发展水平在两湖中居领先地位,无论从安全、土地来说,湖南优于湖北。因此,湖南是两湖中首选的移民地区。同时因赣湘紧邻,无论是陆路还是水路,对江西移民来说,移民湖南均甚便利。

江西往湖南的移民路线共有四条。

其中,去湘中转往湘南的路线有两条。(一)吉安—攸县线。江西移民自吉安出发,逆赣江支流禾水而上,过永新县,改行陆路,越过一处较低的山隘,改乘小船顺湘江支流沫水而下,到达茶陵州、攸县。这条线路,恰如清同治《攸县志·户口》载,"迩来闽、粤之民,侨居吴、楚,自吉(吉安府)、袁(袁州府)至楚南,各郡县所在皆是"。(二)袁州—醴陵线。江西移民从九岭山与武功山之间的谷地通过,是溯赣江支流袁水,再转陆路越过一处山隘,然后乘船顺湘江支流渌水而下,过萍乡、醴陵,入湘江干流,进入湖南。

从赣北到湘北的路线也有两条。(三)高安—浏阳线。是由赣西北的高安至湘东北的浏阳,穿过九岭山和武功山北侧,由赣江支流锦江、湘江支流浏阳河水路与两河间山隘陆路组成。(四)南昌—平江线。由赣北的南昌至湘东北的平江,穿过九岭山与幕阜山谷地,由修水、汨罗江水路和分水岭陆路组成。

这四条路线中,"吉安—攸县线"治安比较差,常有土匪出没。而"袁州—醴陵线"最重要,为移民的主要通道。19 世纪末期,德国地质学家利希霍芬来中国游历考察时,在雄伟史诗般的余音中,察觉到赣商的流风余韵,他写道:江西人与邻省的湖南人明显不同,几乎没有军事倾向,在小商业方面有很高的天分和偏爱,掌握长江中下游地区的大部分小商业。湖南人没有商人,而军事思想十分突出。江西人则缺乏军事精神,取而代之的是对计算的兴趣和追求利益的念头发达。

由于江西的大量移民,在湖南形成了"自城邑市镇达乎山限,列肆以取利者,皆江右人"之盛况。清末湖南调查局调查民情风俗时说:工商则以客籍人为多,而赣人之移殖者,尤葛延于各属,几于无地无之。在谈到赣商经营范围时指出,赣人多业药材、纸张、瓷器、书店、笔店、钱店、衣庄、油盐、首饰、金箔锡销。

地处南北冲要的长沙、衡阳,商贾汇集,"以赣人尤多"。清嘉庆《善化县志》卷二十二《风俗》载,"楚民质朴……其智巧不及豫章",因而善化城乡各处"操奇赢"者,皆为赣商。长沙农村"乡无积物,墟场货物多取给农村,安土重迁,除装运谷米而外,鳞商贸于邑",这些货殖者中,赣商"几遍城乡"。

湘潭县于晚清以前一直为湖南的经济中心,赣商来此贸易者众多,"向来江西客民在彼贸易者十居八七,本地居民不过十之二三,各码头挑夫,赣人尤多"。赣商各地商人在湘潭广建会馆,《中国省别全志》载,"湘潭的江西商人以万寿宫为江西会馆,建筑物壮丽美观,可以想象其势力雄厚。"如抚州商民建昭武宾馆,临江、丰城商民建临丰宾馆,安福商民建安成宾馆,庐陵商民建石阳宾馆等。

郴州府与江西南部的南安府为邻,辖宜章等县,不但赣人经商者多,且有很多手艺工匠游食其间。清嘉庆《宜章县志》载,"民多汉语,亦有乡谈,军音类茶陵,商音类江西",赣商可以用乡音交谈。人数自然不少。

宝庆府邵阳县吸引了不少赣商,抚州金溪商人来此贸易者尤多。清光绪年间,邵阳"县虽出纸,不及外省江西、福建精好",药材"多来自江西",瓷器"出自江西",本地"酒瓮、盆钵之属,形甚粗陋,匪独不及江西景德镇之善"。

清道光年间,赣商之茶商贩运至华容县,"洋名红茶、绿茶,伪专取生叶,高其值,人争与市"。毗邻洞庭湖的岳州府,民户多以渔业为生,而"江湖渔利,亦惟江右人有"。常德府为湘西门户,武陵县"商贾,江西

为多"。常德商业素有八省商贾之谓。即常德的商人主要掌控赣、粤等八省商人手中。江西各地商人在常德从事行业,大致分布如下:

表1 江西各商人在常德从事行业

南昌人	抚州人	瑞州人	吉安人	临江人	建康人
衣服商、附属品	书铺、布行	绸缎、布匹	钱铺	药材、木材	布匹

在湘西沈从文的故乡凤凰古城,清末民国于此在经商的赣商,成为古城凤凰最富有的阶层,至今当地人还在传颂着他们的故事。

(2)赣人移民湖北。

学者曹树基对赣籍移民湖北进行分析后认为:元末明初湖北地区总人口173.8万,其中土著75.5万,民籍移民79.4万,军籍移民18.9万。在这98万移民中,赣籍移民约为69万,其中来自南昌和饶州二府的各19万,吉安府8万,九江府3万。研究数据充分显示,明清时期"江西填湖广"之盛况。

有史料显示,现有的鄂人只有极少数是土著后裔,绝大部分人祖先都来自其他省份。长江中下游的江、浙、皖、赣约占移民总数九成,在这九成中江西移民又占九成。据推算,即有60%—70%是江西移民的后代。"居楚之家,多豫章籍"。鄂东的家族比例中,江西移民高达80%。鄂西的郧阳、钟祥,也有大量赣商。

学者陆元鼎研究指出,江西移民去湖北的路线:(一)经鄱阳湖,过长江,到鄂东定居后,再转入鄂各地;(二)去鄂北、鄂西北则有两条路线。鄂北线穿过随枣商业走廊,为移民的主选路线。鄂西北线是一条水路,溯汉水而上,过襄阳即到鄂西北。

地域辽阔的湖北,既是江西移民的主要移居地,又是赣商的主要活动地区。湖北的汉口、武昌、汉阳俱以贸易为业。往来贸易者摩肩接踵,正是赣商的聚集之处。用明末文学家徐世溥的话说,赣商到汉口,犹如跨门之庭。在汉口的银钱、典当、铜铅、油烛、绸缎布匹、杂货、药材、纸张等八大行业,皆有江西商号,尤其是药材业,几乎被赣商垄断。

汉口甲于湖北之巨镇,清道光末年,叶调元《汉口竹枝词》描写江西会馆之堂奥:"一镇商人各省通,各帮会馆竞豪雄。石梁透白阳明院,瓷瓦描青万寿官。"在汉口的众多会馆中,阳明书院和万寿宫是佼佼者。万寿官的墙壁、屋瓦均用瓷器,宏伟壮丽,显现出赣商的经济实力。至清光绪初年,赣商成为汉口钱业的中坚力量和掌控者。汉口钱业中的赣商分为吉安帮和南昌帮,吉安帮做大生意,南昌帮开小钱庄。在24家大钱庄中,吉安帮占10家,其中怡和兴、怡和利、怡生和为最大钱庄,东家黄兰生是赣商吉安帮的代表人物。

宜昌府商贾云集,赣商逐利其中。"上而川滇,下而湖鄂吴越,皆有往者,至郡城商市,半皆客民,有川帮、建帮(福建帮)、徽帮、江西帮以及黄州、武昌各帮"。承天府属竟陵县,因赣商在此经商而成皇角市,该市"其人土著十之一,自豫章徙者七之。""自豫章徙者,莫盛于吉之永丰"。该史料表明,皇角市3000人中,从江西来者2100人,其中来自吉安永丰的人数最多。

施南府盛产麻、药材以及诸山货,同治《施南府志》卷十《风俗》载,"商多江西、湖南人",这些商人"每岁将麻、药材诸山货负载闽粤各路。市花布、绸缎以归"。施南府辖来凤县,该县与湘川两省交界,水陆交通方便,这里商品交换发达,有"小南京"之称。清同治《来凤县志》卷二十八《风俗》载,县境与邻邑所产桐油、靛俱集于此,以故江右、楚南贸易者麇至,往往以桐油诸物顺流而下,以棉花诸物逆水而来。

二、赣商挺进川滇黔

　　江西自元末明初至晚清五六百年,人口开始由人口流入省转为人口流出省。其背景是随着社会经济的发展,部分地区出现人口过剩,同时因豪族大户对土地的兼并,以及赋税徭役的加重,江西先是自发性的人口流出,继而是政府大规模的强制移民,接着又是持续的发展性的自发移民。

　　江西民间素有市场经济的传统,明清时期的赣商,五湖四海,无远弗届,乃至川滇黔、缅甸的边远蛮荒之地,他们不仅扎根重庆、成都、泸州、贵阳、昆明等名都大邑,还出没穷乡僻壤的山寨苗寨,"非江右商贾侨居之,则不成其地"。成千上万的赣人肩挑手拉,筚路蓝缕涌向川、黔、滇等地,部分精明的移民转型为商人。他们开垦荒地,开发矿产,贩运土产,经营钱庄,在为当地社会的经济、文化和风尚发展做出贡献的同时,赣商也因际而生,应运而起。

　　1. 赣商在四川

　　宋元战争期间,四川是战争中受害最深的地区。为争夺地盘,战火燃烧了半个世纪,时间之长、战争之惨烈前所未有,给四川人口、土地带来空前损害。至元朝末年,四川人口仅存 70 万左右。明朝江山初定,朝廷鼓励填充四川,湖广出现第一个移民高潮。

　　明朝末年,农民起义此起彼伏,张献忠在四川作战频繁,吴三桂反清,战火不断。清康熙时,朝廷为消灭义军,在四川滥杀无辜,致人口殆尽,田园荒芜。就在此段历史之间,江西出现了移民大迁徙。"湖广填四川"持续时间前后历时一百余年,四川共接纳移民 623 万,占总人口的 62%。进入湖广的江西移民,有的在湖广停下脚步并永久性定居,有的则是一路向前,继续向广阔的四川进发。

四川巡抚张德地向康熙皇帝上了一道奏折,提议外来移民来川。清政府于是下令各省官民"携带妻子入蜀开垦者准其入籍""其他省民在川垦荒居住者即准其子入籍考试",以及相对轻得多的租税等一系列优惠政策。这些政策吸引土著赣人和在山区落籍的客家人,他们开展了以四川为目标的一次新的迁徙。

江西移民在四川开垦土地,繁衍生息,并携带先进的耕作技术。赣籍科学家宋应星在《天工开物》一书中总结的工农业生产经验,被浩浩荡荡的迁徙大军传播到了他们的第二故乡。

公元 1727 年,清雍正五年,江西数万移民入川。公元 1776 年,乾隆四十一年,江西 83 万移民入川。清末《成都通览》记录"现今之成都人,原籍皆外省人",其中江西占 15%。同时在川东以及川北的松潘、梓潼,均有赣商的活动足迹。川东的广安州,占客籍总数的十五分之二的江西客民中,不少即以商贩为业。云阳县"百工商贾多属楚、江右之民"。酉阳县商贾"多为江右、楚南人"。垫江县"百工商贸,多系荆楚、江右之民"。巴县 109 户牙行中赣商占有帖四十张,经营药材、山货、布、铜、铅、油、麻、锅等。

四川是江西移民在省外建立会馆最多的地区。据史学家何炳棣《中国会馆史论》统计,四川的江西会馆达 200 余处,居各省首位。学者蓝勇的统计比何炳棣的数量更为精确,清代四川的外省会馆共有 1400 座,其中江西会馆有 320 座,约占 23%。

经过明末清初残酷的兵燹之后,成都鼎盛一时的出版业濒于灭绝。在清政府的"移民填川"诏令发布后,来自江西的书商就在成都学台衙门附近的学道街、卧龙桥、青石桥一带开设了大量的书铺。这些满脸书卷气的赣商从江浙一带运来大量的刻版和书籍,使荒凉的成都开始闻到久违的书香。据统计,时至清末,由赣人开办的印刷出版行在成都就有 50 多家,其中最著名的是由周达三开设的"志古堂"。

赣商的制药业在成都发扬光大。清乾隆初年,陈发光在成都创办著名的"同仁堂"药店,经营老成都人耳熟能详的惊风丸、金灵丹、鲫鱼膏等特色中成药。

2. 赣商填云南

云南从元明两代受军民屯垦影响以来,荒地日渐开发。史料显示,明朝就有许多客居于云南的商人,而最多为赣商。至清初成为官吏及工商业者的流寓之所,后大量采矿者涌入等原因,移民文化与云南文化迅速交融。学者江应樑在《明代外地移民进入云南考》一文指出,明清以降,商贩以赣人为多,矿者以江西、四川人为多。

由于湖广和四川落户日益困难,江西不少移民只有远走云贵高原。据葛剑雄编《中国移民史》统计,江西在云南民籍军籍移民有 70 多万,其中军籍 25 万,流民近 30 万。对比彼时全国人口基数,这是一个庞大的数据。

明朝中期,江西出现一次移民潮,史称"流民进云贵"。公元 1499 年,江西 25 万移民入滇,其中抚州 15 万。公元 1796 年至 1820 年,江西移民 30 万人入滇做矿工。云南成为赣商活动的又一主要地区。

在内地移民向云南的进军中,江西商人最为突出,各地城乡多可见其身影。谢圣纶在《滇黔志略·云南·土司》云:"无论通衢僻村,必有赣人从中开张店铺,或往来货贩"。他们在滇或长贩或坐贾或放贷,不少人在当地成家立业长养子孙而不归。明代王士性在明神宗万历时为云南腾冲兵备道,据他估计,居住的人口多是赣人,尤其是抚州人,开始以为他们只是在城市从事商业活动,后来发现,只要是有村落的地方,无论是汉人居住区,还是少数民族区,都有赣商。因而他得出这样的结论:"滇云地旷人稀,非江右商贾侨居之,则不成其地。"据《皇明条法事类纂》记载,赣商"遍处城市、乡村、屯堡安歇,生放钱债,利上生利,收债米谷,贱买贵卖,置奴仆二三十年不回原籍"。仅云南姚安军民府就有江西安福县等商人三五万人。抚州籍学者艾南英则说,其乡"富商大贾,皆在滇云"。

赣商在云南达数十万众,为外省商人寓滇之最。从各省商人兴建会馆的多寡即可窥知一斑。据研究,清代云南共有移民会馆 151 座,其中江西会馆 58 座。在滇赣商,成为某些地方举足轻重、掌控当地经济发展的重要力量。

云南矿产资源丰富,矿冶业发达,各地铜、锡、铁、铅矿工厂星罗棋布,成为吸引江西移民进入的重要因素。

清康熙年间,"三藩之乱"始平,云南经济凋敝,民生多艰。云贵总督蔡毓荣上疏朝廷,极言"鼓铸宜广""矿硐宜开""听民开采而官收其税""利不专于官而与民共之",他建议开放云南矿禁,以云南财源解决地方困难及安定社会。矿禁开放后,吸引江西富商蜂拥而入。滇南蒙自龙树一带旧系荒山,因硐矿兴旺"四方来采者不下数万人","江右居其三"。开化府都龙一带,赣商聚集"开采铜厂及往来贸易约有万人"。云南的矿业开发基本被赣商与其他省的商帮所垄断。大理府云龙县拥有丰富的盐矿和金属矿,赣商纷纷到此经营盐业,王士性在《广志绎》中说:"作客莫如江右,而江右又莫如抚州。余备兵澜沧,视云南全省,抚人居什之五六"。

清乾隆年间,江西巡抚陈宏谋在《请开广信封禁山并玉山铅矿疏》的奏折中道:"云贵各省矿厂甚多","近者粤亦复开厂。而各省矿厂,大半皆江西之人。""八省"之矿产,"不敌云南之半",而"大半皆江西之人"。由此可见,赣商在云南冶矿领域占有庞大的群体。云龙州因盛产铜硪和井盐,吸引赣商前往投资开矿。早在元代,赣商就深入此地,建设江西会馆,接待安顿赣商安心从事盐务生产、开发和运输。

赣商在云南除从事煤矿外,还进行商货贸易。大理府地处滇藏、滇川、滇缅大道交汇处,被誉为滇中大都会。大理府的太和县商业繁荣,民国《大理县志》对清代的太和县描述道:"至若操商业之赢绌,前则江西、昆明之人。"太和县独特的商业地理优势。一个小县城就有两座江西会馆。每逢三月份,"盛时百货生意颇大,四方商贾如蜀、赣⋯⋯殆十万计"。

永昌府东临澜沧,西通缅甸,北临大理,为重要的战略要地。赣商遍布该府府治及府辖各县。永平县杉阳镇地处博南古道上,赣商在此经商,购买土地,并建有江西会馆。姚关镇是永昌府的军事重镇。赣商也抵达到这里,经商生活,筑建江西会馆,举办聚会、戏班、交流商情。

赣商深入滇西的腾冲,从事盐业和翡翠等贸易。腾冲与缅甸接壤,是两国物资交易的重要商埠,也是江西商人的聚集地。赣商在腾冲建设多所会馆。史载江西会馆在腾冲的资产实力最强。赣商在姚安县主要贩卖食盐,为货物集散及商业信息交流之需,建设万寿宫,围绕江西会馆,形成赣商的商业圈。

在蒙化府,赣商与川商分享商业利益。《蒙化府志》载:蒙化"豫章巴蜀之人居多,勤贸易,善生财,或居阛阓,或走外彝,近乎有善读书,通仕籍贯者矣。"豫章即为南昌府,南昌人善于经商,建立江西会馆证明当时在当地的赣人也有不少。

云南还有不少县城,赣商商贸云集成街,通称"江西街"。著名锡都个旧的大锡买卖,从清康乾年间开始,由赣商经营,采矿工人中,赣人十之三。

云南楚雄地区彝族民间史诗《梅葛》中有提到蚕丝的来源,指出为赣人所发现:"江西挑担人,来到桑树下,看见了蚕屎,找到了蚕种。"书中记述:"江西货郎哥,挑担到你家,你家小姑娘,爱针又爱线"。这部文学作品,生动叙述赣商善于创造新商机,以及走街串巷、勤劳善贾的商人形象,再现赣商在云南民间的地位。明代张瀚指出,江西人口流动不仅仅是地域的变迁,而且是赣商负贩遍天下。职业的变迁,是"作客",即从事手工业或商业活动。而江西商品经济较为发达的吉安、抚州。其士大夫的得意之情也溢于言表,明中叶吉安学者彭华说:"(吾乡)商贾负贩遍天下。"

3. 赣商在贵州

贵州上连鄂湘,下达云南,为商贩往来要道。

明清时期,贵州是赣商的主要活动区,他们既经商于城市,也贩鬻于乡村,同时深入土司管辖区代官府"征输里役",还有定居于山寨少数民族地,成为当地民族的酋长或首领。

明初,朝廷在贵州实施军屯、民屯制的同时,商屯也随之迅速推行。赣籍军人弃军从商、入籍赣人弃农从商,以及江西移民中的手工业者,形成了一批以地域相区别,以乡情为纽带的赣商队伍。他们主要经营油业、药业、酒业、布匹、木材、文具等。

贵阳是赣商首选的省治商镇。曾任贵州布政使罗绕典在《黔南职方纪略》记载贵阳的商人,多为赣籍。清乾隆年间,贵阳"五方杂处,江右、楚南之人为多"。晚清贵阳的主要商业区大十字是商业中心,西面背阳的房产几乎全为江西会馆所有,紫林庵至威西门一线则全部为江西会馆的田地产。丰城赣商几乎垄断了整个贵阳的油业,"豫章中学"后更名为贵阳四中。

在贵州各地,赣商接踵于道、同贾于市。镇远府、开州府、松桃厅、铜仁府、大定府等地,同样赣商云集。回龙场和双流泉,是清代兴起的水银生产基地,这里的汞商,也十之八九是赣商。

兴义府地居赴云南冲途,由于地气炎热,汉苗多种棉花。赣商在此地从事棉花、棉纱及棉布的交易,日盛月增。国民政府军政部长何应钦祖籍江西临川,其祖辈于明末随军出镇贵州,由行伍转为经商兼事农耕,成为当地有名的棉商。兴义市的白碗窑镇,因赣籍景德镇技师利用当地优质的瓷土和水资源,兴起瓷器的制作并名扬一方,产品远销滇桂和越南,该地其生产的瓷器在重庆市国货展览会上获得最优等奖,其制瓷工艺一直流传到现在,满足了当地市场的需求。

思南府上接乌江,下通楚蜀,为川贵商贾贸易之咽喉,这里汇集了众多的各地商贾。思南郡属各场市均有万寿宫,证明府有赣商的足迹。开州府地产朱砂、水银,"江右之民糜聚而收其利"。铜仁府多有来自江西的汉民出入苗民聚居区域,货通有无,抱布贸丝,游历苗寨。松桃厅城市乡场,江西商民居多,年久便为土著。在大定府,"关厢内外,多豫章、荆楚客民"。威宁州盛产铅、铜,外地客民汇集,"汉人多江南、湖广、江西、福建、陕西、云南、四川等处流寓"。黔东南清水江流域木材集散地锦屏有三个外地来的商帮,赣商即其中之一,代办官木,并贩运至江南。施秉县"湖南客半之,江右客所在皆是"。即使在少数民族聚居之地,如"新疆六厅"等地,也有赣商的踪迹。如在黄平州,由于地产土布、蓝靛、棉花、茶和蜡等土产,而又缺粮,故"多江右客民"聚集于此从事商品交易。

遵义绥阳县杜家堰坎,即因杜氏家族祖居于此而得名。其一世祖杜凤于明万历年间由江西临江迁入绥阳从商,至今已历 17 代、500 余年,从初来时结庐为居的一家,发展为楼宇轩昂有百十人家的地方名门望族。

赣商除经营本地土特产外,还经营采矿业。丰富的矿产资源和充裕的流动劳力,吸引了赣商前去开矿觅利。明清西南开矿业的发达,与赣商的积极投资经营密不可分。

赣商在贵州出现群体性名门望族。

华联辉,临川人,清咸丰乙亥科举人,始祖于康熙年间赴贵州经商,定居遵义团溪,先辈贩盐致富。华氏兄弟开设"永隆裕""永发祥"盐号,为贵州首屈一指的盐商。后迁居贵阳,在茅台开设"成义烧坊"。

王振发,吉安人,在遵义创立"王天和"盐号,靠经营盐业成一方巨富,同时在茅台创办"荣和烧坊"。

华、王两家曾统一用"茅台造酒公司","华茅"和"王茅"荣获巴拿马金奖。后两家为各据私欲打官司,时任省长刘显世亲自断案,下令"两户俱系曾经得奖之人,嗣后该两户售货仿单、商标,均可模印奖品,以增荣誉,不必专以收执为贵也"。

廖品武,吉安人。清康熙年间迁到遵义板桥,他一边行医,一边根据祖传秘方潜心研制出"化风丹"。这种药丸对四时偏瘫、中风、癫痫等病症有特效,传至二三代后,美誉远达川黔滇桂,清雍正帝亲赐"奇药"二字。

傅国华,南昌人。清咸丰年间在贵阳创办"傅恒镒油号",坚守"公平交易,童叟勿欺"之经营理念,使其成为贵阳远近闻名的两大油号之一。贵阳另一油号为"杜锦源油号",创办人是丰城人杜弼臣。1951年,两家油号合营成立"贵阳大新油脂公司",傅氏后人傅北萍任董事长,杜弼臣任总经理,传承至今。

赣商在西南川滇黔活动,综合起来有几大特点:一是人数众多,活动范围广;二是经营行业广,除一般山货等外,还经营典当和采矿业;三是经营方式多样,既有个人和合伙制,还有商业资本与产业资本相结合方式。明清时期,赣商作为一支不可忽视的力量,在中国商界占居重要地位。他们凭着自韧不拔的毅力、顽强的渗透力和吃苦耐劳精神,遍走于通都大邑和穷山恶水之间,为川滇黔经济的繁荣贡献了自己的力量。

三、赣商纵横长三角

明清时期,长三角已成为中国商品经济最为发达的地区。彼时,徽商的势力盘根错节,尤其清中叶之后,粤帮、闽帮、宁波帮、绍兴帮纷纷崛起。赣商借物产丰富之优势,利用赣江、鄱阳湖和长江水道,在长三角的苏、皖、浙之间从事粮食、瓷器、盐业、药材、印刻、木材、麻棉、纸张等商贸活动,争得一席之地。

1. 赣商走江苏

南京是南方的经济文化中心,赣商活跃其间。

清嘉道年间,学者甘熙以江西会馆为样本,盛赞赣商实力,他记述道:金陵五方杂处,会馆之设甲于他省,江西会馆在评事街,"大门外花门楼一座,皆以磁砌成,尤为壮丽"。南京的书坊皆在状元境,比屋而居,有二十余家,大半皆江右人。

扬州自隋唐以来,为江淮地区百货的集散地,商贾接踵摩肩。在扬州的各地商人中有许多赣商。赣商将木材、茶叶、蜜橘、瓷器和乌骨鸡等物产沿长江运往扬州。至清代后期,赣商以食盐为大宗,成为物流中的主角。扬州云集一批江西大盐商,如卢绍绪、周扶九、萧云浦和廖可亭等。

清同治十二年,卢绍绪自上饶赴扬州经营盐业,陆续发展到 4 家盐店,每店约有 50 个制盐的盐灶。后来由制盐发展到运盐,至 1903 年达到经营的顶点,拥有家产近 50 万两。太平天国运动后,周扶九从吉安举家迁往扬州,开办了盐号和钱庄,经过多年的打拼成为扬州最大的盐商。他既经营盐的运销,又从事盐的产收,其盐店、盐垣分布通、泰各场。1916年,周扶九与张謇投资113万余元成立大纲盐垦公司。接着,周扶九与刘梯青等发起成立大丰盐垦股份有限公司,周投资53万元,占股四分之一以上。公司后来扩股增资,投资总额达572万两,有"盐垦各公司之冠"的美誉。

苏州为天下四聚之地,冯梦龙在《醒世恒言》中,描述南昌府进贤商人张权开店经商的故事。张权离开故土,在苏州阊门外开店,自书"江西张仰亭精造坚固小木家伙,不误主顾"。张权的生意顺溜,颇颇得过。此虽为小说情节,但从一个侧面反映赣商在苏州做生意如此从容。清康熙年间,赣商在苏州建设江西会馆,会馆碑文记载众多赣商慷慨捐资的过程:"同乡挟资来游此地,各货云集。慷慨持躬之风,郡郡皆然"。赣商赴苏州贩运白麻的人数较众,获利甚厚。

苏北的盱眙、泗州,江南的苏州、松江等诸府,均有赣商列铺坐卖,或辗转贩运。大别山区盛产药材,成为江西樟树药商的重要采购点。

2. 赣商闯荡上海滩

上海扼踞长江入海口,清康熙年间海禁开放后,凭借优越的地理位置,成为南北洋贸易、长江与沿海贸易的重要转运枢纽。1843年开埠后的上海,其商业是以转运贸易为主,赣商和强势的徽商、晋商、粤商一样跻身其中。

1841年,即清道光二十一年,在上海经商的袁章煦、王振凤等人鉴于每逢运货到上,价值参差不一,以致各业难以获利",故倡捐资,购地建基,以便起造会馆。该会馆九年后建成。捐资众商以茶帮为最,共捐厘1300余元,占全部捐资的76%;棕、花、杂货各商捐厘约2700元,约占总额的15%;其余赣籍各商号90余家约占总额的7%。

会馆建成后,到沪经商的赣商越聚越多。"赣之什宦及商贾于沪上者,称盛一世"。清末民初,吉安商人、大盐商周扶九从扬州移居上海,在沪投资房地产、黄金、纱厂、医院等,其资产达5000余万两白银,富可敌国,成为民初的中国首富。

学者刘秋根编纂《江西商人经营信范》一书,对赣商经营方式、与牙行的关系、帮会组织、所利用的交通运输业等问题进行深入研究。该书内容是江西布商设在江苏溧阳经营点的伙计或掌柜写给同一东家店铺或另一经营点的信,共68封。为叙述方便,该学者将信件编序为"前五十封信"和"后十八封信"。该商人在赣地老家及吴城镇设立了店铺,在皖、苏、浙等省的安庆、芜湖、溧阳、无锡、常州、和桥、南浔等商镇设有经营点。在购买回头货棉花的上邑、太仓、和州、乌江、长安铺、张滩等地虽未设有经营点,但有经常生意往来的棉花行庄。

该商人在老家的店收购货物之后发到吴城镇,再从吴城镇登船往东运到安庆、芜湖或溧阳去。"前第四十二封信"中称:"兹者,弟自店初十登舟开行,于十九日抵吴城。一路叨天清吉,即日六号叫定斗船一只,如天色和美,即会开行。"在接着的信中称:"弟自店登舟以来,雨水延阻,于初四日抵芜。一路叨天清泰,今叫定官船一只,即行顺流。"货物运到江南之后,他们根据天气、别帮到货的情况预测销路,根据生意好坏,在各个经营点之间调拨。由于彼时经常在江西和长三角之间进行长途贩运,已经有了定期的"班船""信船",买卖双方确定后,交由负责运输的班船即可,不满意可由原班船带回。

3. 赣商在浙江

江西接壤的浙江是赣商活动的重要区域。

江西"士商游浙者,由玉蹸常,一苇可杭。官于斯,贾于斯,过都越国,不啻户庭"。

杭州为赣商的集聚地,由于商人多,遂在杭州建有多所江西会馆。清同治年间,浙江布政使、上饶籍的卢定勋撰《武林门内江西会馆记》,记述赣商资助江西会馆重修过程:"亿昔南北奔驰,道屡经此,身泊候潮门外螺蛳埠,榜人告予曰:此江西会馆也。"太平天国运动中,江西会馆遭毁,卢定勋"倡捐修,胥乐从,遂集腋得若干数,鸠工庀材,越六月而落成"。

嘉兴府居沪杭之间,为浙江商业重镇,商业素来繁盛。清乾隆间,赣商在嘉兴府属秀水县兴建江西会馆万寿宫。会馆竖碑云:赣"在秀邑灵光坊置买房屋地基一亩二分,设造江西万寿宫会馆。"又"凡江右商民听其出入馆,其余杂事人等,漫无稽查,一概不容出入。所有房屋、田产,均当协力稽管,持守之道,以垂久远。"

衢州为浙西的工商业中心,山里多产蓝靛、宁麻、纸张,赣商深入山区采购。豫章众商在衢州大功坊建万寿官,后又增筑玉皇阁,拓基地,别建豫章公所。

4.赣遍布福建和两广

除长三角外,赣商逐利于福建及两广。

明代学者王世懋发现,福建建阳、邵武、长汀等地居民的口音与江西口音相似,一经询问,原来这里有大量赣商的活动与入籍。

明清时期,以盛产武夷茶著称的建宁府,茶农茶商几乎都是赣人。赣商在福建武夷山区租山地丘陵种茶,垄断茶叶的生产和经营。清代陈盛韶在《问俗录》记载,建阳县"山多田少,荒山无粮,以历来管业者为之主。近多租于江西人开垦种茶。其租息颇廉,其产殖颇肥"。因"利之所在",每年二月,数十万赣人云集于此,筐盈于山,担接于道,以致"通衢、市集、饭店、渡口,有毂击肩摩之势,而米价亦顿昂"。至少至清前期,建阳县的茶叶的生产、加工制作和运销,主要控制在赣商之手。

由于福建素来粮食缺乏,赣商瞄准商机,贩运谷粮前往销售。清道光时,赣商在上杭县各乡镇贩米销售者多,每日千担或数百担不等。赣商还掌控了永安县的布业市场,当地流传"布客江西人,染布亦江西人"。

赣商在福建经营药材。清政府向福建的药行和经纪人询问得知大黄产于陕西,聚于湖北汉口:向来多系赣商由楚贩来福建省城及漳、泉等郡发卖销售。闽浙总督伍拉纳曾在上逾中道,福建承买药材行户等供称"各样药材俱由江西省樟树镇贩运来闽销售,但江西省亦不产大黄,闻得陕西泾阳县为大黄汇集之所,转发汉口、樟树等处行销"。

在广东,赣人赴粤谋生者,人数殷繁。其间腰缠万贯、衣锦荣归者固不乏其人。广东的潮、惠等地棉纺业所需棉花,有一半左右靠赣商从饶州、南昌等府运往。吉安布商在广州、佛山等地设立"粤庄"。连州、高州等地还有不少关于赣商施放子母钱的记载。

在广西,桂林府临桂县是赣商麇集之地,从清初开始无论城乡内外,经商者"江右人居多"。广西的桂林、柳州、浔州、太平、镇安等处,江西的盐商、木材商、药材商活动频繁,尤其是梧州,居左右江汇合之要,百货往来,帆樯林立,其繁荣程度在清前期几乎与汉口、湘潭相埒,赣商在这里所开商号有百十家。

桂林作为广西首郡,城内外"商贾远集,粤东、江右人居多,见闻盛于他郡"。赣商和粤商共同掌握着桂林的经济命脉,其他帮商人望尘莫及。清道光年间,灌县商人稍有资本者,或开银号或药店,欲与客商竞利,但在镶嵌金银器饰、炮制中草药料方面的技术远远"不如江右樟树"。清朝前期,邕宁县商务以赣商为盛。赣商在南宁建立的江西会馆,其规模之宏大,楼台亭阁建筑之华丽绝无仅有。建昌府新城县赣商在南宁建立"新城书院"。雍正时,赣商之行商于州者,被当地土司"嫉恶少要而夺其货",最终被赣商控告捉拿并惩罚之。

临川籍赣商李宜民,清代两广的大盐商,享有"临川李氏"盛名。

李氏早年携"笔一枝,伞一柄"南下,远赴桂林谋生。他以其一笔好字,以及精明干练和忠厚善良,被官府聘为书记员,负责处理往来公文。不久被官府延请为佐理军需转运。数年后,李初涉盐务,代官府从事盐业的运销,开始显露其长于商业经营之才干,并奠定日后成为盐商的基础。"西米东盐"为广西地方贸易的一大特点。桂林漓江码头为著名的盐街,桂东重镇梧州的盐运长盛不衰,食盐多从广东运至梧州再转运至广西各地。

为适应市场需要,驿盐道将盐包运至梧州储备,并兴建盐仓。后两广总督甄鄂在梧州增贮食盐一万斤,作为接济各埠之用。粤盐从西江上梧州,再溯桂江跨灵渠,转至湖南桂阳、郴州等地销售。清代盐运贸易素来厚利,此时的李宜民逐步掌控并主运粤西盐业,颇具信誉。地方官府为避免官运盐务之弊,奏请募集商人主管运盐事宜。李氏以商人身份负责临桂、全州一带的盐运事务。在不到 20 年的时间,李宜民致富数百万两,一跃成为广西首富。

四、赣商雄踞幽燕关陕

赣商发展至明代,商人足迹遍及全国,其行商区域之广阔,为他省所不及。

在版图辽阔的大明帝国初年,赣商随移民穿越皖鄂,深入中原、京津冀豫,以及东北、西北各地。明末清初,江西著名学者徐世溥在《榆溪文录·楚游诗序》中曾概括赣商活动之范围:"豫章之商者,其言适楚,犹门庭也。北贾汝、宛、徐、邳、汾、鄂;东贾韶,西贾夔、巫,西南贾滇、僰、黔、沔……为盐麦、竹筎、鲍木、旃罽、皮革所输会。"

由此之后,随着赣商队伍和经商范围的不断扩大,日渐赢得世人口碑,逐步称雄华夏。

1. 江西会馆冠盖京华

北京是明清时期全国的政治经济中心。

明代张瀚《松窗梦语》说:"今天下财货聚于京工商业活动。而半产于东南,故百工技艺之人亦多出于东南,江右为夥,浙(江)、(南)直次之,闽粤又次之。"

从张氏所载录,说明赣商彼时在北京拥有举足轻重的地位。

在书肆行业,赣商占据主导地位。自两宋到明清,江西人文发达,科甲事业昌盛,加之本地造纸业和印刷业的发展,出现了一批专门从事书肆经营的书商。对一些弃儒经商者而言,经营书肆既可牟利,又有所精神寄托。在赣商的书商中,以抚州人为多,他们开办的书肆遍及全国,诞生了不少书商世家。

清乾隆年间,鲁省益都人李文藻曾记载抚州书商在北京琉璃厂的市场地位。

李文藻居京师五月余,几乎每日到琉璃厂观书。他记录了书肆情况:"西为五柳居陶氏""文粹堂皆岁购书于苏州,船载而来""其余不著何许人者,皆江西金溪人也。正阳门东打磨厂亦有书肆数家,皆金溪人卖新书者也。"根据李的统计,琉璃厂的 33 家书肆和东打磨厂的书肆,除 4 家为苏州、湖州所开外,其余皆为抚州金溪商人所开。

北京作为明清的首善之区,是会馆集中的地方。北京会馆之多,一则明成祖朱棣颁布了系列发展商业的政策,重新疏浚了南北大运河,赣商纷纷涌入北京,势力渐显;二则赣籍官员较多的政治优势。会馆除联络同乡、交流信息、服务科举、官绅仕宦娱乐和祭祀等功能外,还有讲学功能,体现江西"以道德化俗"教育民众追求,反映江西追求政治参与意识和官场自身价值。

清光绪年间,文华殿大学士、高安人朱轼在《高安会馆记》中道,"帝都为千百国之所会归,仕者、商者、贾者、艺者,攘攘熙熙望国门而至止,如江河之朝宗焉。……前朝惟吾乡会馆最多"。据学者吕作燮统计,明代各地在北京的会馆见于文献者有 41 所,其中江西会馆 14 所,占 34%,居各省之首。学者孙莉莉考证,明代北京的江西会馆应该有 20 所,接近 50%。北京有会馆 387 所,其中江西会馆 51 所,占 12%,仍居各省之首,比当时势力最大的拥有 45 所的山西会馆还多。

北京的江西会馆虽非纯粹的商人会馆,但其中相当数量为商人所建或士商合资共建,商人有着管理、决策的权利。金溪会馆在其章程中规定:"本邑京官,及留京绅、商、学界,均有互相维持责任,自应稽查账目权限,每年须由管理人邀集同乡公众,清算账目一次,以昭大信。"江西会馆的数量可以作为衡量赣商在北京拥有一定市场地位的重要参考。

2. 赣商在豫津鲁及西北

明朝初年,江西百姓开始大量流入赣南山区或外迁他省,从事佃耕或工商业活动。在豫省的赣商,有部分商人从事高利贷等金融业务。从豫省当地官员上奏和学者记载里,能一窥此行业在豫省之滥觞。

公元 1499 年,明正统十四年,河南右布政使年富上奏朝廷,建议驱逐赣商出河南。他说"陈、颍二州逃户不下万余,皆北人,性鲁,为江西人诱之刁泼",并"请驱逐赣人,以绝奸萌"。年富的建议被都察院驳回:"江西人在河南者众,如概驱逐之,恐生变,宜但逐其逋逃者,其为商者勿逐。"朝廷不同意驱逐从事工商业者,反映了朝廷对赣商的支持。

赣商在豫省从事瓷器、漆、书籍、棉布、盐业等,笔者爷爷和外公曾是临川(后迁至余干)较为有名的棉布商和盐商,家境殷实,民国时期贩运食盐和棉布远至鄂豫皖等省,然后用部分资金回购棉花,以纺纱织布,再谋其利。

明宣德年间,南阳知县李桓圭上书朝廷,报告该地有许多赣商放贷生息,累起词讼,请求申明禁约。天顺、成化时,大学士李贤对赣商在他家乡邓州放债的情况进行了详细描述。他说:"吾乡之民,朴纯少虑善农而不善贾,而四方之贾人归焉。西江来者尤众,岂徒善贾,谲而且智,于是吾人为其劳力而不知也。"他接着举例道:"方春之初,则晓于众曰:吾有新麦之钱,用者于我乎取之。方夏之初,则白于市曰:吾有新谷之钱,乏者于我乎取之。""由是终岁勤动,其所获者尽为贾人所有矣。"李贤认为,赣商"善贾""谲而且智",放贷营利活动已经对当地社会造成了巨大的危害。但放贷生息仅仅是赣商在豫省所进行的商业行为中的一种,他们更主要的活动还是从事互通有无的商品交易行为。

在河北,河间府的瓷商、漆商,宣化、登州等地的书商、巾帽商等"皆自江西来"。

赣商进军鲁省,其中最能体现赣商实力和特征的仍是江西会馆或万寿宫。

在济南,万寿宫是所有十大会馆中规模最大的商业性会馆。万寿宫建造于东西钟楼寺等口,宫内五大建筑和四个院落,是大明湖南岸一个重要的人群聚集、娱乐场所。在聊城,江西会馆和山陕会馆相得益彰。从江西十三帮商人刻立的"万寿宫"碑文发现,江西会馆始建于清嘉庆十一年,与山陕会馆为邻。江西书商以抚州人为多,书商毛成涵往来益都十余年,与当地大官僚、藏书家李文藻交游密切。

济宁作为京杭运河山东段的转运码头,始终是南北物资流转的重镇。江西从事瓷器销售、茶馆经营、绸布花纱、土特产品等商品开店坐铺业务,经商灵活,陶瓷因精致且种类繁多,备受当地消费者喜爱,济宁"元枢公性喜饮,蓄古瓷杯,一紫表而翠里,形如卷荷,每自敛持以为节,虽暮年颐养犹日三酌"。

天津是明清时期兴起的军事和商业重镇。赣商在此人数众多,势力颇大。清道光年间,天津北马路的估衣街是最繁华的街道之一,赣商在此建有江西会馆。赣人郑崧生在《重建天津万寿宫记》记述江西会馆建造的始末,从其所记,一窥彼时赣商在津门的发展盛况。"吾乡距京师三千余里""自有明中叶世重宣窑,而江右新平遂以名磁闻海内。粮艘之寄载,估客之往来,咸取道于津门,以驰日下。"他接着写道:"津之有许真君殿,为吾乡官人会萃宴游之地,固其所也。"从郑氏撰写的重修万寿宫记可见,万寿宫由江西在津瓷商筹集巨资兴建。直至民国时期,万寿宫仍保存良好。

赣商还流布于辽东、陕西、甘肃、西藏乃至境外异域,他们携货往返,乃至娶妻生子。清同治年间,玉山县商人张良舒,长年在辽阳经商,积资甚富。同乡商人多在此有外室,并有人将佳丽介绍给他,他不为所动,"同旅称畏友",可见当地赣商不在少数。瑞昌人陈秀元,贸易陕西腰缠万贯。陕南山区,历来是流民汇集之处,清陕西按察使严如煜说,这里土著居民不到十分之一二,其余的皆来自鄂粤徽赣,而江西移民则多从事工商活动。

在甘肃兰州,清乾隆年间,赣商致富后,和乡宦合建江西会馆。清道光时,新建人程采出任甘肃兰州道,倡议重修江西会馆。他说,"在豫章固家祠而户祝,而吾乡宦游服贾于四方者,所至无不崇堂峻宇以奉之,故宇内皆有真君祠焉。"换言之,江西会馆铁柱官是江西宦游者和商贾者在兰州的心灵家园。南丰商人夏氏曾多次出入西藏,往返贸易,最后病死于藏东旅次,后竟被他儿子打听到下落。由是观之,这条商道是赣商的一条熟路。

五、赣商向洋闯世界

赣商除遍布国内区域,还远涉重洋,日本、琉球、满剌加、缅甸等留下赣商的足迹。

明清时期,赣商对江西社会经济和全国经济格局产生了不可忽视的影响。一是大量的人口外出经商,缓解了江西长期以来形成的人对土地的压力,改善了家庭的生活状况。赣商多以本地的土特产品为依托,刺激了本土农副产品的商品化和手工业的发展;二是大批赣商涌向省外和国外,对促进大都市的繁荣、湖广、西南及其他落后地区的开发,繁荣所在地的经济起了重要作用;三是赣商的资金回归又起到以商养农的作用,巩固了小农经济结构。赣商对增置族产、兴建义学和建祠修谱等方面的投资,团结和凝聚了家族关系和观念。

江西最早的海外移民,可追溯到元代的南昌人汪大渊。

汪大渊为元代著名航海家,曾两次远洋航海,航迹遍及东亚、东南亚、南亚、西亚、印度洋和地中海,被西方学者称为"东方的马可·波罗"。

汪大渊留给世人的影响,不仅是他远涉重洋的经历,更重要的是他留存于世的《岛夷志略》。该书在南昌刊行后,风靡一时。被公认为当时最为丰富的南洋记载,堪与唐玄奘的《大唐西域记》相媲美。

汪大渊为何能够如此广泛的游历?从他自南昌到泉州,再从泉州远航南海和印度洋行程判断,他是随赣商而去。赣商在宋代已有大批出海贸易,由于宋朝大力鼓励海外贸易,且江西造船业的发达和指南针的使用,使海外贸易颇为盛行。其中,景德镇、吉安和赣州七里镇所烧造的瓷器是销往海外的重要商品。

临川王安石在《送程公辟守洪州》一诗中,曾不无自豪地向人夸说南昌的商业之盛:"沉檀珠犀杂万商,大舟如山起牙樯,输泻交广流荆扬。"南昌是连接海外和荆扬的中转站,许多商品如瓷器等名优产品在此集散。由于瓷器长期外销,使赣地一些地方形成出海经商之风。如丰城商贾"浮海居夷,流落忘归者,十常四五。"明嘉靖年间,景德镇瓷器"南交趾,东际海",而商贾往往以是牟大利。这些出海经商老死不归者,当是江西历史上最早的一批海外移民。

明清时期,两朝在各种因素的驱使下,实行海禁。明初甚至规定"片板不许下海"。但即便是在此严厉的禁令下,仍有赣商出海走私贸易。明成化十四年,粤东安千户所抓到几名走私商人,其头领方敏为浮梁县人。是年三月,他兄弟三人购买青白花碗、碟、盆、盏等项瓷器2800件,用船装至广城河下,与揭阳县船老大合作走私,挂蓬驶往南洋贸易。当他们用卖出瓷器资金换回南洋的胡椒、乌木、番锡、沉香等货物驶回广东里海时,不幸遭官府抓获。

赣商中出海走私贸易的绝非方敏兄弟。明成祖永乐年间,上饶人程复在琉球国辅佐察度四十余年,后以该国中山王长史的身份与明朝使者接触。程复是明初经商至该岛定居的景德镇瓷商。明嘉靖时,朝廷命浮梁瓷茶商人汪宏等随外商船只出海采购香料。万安、南城等地商人萧明举等远赴马来西亚马六甲州经商,至武宗正德时,以该国通事的身份到北京公干,但不改旧习,"伴送进贡番夷,道杀其数人而私(购)货财,为逻者所得。"庐陵欧阳修后裔欧阳云台多年在日本经商,他记述了赣商在长崎购六千坪土地建设兴福寺,邀浮梁瓷商真圆禅师为住持,并首创江浙苏三江会馆。

大学者王士性在万历时曾派人巡视缅甸,使者行程近万里,历时两个月,回禀只要有居民点,其头目往往就是抚州人,这些"抚人"又多为经商至此而定居的。明代学者朱孟震在《西南夷风土记》记载,在缅甸江头城外有大明街,"闽、广、江、蜀居货游艺者数万"。这里的"江"当指江西而非浙江。清初顾炎武则说,如果海禁一开,江西瓷商将大批出海贸易。浮梁县两位陶工东渡日本,在濑户市传授彩绘技术,是赣商较早开展对外陶艺交流的人士。

西南地区矿产经过大规模开发后,资源日益枯竭,于是赣商转移到接壤的缅甸等地。清道光年间,赣县人罗序伦,受聘赴荷属南洋群岛文岛纲甲担任中华学校校长兼华侨图书馆馆长、商会文牍等职。当商人开启海外移民的序幕后,其他行业的人士也越境出外谋生,主要移民地是东南亚。据清周裕《从征缅甸日记》和王昶《征缅纪略》记载,由于缅甸人不懂开矿,缅甸的大山银矿厂有来自江西等地矿工上万人。这些矿工,不少是明代在西南地区开矿的矿商和矿工。

鸦片战争后,受全国风气影响,江西海外移民更加频繁,而且不限职业,许多普通百姓主动赴海外谋生,著名者有瑞金商人杨远涵、杨远溪兄弟,他们于1915年携眷属漂洋过海至文莱做工谋生,艰苦创业,繁衍后代。兴国人刘光棋,被人当"猪仔"拐卖到马来西亚、新加坡做苦工,后发迹成富商,并创建新加坡江西会馆,任首届会长。丰城人杨永清带领数十名同乡在新加坡开办川新木器厂。进贤人吴龙海、晏德顺、齐长水等师兄弟赴马来西亚从事木器家具生产,逐渐吸引了大批进贤人赴马,形成马来西亚木器家具制造行业的"江西帮"。

延续了数百年之久的江西海外移民和遍布东南亚的赣商,不仅对中外商品贸易和文化交流产生重要影响,而且他们身上"随阳之雁犹不能至,而吾乡之人都成聚于其所"的精神在江西文化史上烙下了深深印记,成为富含江西地域特色的移民文化精神。

六、在地化赣商

由于江西独特的区位优势、人口繁多、物产丰富,江西各府县的经济和商镇发展,孕育了一批本土赣商和外省来赣的商人。在江西的五大名镇,则相对集中资本雄厚的外省籍商人。

1. 景德镇的瓷器帮

徽商在赣地主要从事景德镇瓷器贸易。

他们除了控制瓷器上游设计制作、生产和烧制,还掌控瓷器中游价格,以及下游销售市场。徽商潘次君来到景德镇后,针对"巧贩者率以下齐杂良金,次君至,则治牛酒,会诸贤豪,与之约:自今以往,毋杂下齐以厉陶。众服盟言,乃黜下齐"。他统一了瓷器生产价格,众多的生产者在他组织下从事商品生产。徽商祁门人倪前松,先在景德镇行医,后在景德镇世代经营瓷业,其子倪兼三"陶于江右之景德镇",其孙倪辉远传承旧业,守而兼创,生业隆隆,获金累万,由是家道中兴。

民国时期,驻景德镇的瓷商有粤帮、天津帮、同庆帮、黄麻帮、马口帮、三邑帮、孝感帮、湖南帮、河南帮、扬州帮、宁绍帮、南昌帮、九江帮、关东帮等二十六帮。在长期的经营中,各地瓷帮形成了各自的销售地域。

学者刘治干主编的《江西年鉴》(1936 年),刊载江西瓷器运销帮别及其市场分布。

表 2　江西瓷器运销帮别及其市场分布

帮　名	籍贯	运销地点	帮　名	籍贯	运销地点
天津帮	天津	天津	宁绍帮	浙江	上海、浙江

（续表）

帮　名	籍贯	运销地点	帮　名	籍贯	运销地点
广　帮	广东	广东、广西、南洋、美国	川湖帮	四川、苏州	四川、苏州
关东帮	辽宁	东三省	桐城帮	安徽	广东、新加坡
同信帮	广东	汉口一带	丰西帮	丰城县	汉口上游
同庆帮	广东	长江上下游	粮　帮	北平	北平
黄麻帮	广东	汉口一带	扬州帮	扬州	扬州
马口帮	广东	汉口	金斗帮	安徽	皖北及河南
三邑帮	广东	芜湖、苏州	南昌帮	南昌	南昌
良子帮	广东	芜湖、苏州	九江帮	九江	九江及长江上下游
孝感帮	广东	芜湖、苏州	内河帮	江西省	江西省各县镇
过山帮	浙江	浙江	古南帮	都昌县	南京、汉口
湖南帮	湖南	湖南	康山帮	鄱阳县	长江上下游
河南帮	河南	河南	/	/	/

　　1947年,江西省统计处对景德镇瓷器内销情况进行统计,得出参
与运销的有25个帮别,经营者除来自江西外,其他来自广东、苏、徽、
川、浙、津、豫、甘等省,共计运销78.9万担。

表3　景德镇瓷器内销统计表(1947年)

帮　别	经营籍贯	家数	瓷器产品	运销数量(担)	运销地址
同庆帮	湖北鄂城	80	脱胎、四大器	160000	上海、南京
马口帮	湖北汉川	40	灰可器	120000	四川、汉口
江苏帮	江苏	35	二白釉、四大器	105000	苏南、浙北
桐城帮	安徽	20	脱胎、灰可器	80000	云、贵、粤、港
四川帮	四川成都	15	脱胎、二白釉	35000	四川
宁绍帮	宁波绍兴	13	脱胎、二白釉	45000	上海、浙江
河北帮	天津	16	脱胎、四大器	8000	京、津
南昌帮	南昌	14	脱胎、二白釉	20000	南昌
川湖帮	浙江嘉兴	8	脱胎、二白釉	5000	杭、嘉、湖
内河帮	江西	30	青釉、二白釉	10000	江西各县
古南帮	都昌	17	脱胎、灰可器	35000	芜湖、南京
省会帮	丰城	7	脱胎、二白灰胎釉	15000	上海

（续表）

帮 别	经营籍贯	家数	瓷器产品	运销数量（担）	运销地址
新安帮	婺源	2	二白釉、灰可器	5500	皖南一带
过山帮	浙江	24	二白釉、灰可器	50000	温州、台州
广东帮	广东	4	脱胎及艺术品	5500	广东、南洋、美国
西南帮	临川	1	灰可器	5500	广西、贵州
河南帮	河南	5	二白釉、灰可器	4500	河南
三毛帮	湖北	6	脱胎、二白釉	5000	芜湖、苏州
良子帮	湖北	4	灰可器	5000	芜湖、苏州
金陵帮	南京	23	脱胎、二白釉	15000	南京
黄家洲帮	都昌	25	二白釉、灰可器	25000	江西各县
甘肃帮	甘肃	1	灰可器	5000	甘肃
粮帮	临川	5	脱胎、二白釉	5000	北京
江黄帮	湖北	4	灰可器	15000	鄂北一带
金斗帮	安徽巢县	1	灰可器	4000	皖北、河南

（资料来源：《景德镇文史资料》第 2 辑，1985 年 9 月，第 165 页）

除了瓷业外，来赣客商的经营范围还涉及丝织业、药业、渔业、钱业、油盐、百货等。明朝徽州休宁商人汪正科偕本村金陈等营肆于景德镇，贸易丝帛，克勤克俭，兢兢业业，迨三十年。

2. 樟树镇的药材帮

樟树镇为赣粤百货、南北药材集散中心，集中了来自全国各地的商人，一度是"烟火数万家""商贾云集"。如四川附片客、湖北茯苓客、广东陈皮客、福建泽泻客、浙江白术客、湖南雄黄客等。

樟树镇药商的足迹走遍全国，县志称之为"恒徒步数千里，吴、越、滇、黔、楚、蜀无不至焉"。重庆、汉口、湘潭等地是樟树药帮在外省的主要活动中心。这些药商从各地收买药材贩回樟树，加工炮制后再转运四方。譬如1791年琉球船只在福建购买大黄、川芎等药材，据承买药材的行户供称各样药材，俱由江西樟树镇贩运来闽销售。但江西亦不产大黄，闻得陕西泾阳县为大黄汇集之所，转发汉口、樟树等处行销。

徽商程善敏，在樟树镇主持交易文约之事，权衡市镇上货物之精粗美恶，定立公平合理的价格，调解纷争，说合交易，制定章程约束众商，维持交易秩序。牙行一般是当地人才能从事的行业，程善敏能够在樟树从事牙行业务,说明他在樟树的从商时间之久,并且已融入地方社会。

3. 吴城镇的木材帮

吴城镇会聚一批资本雄厚的外来客商,主要有徽商、晋商、湖广、闽商、粤商,外省商人在吴城所建会馆公所有 20 余所。他们将江西所产木材、纸张、茶叶、苎麻等本地特产贩运出省销售,而将外省产品贩卖至江西各地。吴城客商中,概以徽商势力最强,有"吴城镇为徽商辐辏之区"之称。清末吴城成立商会,26 名董事中有 10 人为徽商,总理朱锡龄亦为徽人所任。

粤商在吴城的实力也相当可观,粤商在吴城建会馆时,当地势力禁止动用本地一砖一瓦,他们遂从广东糖运赣的船中,每袋糖中夹带一块砖瓦,仅一两年时间便建成一座极具规模宏敞的广东会馆。

从学者梁洪生《吴城镇及其早期商会》文章中,可以发现在清末吴城镇商务分会 1916 年总协理议董表中,26 个议董中有 10 名外省籍议董,行业包括钱业、油业、纸业、典当业、杂货业、烟业、粮食业、酒业、苎麻业、夏布业、油盐业、木业、船行业等。在 1916 年的吴城商会职员表中,40 位会董中有外省籍商人 14 位,其中正会长是徽商许世瑗,5 位特别会董中外省籍商人占 4 位,即湖北麻城人刘席儒、直隶束鹿人李义钏、浙江余杭人许德林和江苏甘泉人周宝鐄。

表 4　吴城镇商务分会职员表

职　务	姓　名	别　号	年龄	籍　贯	商号职业
正会长	许世瑗	少伯	43	安徽歙县	正泰钱庄
副会长	杨光礼	敬之	41	江西安义	源远钱庄
特别会董	刘　桢	挺斋	69	江西奉新	福生纸号
特别会董	刘席儒	焱南	56	广东麻城	慎源纸行
特别会董	李义钏	焕章	60	直隶束鹿	天成汾酒号
特别会董	许德林	葆初	49	浙江余杭	宝昌典
特别会董	周宝鐄	兰生	50	江苏甘泉	春生恒纸号
会董	苏　翰	百波	39	湖南长沙	厚生公盐仓
会董	仇庆裕	春舫	31	安徽泾县	茂记盐仓

（续表）

职 务	姓 名	别号	年龄	籍 贯	商号职业
会董	冯 球	序东	49	安徽绩溪	福泰钱庄
会董	章懋春	寅生	53	江西新建	汇康纸行
会董	王经麟	玉书	50	安徽旌德	鼎新纸行
会董	江图霖	应三	42	广东黄陂	永昌隆钱庄
会董	丁昌禄	锡龄	41	浙江山阴	浚川纸行
会董	王世荣	春甫	36	安徽歙县	可大纸行
会董	吴 范	洪畴	43	江西奉新	丽生纸号
会董	刘大川	有道	53	江西靖安	晋川盛纸号
会董	晏林锡	子兴	40	江西新建	大吉祥纸号
会董	罗 炯	焕文	38	江西南昌	均和安纸号
会董	赵明钦	文安	35	江西临川	安记煤油号
会董	吴树森	木三	56	江西新建	广隆麻行
会董	邓有诚	允卿	46	福建龙岩	万隆麻行
会董	林华玉	锦堂	58	江西新城	同茂祥烟庄
会董	李猷章	宗海	54	江西新城	永孚油行
会董	黄熙昀	子高	48	江西黎川	恒源杂货行
会董	王葆元	发之	76	江西新建	裕大锡箔坊
会董	喻香山	和久	64	江西新建	鼎新和油盐铺
会董	喻春熙	静山	59	江西南昌	瑞泰隆洋货号
会董	张福銮	厚生	59	江西安义	祥昌轮船公司
会董	汪世楷	彦生	57	安徽休宁	志诚南货店
会董	刘彝华	彩庭	56	江西新建	汇大粮食店
会董	邓绍训	顺卿	54	江西新建	谦吉酒店
会董	叶立镜	鉴堂	39	江西新建	鼎益升粮食店
会董	詹彬文	炯庭	52	江西安义	仁大粮食行
会董	黄本怀	玉孙	38	江西安义	全美粮食行
会董	余盈科	俊臣	40	江西靖安	鸿发祥烟店
会董	罗海光	显宗	32	江西进贤	同裕木行
会董	查 昶	永日	39	/	/
会董	邓 嵩	维岳	37	江西新建	/
会董	罗廷杰	俊夫	29	/	/

4. 河口镇的茶叶帮

河口镇号称"八省码头",为全国性的过载码头。集散的商品主要有茶叶、丝及丝织品、纸张、棉布、杂货、粮食等等,这些商品大多来自闽粤、江浙、湖广,也有一部分来自徽、豫、鲁等省。据《茶市杂咏》载,西商至河口采购茶叶的状况,"清初茶叶均系西客经营,由江西转河南运销关外。西客者晋商也,每家资本约二三十万至百万。货物往还,络绎不绝。首春客至,由行东赴河口欢迎,到地将款及所购茶单点交行东,恣所为不问。茶事毕,始结算别去"。河口镇经营纸业的富商大贾"大率徽闽之人,西北亦间有"。徽商泾县人朱怡丰商号,业主朱氏家族一直在泾县开设茶号,以收购、加工茶叶销往国外而致富。河口镇的外地商人在镇上建有自己的会馆,从事商品贸易活动,促进了地区内木材茶叶加工、药材加工、果品贩运等手工业的发展。

5. 其他各地外省商帮

隋唐以降,长江流域及全国商人贩负于赣地。唐代诗人刘禹锡在《夜闻商人船中筝》中记述扬州商人来赣做贸易的商船:"大艑商船一百尺,新声促柱三十弦。扬州布粟商人女,来占江西明月天。"唐代很多胡人来赣经商。李昉等编的《太平广记》卷四百二十一《阆州莫徭》记载一则商例,四川阆中人莫徭得到一支象牙,"遂到洪州,有胡商求售,累加值至四十万。"众多外省商人在江西频繁活动,足见唐代江西商业之繁荣。

宋元两代的九江为江西的商旅集散地和商品集散中心。徽州祁门商人凌千十,离乡船居,长期在赣东北的饶河和信江流域经商,历涉江河有年,买卖轻重随其时。其长女嫁于鄱阳,幼女嫁于贵溪,自己卒后葬于贵溪。

明清时期,在江西行商的众多商人中,徽商最为活跃。盖因徽州地处皖南峰峦叠嶂的万山丛中,本身自然环境及生存条件比较恶劣。光绪《婺源县志》中记载徽商经商之艰难:"婺源服贾者率贩木,木商以其赀寄一线于洪涛巨浪中,称赀措置,极艰难之力,而后达于江,至于鬻所。终岁拮据,不足以饱债家,甚且有变产犹不足以偿者。盖在昔已有之矣。"

江西各府州县和商镇的商业经营中都能看见徽商的身影,靖安这个"商贸绝迹"的偏远小县,徽商"隙地种竹,竹巨而茂。其巨者剖之可为蔑,款人贸以通舟楫所不及,其次者以为箭";兴国县"山阜向植杉木,安徽客贩多采焉,木去地存,广东福建流民侨居,赁土遍种茶子……吴中尤争购焉"。明清时期闽赣地区的木材贸易几乎为微商所垄断,江西的南昌府、赣州府、广信府以及福建的泉州府、福州府都有徽商购买木材的记载。此外,在茶叶、造纸、典当、毛竹、杂货等行业中,徽商在江西都拥有相当大的实力,如广信府所需制纸工具,便由徽商贩至。而且,徽商的商业活动几乎就是一种垄断经营,他们经常利用族人和乡党的力量,把持某一行业的全部或大部分业务。

在江西的一些小集镇,因为是特产的集散中心而聚集众多外籍客商,如金溪县的棠溪镇是一个夏布漂染和集散中心,各地商贾云集于此。常驻棠溪的有沪、鲁、晋、津等地商人,将夏布运销全国各地,乃至朝鲜、日本和东南亚各国。来赣客商在赣地从事商业活动,活跃了江西经济。他们常年在江西经商甚至老死不归,经历从行商到坐贾,从客贩、侨寓到定居。

有些来赣客商一家几代在江西经商,江西成为第二故乡。

清末明初,浙江绍兴人沈翰卿一家三代到南昌创业。1890年,沈的祖父在南昌贩运绍兴的土特产腐乳、绍酒、虾米、淡菜、龙井茶叶。后在九江路口租赁了半片店面,挂起了"沈开泰"的招牌,开了个小小的米店,兼销绍兴的土特产。

及至第二代,"沈开泰"专营南货、海味、罐头、酒类,除照旧推销绍兴土特产外,同时采购各地名产供应顾客需要。随着批发和零售业务日益扩大,接着在德胜门新开一家分店,叫"沈三阳"。"沈开泰""沈三阳"在竞争中实行"薄利多销,加一放称,九折收钱"的营销策略,门庭拥挤,顾客如云。抗战期间,第三代沈瀚卿将店里的货物尽量疏散,南下在赣州开设"瀚记庄",在吉安开设批发店。同时在金华、上海等地开设"沈开泰"等店庄。抗战胜利后,"沈三阳""沈开泰"先后在南昌复业。新中国成立后,沈将四家企业公私合营,担任江西食品公司经理,沈家三代完全融入江西的商业和生活之中,成为赣商的一份子。

第四章

历史中的十大赣商

考察中国社会迁移史，追寻中国社会发展的历史脚印，最早感受时代嬗变的，是一批开疆拓土的先民和经济的变革者，他们是渴望财富、孜孜以求的商人精英，这其中最为瞩目的是一帮叫做"赣商"的群体。

近代湖北商业巨子金融家黄文植、重庆首富汤子敬、民国初年中国首富周扶九、创办大夏大学的王伯群、贵州首富华之鸿家族、广西首富李宜民、设计建造皇室建筑的"样式雷"等一批著名赣商，坚守儒家的仁义礼智信以及儒学的管理功能，凭借"一个包袱一把伞，走遍天下做老板"回馈社会的闯荡精神，"从小买卖到大开张"造福斯民的创业精神，"以众帮众"相互抱团的互助精神，"使予而商，身劬母康"反哺家乡的担当精神，成为江西以及全国商帮中耀眼的明星。

据统计，明清时期有固定经商地点且又有姓名可稽的著名赣商 374 人。其中在湖广的 86 人，西南川滇黔三省的 102 人，闽粤 70 人，江浙 72 人，北京及北方数省 32 人，辽东等边境地区 7 人，日本、马来西亚等海外 6 人。由此可见，赣商的活动异常活跃，足迹遍及全国大部分区域。

笔者综合各方研究数据，整理一份拥有 100 万两及以上财富的赣商名单。

根据赣商的地域分布，笔者对部分典型赣商（以近现代为主）进行梳理，撰写人物传略。

其中，江西本土赣商，选择黄金怀创办豫章第一药店的黄庆仁药栈，李禹亭兄弟创办的南昌最大的李祥泰绸布号；湖广地区遴选近代金融家黄文植；川滇黔遴选创办蜚声西南的胡慎怡堂的胡元海家族，资助重庆设市的金融家汤子敬，靠盐业和茅台酒发家的贵州首富华之鸿家族；长三角地区遴选民国初年中国首富周扶九，在上海创办大夏大学的金融实业家王伯群；京城遴选为设计建造皇室建筑历经八代手工业典范的"样式雷"；台湾遴选被世界拆船界誉为"拆船大王"的王兹华。

表 1　部分著名赣商经营产业、地域及家产财富表

赣　商	籍贯	生卒年	发家	主要经营范围	主要经营地点	家产(银两)
陆子顺	浮梁	明代前期	瓷器	瓷器	浮梁	100 万以上
余旺青	都昌	1854—1927	瓷器	瓷器	浮梁	100 万以上
余英泾	都昌	1874—1929	瓷器	瓷器	浮梁	100 万以上
李宜民	临川	1704—1798	盐务	盐业	广西桂林、柳州等地	100 万以上
周扶九	吉安	1831—1920	盐业	盐业、钱庄、垦殖、黄金、房地产、纺织	扬州、南通、上海、南昌、武汉	6000 万
萧云浦	泰和	1854—1910	盐业	盐业、钱庄、房地产、水电公司	扬州、重庆、汉口、南京、九江、鹰潭	100 万以上
包竺峰	南丰	晚清民国	盐业	盐业、锡箔纸、银行、油行、旅社	上海、南京、徐州、南昌	100 万以上
廖可亭	临川	晚清	盐业	盐业、房地产	扬州	100 万以上
胡承均	吉安	？—1892	盐业	盐业、典当	自贡、成都、乐山	100 万

（续表）

赣　商	籍贯	生卒年	发家	主要经营范围	主要经营地点	家产（银两）
刘居吾	吉安	1895—1963	盐业	盐业、棉纱商行、钱庄、糖店、房地产	扬州、长沙、衡阳	100万以上
卢绍绪	上饶	1843—1905	盐业	盐业	扬州	约50万
华联辉	临川	1833—1885	盐业	盐业、茅台酒业	贵阳、遵义	100万以上
华之鸿	临川	1871—1934	盐业	盐业、书局、纸业	贵阳、遵义	100万以上
华问渠	临川	1894—1979	盐业	盐业、书局、酒业、造纸业	贵阳	100万以上
黄文植	南昌	1879—1939	钱庄	钱庄、麻行、布店、盐业、纺织	武穴、汉口、九江	100万以上
陈筱梅	靖安	1861—1921	钱庄	钱庄、盐业、当铺、货运码头	南昌、上海、武汉、北京、重庆、广州	100万以上
余行鲁	南丰	1903—1985	钱庄	奶牛场、盐业、化工、火柴	南昌、赣州	100万以上
吴懋鼎	要源	1850—1928	银行	火柴、织呢、电灯、自来水	上海、天津、香港	100万以上
赵干卿	南昌	不详	洋油	洋油	南昌	100万以上
张积昌	临川	晚清	桐油	油行、木材、布匹	湖南洪江	100万以上
左成宪	樟树	乾隆时期	茶叶	茶业	贵州石阡	100万以上
刘尔凯	吉安	清初	杂货	商号、工厂	武汉、长沙	100万以上
汤子敬	临川	1860—1943	布店	布业、钱庄、盐业、货号、房地产	重庆、汉口、上海、沙市	100万以上
李禹亭	南昌	晚清民国	布店	李祥泰绸布号	南昌、上海、吉安、赣州	100万以上
朱仙舫	临川	1887—1968	纺织	纱厂、面粉厂	九江、上海、汉口、重庆	100万以上
黄长生	樟树	晚清	药材	中成药	南昌	近100万
赵天爵	临川	康熙时期	矿井	矿业	云南个旧	100万以上
文廷式	萍乡	1856—1904	煤矿	煤矿、矿冶	萍乡	100万以上
王伯群	江西	1885—1944	矿业	矿业、丝绸、银行、股票、盐业	贵阳、遵义、铜仁、上海	200万（元）
王兹华	临川	1925—2008	拆船	炼钢	台湾、香港、美国	2亿（RMB）

一、黄庆仁药栈:豫章药业第一家

南昌黄庆仁药栈始创于清道光初年,从创始人黄金怀到继承者黄庆云,前后历经四代,有 200 年历史。黄庆仁药栈在江西享有极高声誉,为江西中药业的执牛耳者,作为本土赣商之杰出代表,被誉为"豫章药业第一家"。

乡村郎中城中行医

黄金怀出生于樟树市,文化程度虽然不高,但人颇聪慧,善于学习。在拜阁皂山观欧阳道人掌握到一套医药知识后,自采自制中草药,在抚州、南昌、樟树等地行医问药。

公元 1802 年,黄金怀怀揣"三吊铜钱一把伞",在南昌德胜门外摆摊设点。积攒一笔资金后,在中大街开设家小药铺,主做门市生意。他从樟树老家请来几位药工能手,刨、铡、炒、制,一应齐全。十年后,小药铺发展为资本雄厚的"黄庆昌药店"。

又十一年后,黄金怀长子黄长生接手药店,传承衣钵。黄长生决定扩大规模,购买繁华街道府学前一家店面。该家门店街道,上通广润、章江、惠民,下达进贤、顺化、永和三门,人来人往,车水马龙。黄长生根据儒家"药业施仁"之精神,把该门店取名"黄庆仁药栈"。此后,"黄庆昌药店"由父亲黄金怀负责,黄长生则掌管黄庆仁药栈,共同开拓樟树、吉安的贩运业务。不久黄长生又在洗马池开设"济春堂"分店。

黄长生去世后,第三代继承人黄彭龄因年龄尚小,店务由外婆主持,再在洪恩桥新增一家"合善堂"药店。至此,黄庆仁药栈在南昌拥有四家店面。随着在樟树、吉安等地相继开设分号,药店生意不断扩大。

抗战时期的 1939 年春,南昌遭遇日寇轰炸,所幸除"合善堂"外,其他几家门店幸运保存。彼时南昌正遭遇流行霍乱,求医问药者蜂拥而至。黄庆仁药栈为确保药材质量,将霉烂变质的药材公开焚毁或抛入赣江。由于药材地道,质量上乘,中医开方时,常叮嘱病家"去黄庆仁拣药",南昌城里流传"吃了庆仁药,死了没有驳"谚语。

至新中国成立时,黄庆仁药栈员工 120 余人,经营中成药 2000 余种,营业额占全市中药业的 70%。1955 年,第四代店主黄庆云依据形势主动提出与南昌市药材公司合并,由家族经营转变为公私合营,不再经营批发业务和生产中成药,药栈转型为一家单纯的零售药店。

医者仁心,悬壶济世

黄庆仁药栈为求地道药材,广寻渠道,自行贩运。其收购药材主要有两种途径:一是与行商打交道。每到药材收获季节,便派人与产地药业行商成交,各地的行商也如同候鸟般云集黄庆仁药栈;二是采取坐庄或托庄,采购买办,药栈派出精干人员常驻汉口、广州、重庆,广搜各地珍贵药材,为求真货,常常不吝豪掷千金。

药栈擅做广告宣传。每到南昌万寿宫的开朝吉期,远近数百里的信徒都汇聚南昌和西山烧香拜佛,祈求平安。药栈抓住时机,给万寿宫送去匾幅锦旗,上绣"普天福主座前——信士弟子黄庆仁药栈敬献"。朝香者见罢,顿生敬意,在朝拜之余便纷纷转赴药栈买药。杀鹿揽客是黄庆仁药栈的另一种宣传法宝。每逢冬季,药栈举行庄重而热闹的杀鹿仪式,吸引了大批顾客前来观看。久负盛名的全鹿丸就是用鹿肉和药材加工精制而成。顾客采购之后,无不称赞其药丸货真价实。

药栈店规赏罚分明。从二代传承人黄长生开始,药栈制定一套较为完整的店章店规。规定员工不准带家眷,不准赌钱,不准嫖妓,不准抽鸦片。店中供应黄烟,禁止抽香烟。谁若违反了店规或有偷窃行为,视情节轻重给予处分直至开除,绝不徇情。

药栈善用人才。药栈从樟树招收大量技艺精湛的药工、药师和药商。在人才选拔上采用金字塔式,即店里的高级店员和经理,一般都得经过"学徒—店员—高级店员—经理"的成长过程,外行人不得进店工作。选聘对中药学有丰富经验、熟悉《本草纲目》和《汤头歌诀》,同时又谨慎经商、诚实勤恳的能人担任经理。药栈规模扩大后,谨遵医者仁心、悬壶济世之理念,行善积德,修庙宇、送米粮,每年捐资扶持神州国医药学会、江西国医专修院等机构,将"合善堂"分店盈利全部用来行善。

2002 年 1 月,江西省医药集团公司与上海医药股份有限公司本着以改革为契机、实施向外扩张的发展战略,以南昌黄庆仁栈连锁药店为主体,与上海华氏大药房联手组建江西黄庆仁栈华氏大药房有限公司,现有员工 2000 余人,遍及江西 11 个地区 68 八个市县的 400 余家连锁药店。

二、李祥泰:南昌最大的绸布号

南昌李祥泰绸布店从 1891 年创业到 1956 年公私合营,历经李氏家族三代人六十多年的经营,遂发展成为闻名全省的绸布行业店。"上李祥泰扯布去",成为彼时南来北往进城者的共同语言。

兄弟创业,其利断金

李禹亭、李静山兄弟出生于南昌县。由于家境贫穷,兄弟俩早年入南昌市隆兴福匹头批发栈做售货员。他们勤勤恳恳、做事认真的态度,深得店主信任。不久,店主委派大哥李禹亭赴上海坐庄担任采购,李静山则继续在布店掌管批发业务。

1891 年,李氏兄弟决定自己开店做生意,于是盘下老乡在南昌洗马池口的祥泰号,并将店更名为"李祥泰"绸布号,专营绸缎布匹,批零兼营。在筹店之初,李氏兄弟认为布匹是百家货,适合百姓消费,虽然利润不大,但薄利多销,资金周转快使用率高。同时,还从事代销业务,无本生利。李祥泰布匹主要从上海采购的日本和英国货。日本货如东洋缎、白洋布、花洋布、府绸、花毕叽等等数十种,产品货巧价廉,销路最广;英国货有泰西缎、小羽绫、毛毕叽、西洋竹布、西洋花布等十几种,产品质量好,高档货多,其中英国元芳洋行的花烛牌小羽绫销路最大。

随着业务不断扩大,李氏兄弟在附近的文子祠巷增设李怡泰匹头批发栈和仓库,专营批发业。三年后,再增设了李祥泰匹头批发号。至此,李祥泰已经拥有三家商铺,批发客户遍及省内数十个县。

1926 年,正值李祥泰生意顺当之时,国民革命军北伐军攻占南昌,宣布"复、兴、隆"钞票作废,李祥泰惨遭损失。更为糟糕的当年冬季,仓库突发大火,布匹均被烧毁,损失五六十万两。次年,李祥泰布匹批发号由李禹亭的儿子李梦赓继承经营,内部招牌加"梦记"标志。李祥泰(梦记)委托专任主管,李梦赓自己则负责上海李祥泰申庄的采购业务。

李祥泰注重品牌宣传,经常发布雅俗共赏、引人入胜的广告。其主要策略是:(一)讲究窗柜展陈设计,根据时令经常更换,同时在包装纸上打商品广告;(二)在城乡以及外县、集镇等地,广泛张贴宣传广告,印发行情单,招揽业务;(三)为应对同业的营销策略,独树一帜挂出过街旗,上书:"李祥泰绸布匹头批发号,始终诚实廉价,不事虚伪折扣"。

数年之后,李梦赓重金买进隔壁卢德泰门面,改建新式营业大厅,店员人数增到七十余人。此后的李祥泰,业务繁忙,每年盈利达数十万元。1939年南昌沦陷前夕,李梦赓将资金转移至上海和吉安,剩下的货物通过水路运至吉安继续贩卖。抗战期间,他除在吉安、赣州继续坐地经营外,还远赴湖南衡阳、广西柳州等地销售。

扩大规模,再度兴隆

抗日战争结束后,李祥泰决定撤回在赣州、吉安、上海等店面,把资金和人员全部集中到南昌复业,招牌改加"文记"。刚复业时,虽资金短缺,但凭着李祥泰的声誉,银行、钱庄都愿意贷款于他,上海的厂商允许给他赊购布匹,遂使业务再度复兴。李祥泰扩大经营规模,在上海增设李文记庄,专为南昌、赣州、吉安等地同行代理采购业务。1947年,为规避货币贬值,李祥泰把业务收入货款及时兑换为黄金,然后赴上海变换购货,两手不离实物,避免因通货膨胀引发的损失。同时利用电话通讯优势,时刻与上海申庄互通市场消息,掌握行情涨落,以便指导货物进出。在业务上,李祥泰还代为南昌、赣州、吉安等地同业代理采购生意,赚取手续费和放贷生息。

20世纪40年代,南昌同业的商铺约有40家,形成了五大商帮,即以李祥泰、吴长记、江聚丰、国泰等为代表的南昌帮,以新盛、大隆、程安记、景昌等为代表的徽帮,以李怡昌、益和等为代表的建昌帮,以芳凤馆德记等为代表的江浙帮,以广益昌等为代表的广东帮。其中实力雄厚的商铺有十余家，多是以经营昂贵的绸缎以求高额利润。李祥泰却另辟蹊径，以经营廉价的匹头生意为主，附带经营少量的绸缎，吸引平民顾客。与此同时，因李祥泰门市和批发业务量大，引起了上海、常州等厂商的兴趣和信任，纷纷派业务员跟李祥泰合作，通过李祥泰打开和占领江西市场。厂家寄存在李祥泰的布匹品种多且数量大，代销业务是售出后再付款，极大地周转了资金，仅靠信誉赢取利润。

在后来国共鼎革之际，李祥泰将货物一分为二。一半由同李文经运往广西柳州，变卖黄金后带去香港；另一半留在南昌。南昌的货物在国民党撤退前夕，几被抢购一空，所收入的金圆券大幅贬值。至新中国成立时，李祥泰虽资本缩减，但仍为南昌市绸布业的商业大户。1951年李祥泰资本占全行业的一半以上。

1956年公私合营后，李祥泰更名为李祥泰棉布店。两年后，李祥泰与鸿泰百货商场、源泰昌文化用品商店合并成新的百货商场，更名三泰商场。李文经从香港返回南昌，作为资方担任三泰商场的副经理，后成为工商界颇具代表性的人物。

三、黄文植：近代爱国金融家

黄文植(1879—1939)，南昌县人，近代湖北商业巨子、爱国实业家和金融家。

为冯玉祥筹借军饷得势

黄文植在十三岁时，由族兄携至湖北武穴镇曹裕隆钱庄做学徒，因勤奋经营，被提为经理。三年满师后，他筹资开设义成钱庄，并先后与人合资开办同慎钱庄和聚昌钱庄，独资开办信成麻行和一家布店。不久被公推为武穴镇商会会长。

1919年陆军第十六混成旅驻防武穴，黄文植借商会会长身份与该旅旅长冯玉祥时相过从，为冯所赏识。时冯旅为新编部队，北洋政府段祺瑞积压该旅饷糈半年未发，而江西督军陈光远又屯兵九江、湖口一带，咄咄逼人。冯为解决危境，公开向武穴商会筹借军饷。武穴本是一个中小市镇，维持一个将近8000人的部队颇有困难，黄文植除劝说全镇富商尽力筹借外，他本人还竭义成、同慎钱庄之力，为冯筹资三四万银元，解决冯的后顾之忧。不久，冯玉祥调任湖南常德镇守使，当将黄文植为其筹借之款如数归还后，黄、冯合作在汉口成立德成钱庄，由黄经理其事。

1921年，黄文植与陈卿云共同投资3万元，在汉口创设通益精盐公司，经销烟台精盐。因为试销得手，黄又与他堂兄黄廷柱等在九江设立通益精盐分公司，并任总经理。

精盐是日商在我国青岛开始创制的。在20世纪20年代初，我国商人虽然也有设场制造,但比重不大,利权仍操在日商之手。黄文植决定创设精盐制造厂。除在制盐方面力求精进以外,还注重包装设计,遍登广告自我宣传。致使开始每年仅销 20 万担,几年后突破年销 150 万担。随后将汉口十家精盐公司共同成立精盐业公会,黄文植当选为会长。

创设银行和纱厂

1935 年,黄文植与周伯皋、傅南轩等筹资 100 万元,在汉口创设汉口大孚商业储蓄银行,并自任董事长,傅南轩任总经理,号称是"汉口地方首创的纯商业性质的银行"。

黄文植闻九江久兴纺织公司连年亏损,濒于倒闭。他与谌华堂集资 40 万元,以承租方式加以接管,且改名利中纱厂。在发展中,遇资金不足,他通过江西政府主席熊式辉批准,向省立裕民银行、南昌义成等钱庄借贷,黄任董事长兼总经理。他重金礼聘原上海申新纺织厂邱光庭为厂长和纺织专家朱仙舫为总工程师。彼时江西内地与福建漳、汀两州习惯行销上海日本纱厂生产的水月牌十六支、二十支棉纱,由乡村妇女织成土布,行销于市。利中因成本高,新产品难于与之竞争。黄便决定改进设备,改革用工制度,多方提高效益。至次年,工厂第一年度盈利 50 万元,第二年度就盈利 80 万元。至 1937 年"八·一三"淞沪抗战前,一年盈利达 300 万元。

1936 年,黄文植与大孚银行股东周伯皋、傅南轩等筹建复兴公司,承租武昌第一纱厂,被公推为董事长。全面抗战爆发后,由于申纱不能上行,仅年余时间,纱厂获净利 150 元。武汉沦陷后,纱厂存残纱棉售与日寇军部,得储备券 700 万元。黄拿出四百万元发给员工解散费,余则购置汉口利济路百余栋房屋。

连任 12 年旅汉同乡会会长

因商战屡屡获胜,声誉与日俱增,黄文植被公推为江西汉口总商会会长。

黄文植乐善好施。1931 年武汉大水成灾,黄号召江西同乡富户捐款救灾,设场施粥,以工代服修固圩堤。黄捐出九江房产,创办文植小学和文植织布厂的基金。黄当选为国民政府赈济委特任委员后,慷慨解囊,在汉口、南京设立孤儿院,抚养灾区孤儿。在当选为国民政府经济委员会委员时,劝募救国公债 1000 万元。

黄文植为湖北商界的风云人物。曾担任江西旅汉同乡会会长 12 年,三次当选汉口总商会主席。他致力于发展中国高等教育,担任私立武昌中华大学(今华中师范大学、中南财经政法大学、武汉大学前身)董事长。

黄文植热心桑梓事业,在南昌县捐资修建万舍桥,设置义渡,施粮济贫。出资 20 万银元,加修赣江西河堤,5 万余亩农田得以受益。投资 10 万元创设南昌私立文植小学,招收农家子弟免费入学。

四、胡慎怡堂：蜚声西南大盐商

历史上的"川盐济楚"，为胡氏家族由布业转型为盐业提供了机遇。

1853年太平军攻陷了南京，两淮盐路断绝。长江中上游百姓嗷嗷待哺。清廷为解决百姓食盐的生活困境，遂下一诏令："凡川、粤盐斤入楚，无论商民，均许自行贩鬻，不必由官借运。"这就是历史上"川盐济楚"来历。这纸诏书如打激素，刺激了四川自贡盐业的蓬勃发展，大批盐商纷纷崛起，"积巨金业盐者一千七百余家"。

在这些盐商中，李四友堂、王三畏堂、胡慎怡堂、颜桂馨堂等四家实力最为雄厚，被称作"四大家"，而其中的"胡慎怡堂"，是赣商胡氏家族历经四代苦心经营，驰骋自贡盐场百年，终使家族集商、士、宦于一体，财富积累达至极盛，成为西南赣商从事盐业贸易的典型代表，留下了一部经营宝典和一首盐文化的奏鸣曲。

布商起家，盐业发家

"胡慎怡堂"是近代盐业世家胡氏家族的住宅堂号。清嘉庆中叶，世居江西庐陵人胡礼纬父子与同族胡士云赴四川自贡从事贩布生意。

到第二代胡元海时，除继承父业外，自己还开了家"元和号"布店。胡元海特别重视商品质量和商业信誉，一般棉布买回后会缩水，而元和店在卖出时会多放一点尺，人称"胡家一尺，不怕打湿"，即胡元海的布不会因洗涤而缩水，因而甚得城乡顾客的信赖，二三十年经久不衰。

清咸丰年间，太平天国定都南京后，清廷派重兵围追，战争阻断淮盐西运的水陆路通道。在此情况下，清廷颁诏允许川盐以自由经营的形式销往长江流域和江淮平原各省。胡元海见此商机,着手开拓盐业运销,为日后家族的大发展奠定了雄厚的资本和条件。

清道光年间,胡元海与人合资经营盐业运销,竟获大利后,他购得水田坡地,开凿盐井、火井和水井。"以井创井,独资经营"是胡元海经营盐业的独到的成功策略。他独资经营,自卤自煎。不久火井增至5眼,收租谷2000石,流动资金数万两。胡元海有四子三女,三女均许配于赣籍商人,家族各人分工合理,生产运销于一体。

胡元海长子胡承钧13岁即随父学习经营管理,不仅深得其父生财之道,而且青出于蓝胜于蓝。他变革盐业经营方式,除淘旧井和凿新井并举外,还扩大瓦斯、卤水来源。在井盐销售过程中,时刻关注市场信息和行情变化,商业决策果敢,被同业者称为"盐场诸葛亮"。

胡承钧乘"川盐济楚"之际,初设"聚义长"盐号,增营运盐业务,后随着运盐业发展,在重庆、宜昌和沙市开设分号和堆栈。同时在乐山和成都分别开设白蜡行和福元典当行,兼为探悉南来北往行情。

胡承钧忠厚谦和,他处事的法则是"大亏当前,小心设法避开,小亏无伤大体,切莫吵闹急躁,悄悄吃了就是。"他在自贡大兴土木建筑,增建宏伟典雅住宅——慎怡堂。至1892年去世,胡氏家族已有盐卤火井11眼,推卤水牛500多头,年收租谷5000余石,流动资金30余万两。

创新工艺,蜚声西南

胡承钧去世后,由其次子、第四代胡念祖执掌家庭产业。面对日益庞大的家族,他注重家族团结,以堂弟胡树良为左膀右臂,齐心协力扩大产业。胡做事公私分明,勤勉兴业。他曾总结道:"无我则百事不张,无弟则家脉不长"。

胡念祖极为重视创新工艺,改进生产技术。他首先在井口设红炉,亲自与工匠制作改良凿井工具;其次改进制盐方法,将黑卤80％、黄卤20％混合入煎,待锅熬干后再配卤水重新下锅煎至成盐,使盐品质量大幅提升。专供胡氏自己的"福监怡"运销至湖广,颇受欢迎,人称"怡字盐";第三,胡高度重视建立和完善经营管理制度,以"慎怡堂"总摄胡氏全部产业,下设家务管理和生产经营两套机构,各设管事、账房,并设管理企业的总柜房,主事者称总掌柜。规定所属各企业单位,于每日早晨将前一日生产有关情况填单两份,分送"慎怡堂"和总柜房。每月初一、十五两日,由总管事带领各部门司职向"慎怡堂"汇报生产情况,商议解决急难问题。第四,以田产分散风险。经营井盐业存在较高风险,有不少人历经一二十年的钻凿也没有成功一井,以致倾家荡产。"胡慎怡堂"从盐业获利后,一方面扩大再生产,另一方面广置田地,雇农开垦种植,收取地租收益。

经过四代人的苦心经营,胡氏家族拥有盐业工人上千人,役牛600余头,骡马100余匹,年盈利白银12万两。庄佃户170余家,年收租谷7800余石,一跃为自贡首富。至清光绪、宣统年间,胡慎怡堂达到极盛时期,出资为胡氏兄弟子侄纳款捐官,胡氏家族中十余人捐得品位,可谓冠盖云集。

五、华之鸿：贵州第一富

贵州贵阳曾流行一句谚语："唐家顶子，高家谷子，华家银子。"谚语中的"华家"，即以华之鸿为核心的子孙三代开创的商业帝国。华氏原籍江西临川，清康熙末年迁居遵义团溪，行医两代中辍，后嗣以贩盐为业。华家先后创办"永隆裕"盐号、成义烧房、文通书局、永丰抄纸厂等，为赣商中最有影响力的企业。

首创"永隆裕"盐号

华氏家族到了华联辉这辈，事业开始兴旺。1862年，华联辉创办"永隆裕"盐号，主要经营盐业，十余年积累资产数万元，为华氏家族企业第一代开创者。1877年，四川总督丁宝桢有感于川盐运销的弊病，改变川盐奸商暴利，决定改革盐政，特聘举人华联辉为四川盐法道总文案。华氏推行"官运商销"新盐法。不数年"商无私估，官无外取，引无留滞，课无责捕，利归公家，而市无腾踊之患"，四川库收入岁增百余万两，充分显示出了华联辉治世之才。在四川此举令华联辉声名鹊起，为华氏家族的兴起奠定了基础。

华联辉之弟华国英中举后，长期任四川官盐局总办。华氏兄弟先后经办盐务，控制川盐运销。在永岸开设"永昌公"盐号，在贵阳开设"永发样"盐号。贵州缺盐，有"斤盐斗米"之说，华氏获利颇丰，一跃而为贵州第一巨富。

开设"成义烧房"

华联辉创办酿造茅台酒的"成义烧房"时，正值1854年贵州黄、白号军武装起义,此次战争遍及全省,延时十多年,茅台镇成为激烈争夺的战场,房屋基本被毁,茅台酒的生产也被迫中断。华联辉为让祖母彭氏重新喝上茅台酒,买下被夷为平地的酿酒作坊,找到旧时的酒师,使中断多年的茅台酒重新恢复生产。最初酿造的酒,只供家庭饮用,或款待亲友,或馈赠相好。数年之后,亲友们对茅台酒称赞不已,纷纷要求作价求购。求酒者接踵而至,善于捕捉商机、具有敏锐商业头脑的华联辉立马决定将酒房扩建,正式对外营业,外界称之为"华茅"。1890 年,四川总督刘秉璋携带华联辉生产的茅酒向清政府进贡,慈禧太后与光绪皇帝大加赞赏。

1885 年,华联辉去世。儿子华之鸿辞官归贵阳,继承家业经理盐号,营业点遍及黔北、黔西北及贵阳。光绪末年,华之鸿在经商之外,出资办学、办报,出任贵州商会会长及宪政咨议局议绅,与唐尔镛、任可澄等组织贵州宪政预备会,以宪政派代表人物参政,任财政部副部长兼官钱局总办。贵州都督府成立后,先后出任财政司长兼官钱局总理、贵州银行总理兼任都督府参赞等职。直到 1917 年,华之鸿见时局动荡不安,乃辞官专心经营工商业。

华之鸿以实业为务,除经理盐号和主持官钱局、银行而外,着力经营成义酒房,成品酒在茅台、遵义、贵阳等地销售。华之鸿接办后,精益求精,酒香味醇,在 1915 年的巴拿马万国博览会上,茅台酒荣获金奖。由此茅台酒声誉鹊起,达官贵人、过往客商莫不竞相争购,成为宴席和馈赠之珍品。

创办文通书局

在清末民初,云贵一地因为教育落后,识字率仅为百分之六七,远落后于全国水平,而贵州又逊于云南。华之鸿意识到启迪黔人、兴办教育"端赖书籍传播新知识","以促进贵州学术,提高西南文化"的重要性,创办贵阳文通书局,取"文以载道,通达心灵"之意,以传贵州文化传播。

1898 年,华之鸿特聘遵义官书局田庆霖赴日本东京,采购全套铅印设备,辗转一年始运抵贵阳。两年后,文通书局正式开张营业。后来,华之鸿又派田庆霖赴日采购石印设备,聘请日本技工三人来局教授。书局拥有近百名职工,成为贵州首家且规模最大的书局。

设局之初,见纸张多为舶来品,价格昂贵,华之鸿决定建立手工造纸厂,研制"西山纸",年产 3 万多张。接着在黔西天灵寺设厂,产出"天灵纸"。数年后,华之鸿再筹 60 万两银元,第三次请田庆霖率队三渡日本,购买造纸机器,聘请五名日本造纸技师。1919 年永丰机器造纸厂正式开工,生产出质量优良的"超贡""超光""庆霖""混同"等各种纸张。

华之鸿还在贵阳城西狮子山购买土地创办"自办农场",种植果树、药材,并设苗圃,进行农作物试验。

华之鸿作为富商大贾,热心于桑梓的文化教育事业,在贵阳创办省公立中学堂、优级师范选科学堂、宪群政法学堂,在遵义创办团溪两等小学堂、遵义中学和息烽文昌阁小学等。

重建成义烧房和文通书局

由于贵州连年军阀混战,实业多不景气,华家祖传的盐号也日益衰败。1930 年文通书局不幸惨遭火灾,破灭了华之鸿"振兴实业,以济民生"之抱负,他深感前途暗淡,于是皈依佛门,次年因病不治去世。去世前,华之鸿将书局、纸厂、农场、盐号交由其子、第三代华问渠接管。

华问渠早年就读于贵州宪群法政专科学校,毕业后协助父亲经营实业。在他的擘画下,茅台酒厂、文通书局和纸厂焕发新生,并增开大成煤矿。

全面抗战爆发后,贵阳成为西南公路交通枢纽,一时誉为"东方的日内瓦",社会对茅台酒的需求急剧增加。1944 年成义酒坊又不幸失火,被烧去大半。华问渠决定筹款修复扩建,设计年产 10 万斤。

由于上海商务印书馆遭日寇炸毁,上海各出版机构纷纷迁往西南,又因印刷厂不获同迁,出版事业呈停顿状态。华问渠以振兴战时文化、服务桑梓为己任,变卖部分祖产,扩大文通书局,同时在昆明、重庆、成都、长沙、上海、广州等地设立分局。书局编辑出版各大学教授名著,民众读物,各种字典、辞书、中小学教科书,以及数理化史地、建筑、铁道等书,对抗战文化教育事业做出主要贡献,跻身中国近代七大书局之一。

　　华问渠将永丰造纸厂更名位西南造纸厂,与四川中元造纸厂、大东书局合作,改组为"贵州元造纸股份有限公司",扩大资本,改进技术,年产"黔元纸"及白报纸一千多令,除销售本省而外,还远销桂、湘和滇等地。抗战期间,贵阳人口剧增,工业生产需求扩大,各方急需用煤,华问渠投资 6300 万在贵阳建立大成煤矿公司,开采林东等地煤矿,月产原煤七八百吨,满足地方需求。

六、汤子敬：重庆的"汤半城"

在西南近代人物中，能称得上"西南首富"名号的并不多。晚清民国时期，重庆有位从江西而来的十四岁孩童，从布店做学徒开始，脚踏实地，一步一步拓展自己的商业帝国，最终成为了地方金融巨子，人称"汤半城"。

他就是中国近代金融家汤子敬。

从布店学徒到"汤十号"

汤子敬（1860—1943），临川人。汤子敬出生时，正遭遇太平军与清军在临川十余年的拉锯战，原本富庶的汤家，在这场兵祸中，家财一贫如洗。

汤子敬 14 岁那年，父亲汤汉高让他随叔父汤韵高赴外地谋生。他怀揣 600 钱盘缠，挟着一把雨伞和一双布鞋赴重庆谋生。同乡谢亿堂见他伶俐勤快，便留他在自己"谢亿泰"布店做学徒。汤以人品忠厚、有经营才能深得谢的喜爱，先后任布店管账、办内事、跑街，逐渐掌握了经商秘诀，成为谢的重要助手，谢便招他为女婿。

19 世纪 90 年代，重庆余栋臣反洋教起义威震川东，商户们纷纷将布匹、货物降价抛售。但汤子敬却认为"要得富，险中做"，他决定大量低价收购布匹和货物，同时将"谢亿泰"在上海所进的货全部运至重庆。这时市面上布匹奇缺，又正值清政府练勇急需赶制大批军衣，一时间布匹供不应求，价格暴涨，"谢亿泰"将囤积的货物和布匹高价抛售，获利颇丰。汤氏在同业中被誉为"有胆有识"。

汤子敬在谢亿泰布店 20 余年,朝夕奔走市廛之中,耳濡目染,创业兴家的思想与日俱增。1899 年,他离开谢亿泰,分得 8 万两银子。在此之前,他曾开办了两个企业,一个是聚福厚商号,专作鸦片买卖;另一个是同生福钱庄。因商号有钱庄为后盾,生意越做越大。同生福钱庄亦成为中国最早的钱庄。

至 1909 年,汤子敬在重庆已拥有源长钱庄、正大昌钱庄、聚福厚布店、大昌祥盐号、聚福长山货号,协太原朱丹粉作坊及永美厚银行等 10 家企业,时人誉其为"汤十号"。

从"汤百万"到"汤半城"

斯时的汤子敬,坐镇同生福钱庄,全面指挥和擘画整个企业的经营活动。他曾利用当时日货大量倾销重庆、价格较低之机,暗中把日货商标换成国货或英货商标,牟取暴利。"一战"爆发后,牛羊皮滞销,产区价格陡跌,他把聚福长山货号转型为聚福洋行,大量收购囤积,大战结束时,一次创利 40 余万元,一跃成为重庆商界的泰斗,时人称其为"汤百万"。

在以后的十余年里,汤子敬以同生福和其他几家钱庄为基础,一面在社会上吸收存款,一面支持汤家各联号从事商业投资活动,经营范围更为扩大。汤氏个人财富占重庆总额的三分之一,匹头、棉纱业务在市场上首屈一指,特别是"裕生厚"成了各联号的轴心。汤氏广购地产房产,他的房产遍布重庆镇,有些街道通连成片,时人又誉其为"汤半城"。他创办的大昌祥盐号,盛极一时,居"重庆四大盐号"之列。由于家产日益庞大,他决定将属下的店号分别交付弟弟汤子善和第二代儿子汤志修等分管。

随着经营的兴旺和业务的日益扩展,汤子敬在重庆建立永美厚银号。1925 年,汤氏雄心勃勃走出重庆向长江下游发展,携带 100 万两现金至下江,在沙市、汉口、上海等地设立分号。他利用银号集中属下企业资金和盈利,通过总账房,使汤氏各类企业互相呼应。汤子敬成为江南首屈一指的金融大亨,名闻遐迩。

出巨资改重庆镇为重庆市

1928年,汤子敬出巨资协助国民革命军第五路军总指挥刘湘将重庆镇改为重庆市。汤氏的这一贡献,在重庆发展史上留下了浓墨重彩的一笔。

1935年,四川政府主席刘湘在重庆摊派发行善后债券。民众普遍认为这个债券最终会打水漂,纷纷低价抛出。汤子敬再次表现出他超人的市场判断力,他不但没有抛出债券,还以一折的超低价格大量吃进。等局势好转后,再以四五折价格抛出,一进一出,获利巨大。次年,汤子敬与四川袍哥范绍增联合创办四川商业银行,由汤出任总经理。汤为独揽重庆铜元局,与四川实业家刘航深成立川康殖业银行,由其子汤壹峤出任经理,并将四川商业银行并入川康殖业银行。川康殖业银行在汤子敬的打理下,成为西南地区重要的经济支柱。

抗战爆发后,通货膨胀,国民政府法币大幅贬值,汤子敬的同生福钱庄,因受法币贬值的影响,亏损严重。汤氏只得将同生福钱庄牌照转手他人。1942年,汤子敬将全部商号授权给子女们管理,闭门谢客,次年9月病逝。

七、周扶九：民初中国首富

周扶九（1831—1920），吉安人。近代扬州最大盐商、金融家、实业家，中华民国初年中国首富。

传奇的第一桶金

"一个包袱一把伞，跑到湖南当老板"，周扶九的早期经商起点，颇具赣商的特质。

周扶九4岁丧父，仅读了几年私塾，在他16岁那年，持母亲给的200文铜钱，由伯父举荐在到湖南湘潭同乡开的一家绸布号做学徒。绸布号除做绸布生意外，还兼营存款和汇兑业务。汇兑业务的服务对象是沿长江各码头的盐商大贾。

周扶九身材高大，精明能干，勤俭朴实，记忆力惊人，甚得店主信任。学徒满后，即被派往对外联系业务、跑采购、催账收款，由此结识了不少商业经纪人，成为绸布号对外联络的金牌业务员。

周扶九善抓机遇，拓展自己的事业。

斯时太平天国运动爆发，店主恐于战乱，便指令周扶九赴扬州收账。有家木行因一时交兑不出数万两现银要求缓期，并以实情相告，原来木行认领了一批"盐票"。彼时食盐经营实行"票法"，一张盐票可运销食盐400至1000斤。因此，盐票就是财富，是硬通货。但战事起后，盐票身价大跌，周扶九收债款时抵押的25张盐票身价一跌再跌，几成一叠废纸。返回湘潭后，店主随即对周扶九收来抵债的盐票不予认账，并以扣除周的薪水来抵偿损失。无奈之下，周扶九只好打道回府，在老家吉安摆摊维持生计。

太平天国运动结束后,清政府整顿淮南盐务,重新拟订盐票制度。即清政府继续启用"盐票",招商领票,凭票运盐。"盐票"价值重现,一张盐票可值 500 两银子。持有"盐票"的人,如果自己不运,也可将盐票转租给别人运盐,坐收丰厚的票租。此时正在扬州经商的周扶九闻之欣喜若狂,他凭手中的"盐票",跻身扬州盐商。经过一番打拼,很快成为扬州八大垣商中的一员,拥有家资万千。

扬州最大盐商

周扶九迁往扬州后,抓住了时代的每一次变化机会。他既经营盐的运销,又从事盐的产收,其盐店、盐垣分布通、泰各场。泰属草堰场全部为商垣,由大小 37 家垣商控制着 1035 副煎盐垣灶。周扶九的商业天赋可谓无师自通,在盐业产业链上下游通吃,加上金融扶持,获利极丰。短短几十年,一个外来户就成为大鳄云集的扬州巨富。

清光绪末年,盐业开始衰败后,周扶九及时转移经营方向,开垦盐田,种植棉花,规模达几百万亩,极大推进了苏北地区的植棉事业的发展。

在不到 20 年的时间里,周扶九在赣、湘、鄂开办系列的盐号、钱庄和各类公司。在湖南开有湖南湘潭裕通源钱号、常德裕孚钱号、裕通和盐号和长沙裕恒益钱号,在湖北开有汉口裕厚德、裕茂隆钱号等。

他尤其热爱故乡,在江西吉安开设有安裕长厚钱号、裕道钱号、天益当铺,南昌裕厚昌钱号、裕康盐号、裕厚隆纱号,赣州裕盛隆钱号、七海裕大钱号、江裕丰厚钱号,以及捷安轮船公司、德丰米厂等实业公司、吉安凌云工艺厂。与江西省长陶家瑶合股投资南浔铁路,以及投资汉口水电公司。1919 年与陶家瑶、张勋家族联合创办江西第一家纺织厂——九江久兴纱厂,聘请赣籍纺织工程师朱仙舫主持工厂的设计和技术,设备采用当时先进的美国沙可洛威尔厂制造的纺机,生产规模 2 万钞锭。

除此之外,周扶九还在苏沪等地共同投资创办医院、系列银行、盐垦公司、实业公司等,分别如下:

（一）创办医院。1908年与朱葆三等发起成立沪北广益中医院。

（二）创办银行。1910年1月担任淮海实业银行董事,资本定额500万元,总部设于南通。1912年7月当选为浙江兴业银行董事。1918年2月与张謇兄弟等资在南通设立大同钱庄。1919年担任金城银行和上海银行董事。

（三）创办盐垦公司。1916年与张謇投资113万余元成立大纲盐垦公司;1918年与刘梯青等发起成立大丰盐垦公司,个人投资53万元,占公司总股份的四分之一以上,公司占地112万亩。后扩股增资达572万元。至1937年,年产棉花11万担左右。大丰盐垦公司面积之大,建设之完美,有"盐垦各公司之冠"的美誉,冠甲两淮,全国第一;1920年张謇兄弟大赉公司属下大生一、二厂资金链断裂,张氏拟出卖土地救急,周主动为张氏纾困,接收大赉9000亩土地自办周家仓。

（四）创办纱厂。与张謇合资创办了当时中国最大的南通纱厂;1917年与徐静仁投资100万两创办上海溥益纱厂,产品远销南洋、印度。

（五）创办钢铁厂和水泥厂。1918年12月与张謇等创办大陆制铁公司。1921年2月投资上海水泥公司并担任监察人。

上海地皮大王与黄金巨子

辛亥革命前后,周扶九审时度势,逐渐把事业重心从扬州转到上海。他由传统的盐业生意转型为上海滩初现端倪的地产业。周扶九在其他商人尚不看好的情况下,斥巨资收购"虹庙"周围的大量地皮,上海房地产市场日趋火热,南京路一带迅速繁荣,地皮价格暴涨,收进房地租极多。周扶九仅地产业务,已与英籍犹太人哈同、安徽茶商程霖生同被称为上海的"地皮大王"。与此同时,周扶九在汉口、南昌、九江、吉安等地购置大量房产。汉口、吉安市有几条街上的房产为周扶九所建和持有。

在大量投资地产之时,周扶九还看中了风险与利润巨大的黄金买卖,跻身于上海金融市场。"一战"期间,北洋政府对德宣战,风波迭起,金价大跌,众多商人大抛黄金,周扶九反其道之,调动大批资金,大批买进。"一战"结束后,金价猛涨三四倍,周扶九又大发横财。彼时,周扶九在上海金融市场上，俨然成为上海滩黄金巨子。而恃富狂言要操纵上海黄金市场的程霖生，却栽倒在黄金交易而破产。他曾感慨道"早知黄金买卖的钱这样好赚，什么生意都不要做了"。

周扶九自盐业起家，历经几十年，跨越多个行业，始终不败，终成一代巨富，其个人财富一度飙升到 5000 万两白银，被后人视为赣商在没落时崛起的典型代表人物，堪称赣商在清末民初最大的传奇，为中华民国初期的中国首富。

周扶九拥有巨额财富，但个人相当节俭。然而，最值得人称道的是他的家国情怀和桑梓情愫，他不再是那种"在商言商"的商人，他具有极强的社会责任感。（一）资助孙中山先生的伟大共和事业。民国元年，南京中华民国成立时，因财政困难，黄兴发起"国民捐助运动"，周扶九慷慨捐助 20 万两白银，支持孙中山、黄兴领导的革命事业。（二）1913年，捐助北伐军第二军军饷 1 万银元。（三）1912 年 5 月，慨然认捐江西公债局 50 万两。（四）资助中国文化事业，担任中华书局董事。（五）资助家乡。在家乡吉安不光扶贫，通过全国商号，出了一方乡民走出穷乡僻壤，实现共同富裕。

周扶九有赣人天生的低调，像他这样一位财富与富可敌国的"红顶商人"胡雪岩相当的赣商巨子，却罕为人知。

1921 年 12 月 29 日，周扶九在上海逝世。当好友张謇得知他辞世的消息，悲从中来，连夜作挽联，以示哀悼：

> 士患无命，患不勤，观老成少年在贫如客，足用示求富躁妄者训
>
> 公虽未学，虽过俭，企货殖列传以廉为贾，要自有平生节概可书

这幅挽联，是共事老友张謇对周扶九一生最好的纪念和概括。上联概述"少年老成"周扶九是值得彼时青年学习和效法的榜样；下联提醒世人周氏绝非"过俭"的一般商人，他是这个时代有志节有度量的企业家，一生创业"节概可书"。

八、王伯群:投资创办大夏大学

王伯群(1885—1944),原籍江西,贵州兴义人。民主革命先驱、教育家和金融实业家。一生跨越"革命救国"、"交通救国"和"教育救国"三大领域。在此略述其投资商业和在上海创办被誉为"东方哥伦比亚大学"的大夏大学(今华东师范大学前身)之历程。

投资实业和金融

王伯群1905年留学日本,结识孙中山,加入同盟会。辛亥革命爆发后,受章太炎之邀返国加入中华民国联合会,参与制定《中华民国约法》,当选为北京政治会议委员。1915年策划组织护国运动,被誉为"民主共和"功臣。历任贵州都督府总参赞,黔军总司令部秘书长,黔中道尹等职。1918年加入孙中山领导的护法运动,参与南北和议,历任广州军政府交通部长、总统府参议、贵州省长。1926年参加北伐战争,任国民革命军东路总指挥部总参议。

1927年国民政府南京建都后,历任国民党中央执委、中央政治会议委员、国民政府委员(常务)、交通部部长兼招商局监督。在此期间,先后出任江江苏财政委员,国民政府财政监理委员会委员,国民政府预算委员会委员,国民政府内外债整理委员会委员,中国航空公司、欧亚航空公司董事长,全国经济委员会委员,国民政府交通委员会主任,以及行政院驻北平政务整理委员会委员,国民经济建设运动委员会总会委员等要职。

王伯群主要投资领域包括实业和贸易企业、银行、股票、报纸、商业地产等。

投资实业。投资实业和贸易贯穿着王伯群的一生。1917年担任贵州黔中道尹时创办群益社，主办全省矿务，发展社员达9000多人。1918年创办贵州裕黔公司，从事茶丝、开发铜仁矿产等。1933年与刘书蕃、美国普林公司合作成立中美火油公司，筹建厂房，专司火油贸易。1942年担任贵州永岸和仁岸盐号董事长，实现"黔盐应由黔人办"，贵州四个盐岸，控制两个。次年统筹成立仁边销区官盐委托运销总处，决定资本增至1亿元。

成立银行和投资股票。王伯群治理财政素有经验，1916年协助贵州省长刘显世治理财政和解决军饷危机。1917年发行裕黔公司钱票。1923年与吴宗濂、蒋尊簋等发起成立额定500万元的上海岭南银行。1929年当选为浙实银行董事。购买上海银行、国华银行、祥新面粉厂等股票。1942年先后入股建国银行担任董事和担任聚康银行董事长，次年增资到4000万。两年后，该行在安顺、梧州、长沙等地设立分行。

投资房地产。王伯群在上海、南京、贵阳和杭州建设和购买大量地产，共计25栋：1918年建设贵阳护国路别墅、水市口碾房和正义路70号房产各一幢；1920年投资建设上海泰兴路56号弄华严里16幢；1923年投资建设杭州孤山后路一号洋房1幢；1929年投资建设愚园路1136弄31号别墅1幢；1935年南京普陀路8号花园洋房1幢、平房1幢，青岛路青岛新村37号别墅1幢。

投资《时事新报》《晶报》等报业。王伯群是个老报人，1912年担任章太炎主编的《大共和日报》编辑、经理凡三年。1931年入股《时事新报》担任副董事长。次年投资入股《晶报》。

王伯群在系列的投资中，个人财富达200余万元，被时人誉为"儒商"。

投资创办私立大夏大学

作为卓越投资家和著名教育家，王伯群投资创办私立大夏大学是他一生最值得称道的大事业。

1924年5月，福建厦门大学爆发学潮，任教于该校的欧元怀、王毓祥等教授,应330余失学青年要求,决定北赴上海筹办新校。他们寻求王伯群资助,王氏认为国家根本端赖教育,决定竭力赞助、慷慨捐资创办大夏大学,担任董事长和校长达20年。

在王伯群的执掌下,大夏拥有沪校、黔校、并短暂开设香港分校,同时开办上海大夏附中、贵阳附中、南宁附中和重庆附中,共培养了2万余学生,为国家和社会发展作出了极大的贡献,被誉为"东方哥伦比亚大学"。

组织大夏校址多迁。王伯群既是大夏的创建者,也是大夏的坚定擘划者和精神引领者。自大夏创办至1951年与光华大学等合并组成华东师范大学,在27年的办学历程中,大夏校址历经小三迁和大三迁,共计六迁。如此播迁,既是不断挣扎和求生存的过程,也是不断壮大扩容之过程。

大夏挂牌成立后,先租小沙渡路办学,次年在胶州路新建校舍,注册学生700余人,教授70余人。1929年3月王伯群自拆巨资,且多方劝募共计40万元,在上海中山北路购地300亩建设新校舍。新校舍规模宏大,风景美丽,遂使大夏大学一跃而为沪上巨校之一。1837年八一三淞沪抗战爆发,王伯群以教育为国家命脉所系,不欲因战事影响而中缀。大夏先迁庐山,后迁贵阳,再迁赤水。在贵州办学期间,王伯群率领全校师生力克困难,在极短时间内,建设新校园。他从贵州政府和当地商界大佬处筹到贵阳花溪公地2000余亩辟为新校区。如此大面积的校区,在抗战后方的大学中,可谓一枝独秀。直到1946年10月,播迁九载的大夏才重新回到了上海。

组织董事会,确保校政稳定。1924年7月,王伯群利用其强大的政商朋友圈,发起组织大夏校董会。校董有吴稚晖、汪精卫、叶楚伧、邵力子、张君劢、马君武等12人。10月,主持召开校董会成立大会,被公推为董事长。为获得银行贷款的便利,他邀请了一批银行家、实业家和媒体负责人,如张嘉璈(中国银行行长)、钱永铭(四行储蓄会主任、交通银行董事长)、胡孟嘉(交通银行总经理)、陈光甫(上海商业储蓄银行总经理)、王一亭(信诚银行董事长)、徐新六(浙江银行总经理)、徐寄顾(浙江银行董事长)、王志莘(新华银行总经理)、虞洽卿(上海总商会会长)、荣宗敬(实业家)、杜月笙(上海闻人)、吴蕴斋(实业家)、黄溯初(实业家)、赵晋卿(上海总商会执委会主席委员)、张竹平(《时事新报》等四报总经理)等加入校董会。

为保证大夏稳步发展,他又聘请一些地位高、资格老的党政军高级官员担任校董,借以壮大声势,如孙科(立法院长)、居正(司法院长)、吴铁城(上海市长)、杨永泰(湖北省主席)、许世英(原中华民国国务总理)、孔祥熙(财政部长)、何应钦(军政部长)、王正廷(外交部长)、黄绍竑(内政部长)、梁寒操(国民党宣传部长)等为校董。这些校董凭借他们的煊赫地位及在军政两界的影响力,为大夏在筹资、申请政府办学经费和处理危机等方面起了至关作用。

捐资筹款,确保办学经费。私人创办大学非一件简单之事,财力人力物力都要颇费周章。王伯群超强的经营管理和筹资理财才能,为大夏度过了一个又一个难关。在大学治理中,他本着教育家与人为善、以人为德的精神,一方面自掏腰包,捐资办学;一方面向教育部争取资助,向军政首长、各方财阀和地方闻人劝善捐资,用他们的财力办利国利民之事业。

王伯群对学校不惜花费巨资,唯有自奉极为节俭。1930年,经他多方劝募并自捐巨资,大夏在上海中山路建成固定校舍和一批教室、宿舍、相关实验室、图书馆、大礼堂。到1932年底,王伯群个人捐款24万元,经他募捐得款5万元;占地近70亩的丽娃河是他从"面粉大王"荣宗敬手中募捐来的。杜月笙、何应钦、卢作孚、杨虎城、刘文辉,以及军界、政界、银行界、南洋华侨的重要人物均是他募集对象,在20年间,何应钦一人先后捐款40余万元。

抗战期间,大夏迁址贵阳后,为保证办学经费,王伯群在贵州积极筹办实业,发起组建聚康银行、聚康公司、利民公司和永仁两岸川盐运销处等。王伯群为大夏经费来源呕心沥血,1944年5月在赴重庆出席会议期间,利用个人影响力,召集金融巨子,一次募集款项达100万。此笔募捐,为大夏解决燃眉之急。

延揽名师。王伯群善用贤能的干部和延揽高明的中外师资,是他办学成功的主要秘诀之一。王伯群对于校务,全赖几位忠心耿耿同仁的支持:副校长欧元怀、大学秘书兼校务发展委员会主席王毓祥、教务处主任兼教务委员会主席鲁继曾、总务主任兼事务委员会主席吴浩然、招生及入学审查部主任蓝春池。以及黔校教务长王裕凯、总务长马宗荣,大夏中学主任孙亢曾等。

王伯群广延聘诸教授中,有在校时即是极为优异的教授的,更多的后来在学术上成大师的,在社会上成大名的,如马君武、刘湛恩、夏元瓅、吴泽霖、郭沫若、邵力子、田汉、谢六逸、何炳松、戴望舒、翦伯赞等等。教授和课程的高水准,才培育出众多事业有成、闻名于社会各行各业的栋梁之才,譬如熊映楚、吴亮平、杜星垣、陈旭麓、戈宝权、陈伯吹、王元化等。据统计,大夏大学在二十七年间,培养 2 万多学生,仅院士和学部委员,大夏就出了周扬、刘思职、胡和生等 15 人。

王伯群除创办大夏,并担任董事长和校长外,还执掌过交通大学校长和上海吴淞商船专科学校校长。王伯群伟大之处在于舍己为人、公而忘私,虽深居陋巷,不改其乐。一切为公为国,为他人着想,坚守理性忠恕之道。朱熹云:"尽己之忠,推己及人之谓恕。"遵行忠恕圣道者,王伯群是近代贤人之一。大夏第三任校长欧元怀曾评价王伯群是"牺牲自我,功成不居"。

应该再也没有比这评价更为恰当的了。

九、样式雷：半部中国建筑史

在中国建筑史学界流传着"一家样式雷，半部建筑史"的谚语。

谚语中的"样式雷"是指永修县的雷姓家族，也是对清代主持皇家建筑设计的雷氏家族的誉称。

雷氏家族作为清初移民北京的手工业者，被招募到皇宫。从康熙时雷发达修葺太和宫到1914年雷献彩完成光绪崇陵的设计止，260余年间，八代"样式雷"几乎不间断地执掌样式房，主持设计并建造宫殿、园苑、坛庙、陵寝、行宫等大量皇家建筑

"样式雷"主要作品包括：（一）故宫、圆明园、万春园、景山、天坛、清东陵、清西陵等宫殿；（二）京城大量的衙署、王府、私宅以及御道、河堤等；（三）颐和园、承德避暑山庄、杭州的行宫等著名皇家建筑。这些作品，在中国的皇宫建筑史上留下了浓墨重彩的一页。

在样式雷系列作品中，明清皇陵、天坛、颐和园、故宫、承德避暑山庄等五处入选世界文化遗产，样式雷图档入选《世界记忆遗产名录》，充分彰显样式雷的建筑历史地位和国际影响力。

第一代样式雷——雷发达

雷发达是公认的"样式雷"家族的创始人。他家学渊源，祖父、父亲均是当地有名的木工，从小练就了一身过硬的手艺。公元1683年，雷发达和堂弟雷发宣应募来到北京，参加皇宫的修建工程。彼时康熙帝正在重修太和殿，雷发达以其卓越的专业技术，为皇家宫殿工程贡献了技艺，得到康熙帝的赏赐，并获赠官职。

第二代样式雷——雷金玉

雷金玉为样式雷的第二代传人,使样式雷声名鹊起。

雷金玉继承父业在营造所供职。康熙帝决定在清华园旧址修建畅春园,作为"宁神怡性之所"。雷金玉被召进建园工匠队伍。在为畅春园正殿九经三事殿上梁的建筑施工中,因技术超群而立了大功,被康熙帝亲自召见,赏七品官衔。自此,雷金玉艺名誉满京城。

雍正帝继位后,指令大规模扩建圆明园。雷金玉应召充任圆明园样式房掌案,带领样式房的工匠设计和制作殿台楼阁和园庭的画样、烫样,指导施工,对圆明园的设计和建设工程贡献良多。

第三代样式雷——雷声

雷声澂为雷金玉的幼子,成长于乾隆盛世。斯时京城西郊的皇家园林"三山五园"正大兴土木,他在设计建设中甚有作为。

第四代样式雷——雷家玺

雷家玺为雷声澂之次子。他与长兄雷家玮、三弟雷家瑞均在样式房任职,形成第四代样式雷的强大阵容。

乾隆帝相继修建皇宫别苑、京西海淀的皇家园林"三山五园"和承德避暑山庄。这为雷家玺三兄弟施展其绝世才华提供了广阔的空间,样式雷又深得皇家信赖。

乾隆帝很重视宁寿宫花园的修建,雷家玺作为样式房掌案头领,对花园进行整体规划设计。他还承担部分修建万寿山清漪园、玉泉山静明园和香山静宜园的工程,承办宫中年例灯彩、西厂烟火,承值圆明园东路工程及同乐园演剧之切末、整山、珠灯和屉画等。

设计承办帝陵寝之昌陵工程,是样式雷建筑业务的一项新发展。此后,雷家玺主持的乾隆八旬万寿庆典自圆明园至皇宫沿路点景的设计工作。也亦是举世罕见的特殊工程,仅御道点景的制作和布置,即耗银达114万余两。

第五代样式雷——雷景修

雷景修为雷家玺第三子。从 16 岁开始,他便随为样式房掌案的父亲在圆明园样式房学习世传差务,全面继承了样式雷的建筑技艺。他执掌承德避暑山庄设计建设,被晋封为通奉大夫,二品封典。雷景修还是一位理财高手,家资富厚,近百万两之巨。

第六代样式雷——雷思起

雷思起为雷景修的第三子。他顺利承继祖业,执掌清内务府样式房掌案名目。彼时样式房烫画样人共有 16 人,其中雷家就占了 5 人,样式雷世家达到了兴旺发达的高峰。在其祖父雷家玺设计嘉庆帝的昌陵后,雷思起接续主持设计咸丰帝在清东陵的陵寝——定陵的重要任务。

雷思起因建陵有功,以监生钦赏盐场大使,为五品职衔。其后,随慈安、慈禧两太后勘察万年吉地。同治帝为迎接慈禧太后四十寿辰,决定重修圆明园。雷思起献上全盛时期的《圆明园、绮春园、长春园全图》,圆明园重修工程于 1874 年正月开工。两年后,雷思起在设计修建定东陵的过程中,因劳瘁不幸去世。定东陵的工程由其子继续完成。

第七代样式雷——雷廷昌

雷廷昌为雷思起的长子。他先后随父参加皇陵和圆明园等多处修建工程。其后,主持重建天坛祈年殿、同治帝的惠陵,以及修建皇宫三海和慈禧万寿庆典等诸多工程建设,被赐为二品官。雷廷昌样式房的工程,主要是设计和修建帝后妃的陵寝,踏勘、选定和设计慈安太后陵和慈禧太后陵,修建成明清两代后陵中最为尊贵豪华的陵墓;参与选址并设计修建光绪帝的崇陵,绘制《金龙峪金星宝盖图》。1907 年雷廷昌去世,次年光绪帝驾崩。

第八代"样式雷"——雷献彩

雷献彩参与颐和园、圆明园、摄政王府、北京正阳门等工程建造工作。后因清朝式微,无力投建大工程,尤其是清代灭亡后不久,清廷的工部和内务府随之消亡,雷献彩郁郁而终,"样式雷"家族随之没落。

"样式雷"家族倾注毕生智慧和汗水,创造了世界文化遗产的家族之最,为中华民族建筑文化做出了巨大贡献。

十、王兹华:台湾拆船大王

王兹华(1925—2008),临川人。台湾工商界知名人士,著名企业家。被世界拆船界誉为"拆船大王"。

创办启顺华钢铁公司

1924 年,王兹华诞生于临川的世代书香门第。他天资聪睿而好学自强,13 岁那年便赴外地求学,考取南昌一中。初中毕业时风云变幻,素有抱负的王兹华毅然投笔从戎,考取了成都中央炮兵学校。他能吃苦勤奋,21 岁时便跃升管长。两年后转调海军中校科长。这一转折,为他往后的五金钢铁、拆船事业创造了条件。

1949 年国共鼎革之际,王兹华随军南下赴台。两年后,他决定弃戎从商。

王兹华背井离乡,白手起家,为表达思乡之情,他在台北首创的五金铺借用祖父的名字取名为"启顺华"店号。忠孝之人,善有善报,得道多助,"启顺华"发展顺利,在小有积累和朋友资助的同时,王兹华胆识过人,慧眼独具,一口气买下了三艘旧油轮,转眼间,这三艘船给他带来了巨额利润。

王兹华凭着刻苦钻研精神和对船舶的丰富知识,他的拆船工夫颇为神奇。凡买进的旧油轮,传说只要经他一看,便知道修船的制造厂、船龄、性能、结构、甲板的厚度、可拆下的钢铁重量、可获利多少。他风趣地说:"我拆船就像屠夫杀猪,屠夫一看,就知道有多少精肉、肥肉和骨头。我一看船就知道这船可拆出多少吨铁和油水,像庖丁解牛熟能生巧。"

为扩大业务,王兹华在高雄成立启顺华钢铁公司,同时在香港和美国等地设立分公司,专门从事沉船打捞、船舶解体等炼钢生意。

其实,拆船岂止是杀猪解牛那么简单,这不仅需要有丰富的专业知识,还要具备良好的人际关系。而良好的人缘关系,是要靠高尚的商业道德、慈悲为怀的礼贤下属,才能赢取信誉,才能拥有一批甘苦与共的智士能人。由于王兹华为人特殊,商业伙伴都愿意跟他合作。曾因每年创拆船 40 万顿记录的王兹华,被世界拆船界誉为"拆船大王",成为当时台湾十大富豪之一。

热心社会公益事业

王兹华深切体会到在当今时代,知识就是力量,知识才是推动社会和事业发展的助力。

王兹华学无止境,求索进取,在他 56 岁高龄获得美国林肯大学理学士学位。同时他极其重视教育,一是出资培训员工,甚至助其员工子女解决读书、留学之困难。二是在台湾中山大学设立奖学金,资助后学。三是慷慨地在家乡临川重建两所中学和小学,设立"王兹华奖学金",每年奖励那些考取大专、大学和重点大学的优秀学子。

王兹华成功后,并没有沾沾自喜,也没有忘记朋友和故乡亲友。

他常说的一句话"取之于民,用之于民"。数十年来,他捐出上亿台币。一是捐助"足球协会""残障协会""防癌协会"。二是慨然捐资 300 万元资助江西赴台老兵回乡与亲人团聚。三是捐资数百万元,在家乡修建水利、建电排灌站、编县志和设立救济基金等。

1990 年 5 月,王兹华参加美籍华人陈香梅组织的美国国际合作委员会经济贸易考察团访问大陆,致力发展海峡两岸交往。身兼江西省赴台湾高雄同乡会永久名誉会长的他,每次回到家乡都受到省地县乡各级领导的欢迎和款待。

在王兹华的影响下,香港的女儿王波如夫妇,积极投资国内,帮助家乡建设,并将取之于民所赚的部分资金,慷慨地用之于民。

第五章

赣商的现在：从百人百企看赣商

　　六百年领袖群伦，一百年四顾茫然。

　　晚清以降，由于外敌入侵和军阀混战，赣商曾一度式微和凋敝，承受着现代中国的转型之重。一百余年后，赣商破茧重生，赣商的名字，慢慢在历史的尘埃里被细细重拾，逐渐被世人所谈起和瞩目。

　　在改革开放前，赣商以个体工商户为主的民营企业散落在南昌、九江、赣州等各地，张喜果执掌的余江工艺雕刻厂作为中国首家民营企业，成为赣商发展的星星之火。改革开放后，熊建明、段永平、程维、郭平、温显来、王再兴、彭国禄、徐桂芬、黄代放、李平、李良彬、李希、王文京、钟虹光、李义海、李仙德、于果、黄绍文、傅光明、陈天石、傅盛、肖风、吴世春、彭剑锋等一批赣商，在各个领域异军突起。40余年来，赣商经历了恢复生存、高速发展和高质量发展的三大时期，形成富含个性的产业、经营、管理、文化，以及财富和传承等特征，演绎了一个个创新创业传奇，彰显了赣商的智慧、担当和胆识。

一、当今赣商综述

在对当今赣商进行综述之前,笔者有必要对明清时期赣商为何由兴转衰进行一番探究,以便明了赣商是历史发展条件下的产物——赣商的衰落,与中国近代社会的演变几乎同步共振。

(一)全球经济视野下赣商之衰败

纵贯中国历史,赣商在明清时期的兴起、兴旺以及衰落的时间曲线,就会发现,赣商与世界经济好而中国经济发展和衰落之间,有着多方面的一致性。

先从世界经济和国际背景进行剖析。

在数百年的过程中,赣商的瓷器、茶、丝等出口商品在经营中占有十分重要的位置。赣商的兴旺时期,尤其是在 16 至 19 世纪初,此时正是瓷器、茶叶等江西商品行销欧洲、日本和美洲大陆的时期。以瓷器的国际市场为例,16 世纪下半叶中国瓷器大规模外销。彼时中国是世界上唯一可以生产瓷器的国家,而赣商是从事景德镇瓷器出口贸易的一支重要力量,景瓷的外销量占全部外销瓷器的一半。至 18 世纪初,瓷器的国际贸易进入鼎盛时期,赣商也进入了鼎盛时期。

赣商的衰落时间,恰是瓷器、茶叶等江西商品在国际贸易中市场份额的下降时期。仍以瓷器为例,就在中国瓷器外海旺销时期的同时,欧洲各国企业在政府的倡导和保护下,开始建立皇家制瓷厂。经过近百年的发展,欧洲的瓷器无论是技术、质量还是设计,基本与中国瓷器相媲美。19世纪初,英国东印度公司彻底停止从中国进口瓷器。在失去欧洲和日本市场后,中国瓷器又相继失去美洲大陆市场和东南亚市场。到19世纪70年代,中国本土市场开始受到西方瓷器的倒灌。从1872年中国开始进口欧洲瓷器到1918年的四十六年间,中国从外国进口的瓷器价值已达120余万两白银。由此,大批手工业者和渠道商因此失业。

接着,从国内经济发展因素考虑,可一窥赣商与国家经济社会衰落几乎同频共振。主要表现在四个方面。

其一,发展意识的自我封闭。

在国内其他地区的近代工业发展如火如荼之际,江西却越发思想保守,因循守旧、故步自封,时人评价说:"江西物产虽富,风气未开","江西官绅,多半但奉行做事",甚至说"江西习俗守旧,愚如土番。"江西直到19世纪末才兴办一些新式的小型工矿企业和轮船公司,譬如萍乡煤矿,不仅规模小,技术手段落后,产量极其有限。在当时最为盛行的采矿业、制造业、电力、煤气、煤炭、轮船、钢铁工业等十大行业中,江西几乎每个行业都比全国先行开办的省份晚10至40年不等。直到全面抗战前的1937年,江西都"谈不上有什么工业"。晚清民国,江西从历史上一个经济富庶、文化昌盛的省份,一步步沦陷为一个经济较为贫困,文化较为落后,阶级和社会矛盾较为激化的中部区域。

关于赣商发展思想之落后,还有"丘陵意识"和"盆地意识"之说。丘陵不高,低调温和、保守谨慎,缺乏锐气,思想境界难于"会当凌绝顶";盆地四周高耸,长期在低洼地生存,坐井观天,小富即安,抱朴守拙,自我矮化。

其二,南中国交通地位的边缘化。

鸦片战争后,中国的大门日益洞开,广州在中外贸易中的地位逐渐下降,曾给予江西巨大惠益的南北商道日渐衰落,赣江沿线市镇"过往商物顿减十分之八九",江西从一个通衢大道和经济中心区域一变而为封闭阻塞的内陆省份。商业通道的衰弊,带来的另外一个副产品就是信息不畅,江西落败为一个信息茧房,传统的经济结构逐渐解体。同时,江西错失了新型铁路的转型期,当清廷拟建设粤汉铁路时,由于江西官员的麻钝,邻居湖南人士上下互动,积极的呼吁铁路移至湘境,最后光绪皇帝"特允南干路不道江西而道湖南,并敕即行开办"。粤汉铁路完美地别过江西,经由湘入粤,江西坐失良机。比起粤汉铁路,纵贯江西的京九线修通却晚了整整100年。

其三,战争导致经济社会全面的破坏。

太平天国战争爆发后,江西成为清军和太平军拉锯式争夺厮杀的战场。10余年的战争,在人口方面,江西人口减少一半。由1851年的2400万人,到1865年太平天国战争结束,锐减为1200万;在经济方面,江西经济百业凋零。湘军和清廷的搜刮,使江西百业凋敝,经济元气大伤。据统计,仅1860年至1864年的4年间,江西共向湘军提供军费3850万两白银,占湘军同期军费的一半。与此同时,清政府在江西等普遍设卡征收厘金,税率之高仍"甲于天下"。据统计,仅从1870及之后,38年,江西每年征收的厘金都在100万两以上,累计征收白银5000万两。厘金直至1931年底才全部撤销。沉重的厘金和其他苛捐杂税,使赣商百货不流,资金枯竭,江西的近代化失去了最基本的资本基础。

在20世纪二三十年代,国民党反动派对江西人民的残酷镇压,使江西经济与社会"无一不处于衰退状态"。米谷、茶叶、夏布、瓷器等一直为江西大宗贸易,民国初年,米谷每年为240万石,到1935年仅有43万石。江西从1929年到1932年,茶叶输出从16万担下降为8万担;瓷器从12.6万担下降为7.1万担,钨砂从8.5万担下降为2400余担;夏布从2万担下降为5680万担,其他如木材、烟草、纺织原料、纺织品和化工品的输出,也均只有1928年的三分之一。江西人口"十室九空,破坏不堪"。随之而来的是三四十年代的抗日战争,江西直接死亡30余万人,人口减少近240万人。江西贡献兵员103万人,粮食5000万石以上。江西作为鱼米之乡,完全被战争拖垮,经济全面崩溃,满目疮痍,可谓民不聊生。

其四,赣商的特点成为自身进步的障碍。

正如费正清所言:"导致中国落后的一个原因,恰恰就是中国的文明在近代以前已经取得的成就本身。"赣商固有丰厚文化积淀形成的思维定式,是它落后时代潮流的更深刻内因。传统赣商在数百年的发展中,形成一套自己的特色。赣商具有从商人数多,其中弃农弃儒经商者多,挟小本收微货;行商区域广泛,经商方式灵活,贾农相结合;经营范围广、多以农产资源贩卖为主等特点。但就是这些长期积淀的特点,在急剧变化的时代下,又往往成为赣商发展的包袱和障碍。

赣商人数虽多,但由于(一)商业角色意识较差,且人员相当分散,竞争意识弱;(二)古代户籍管理严格,大量游食于他省的赣人不得不从事手工业和商业活动,尤其是小商小贩多,难成大商巨贾;(三)贾农结合带来的结果是,赣商的多余资本大都用于社会性投资和生活型投资,如回乡扩建房屋、祠堂、增置族产、建桥修谱等,而对产业性如农副业商品生产或开矿设厂等投资相对过小,使得赣商的商业资本难以富聚并向近代产业资本和金融资本转化。

因此,赣商在近代经济史上很快失去了原有的地位,同时作为同乡会馆的江西会馆随之衰退,会馆周边形成的街区也开始落寞。

(二) 改革开放后赣商跃迁之路

新中国成立以降,江西与其他省市一样,开始进行社会主义革命和建设的可贵探索与实践。

然而,在计划经济的体制下,江西被定为农业省,为全国提供粮食和各类农产品是江西经济的基本目标。在农业经济显著进步的同时,无形中助长了保守的小农经济思想和遏制商品经济和市场活动,禁止商业部门从外省采购,取缔全省集市贸易。在这种社会环境下,赣商萌芽的土壤被铲除。盖由此,几乎是不可能产生赣商。

直到改革开放后,江西的市场经济开始恢复,民营经济逐步苏醒。民营经济是赣商崛起的基础。皮之不存,毛将焉附,没有民营经济,就谈不上赣商。了解民营经济发展历程,是理解赣商崛起的重要窗口。江西的民营经济,是中国民营经济的一个缩影,经历了从小变大、从弱到强、起伏消长、新陈代谢、与时俱进的历史演变发展过程。

江西民营经济发展大致经历三个时期。

第一个时期：恢复发展阶段（1978 至 1996 年的 18 年）

1978 年，国家将经济重心转移到经济建设上来。为解决返城知青和城镇无业居民的就业问题，放开了部分城镇个体经济经营活动。得益于当时宽松的政策环境，江西的个体工商户逐渐恢复，同时一些国有企事业单位职工转变思想，选择下海经商。

1982 年，党的十二大强调：将城乡个体经济作为公有制经济的补充。这个要求实则是从国家政策层面承认民营经济的合法性。由此，江西民营经济取得合法地位并迅速发展起来。1987 年党的十三大明确指出："目前全民所有制以外的其他经济成分，不是发展得太多了，而是还很不够。对于城乡合作经济、个体经济和私营经济，都要继续鼓励它们发展"，翌年，《中华人民共和国私营企业暂行条例》颁布，标志着私营企业作为一种独立的经济成分，正式步入了中国的经济和社会生活。

1992 年，邓小平的南巡讲话和党的十四大关于社会主义市场经济体制改革目标的确立，给民营经济的发展进一步扫清了障碍，标志着我国正式进入了经济体制改革时期。次年，国家工商局颁布《关于促进个体、私营经济发展的若干意见》，与此相适应，江西制定和颁布《关于继续鼓励个体私营经济发展的决定》《江西省个体工商户、私营企业条例》，全省各级政府相继成立"民营经济领导小组"，进一步加强对民营经济的领导。全省民营经济得到高速发展。据统计，1978 年至 1996 年，江西个体工商户总户数由 9000 户迅速发展到 80 余万户，从业人员由 3.6 万增长到 200 余万人。

在这一阶段，出现了一批敢为天下先的探索型赣商。一部分赣商走出舒适区，南下改革开放的广东深圳和香港等市场经济前沿阵地，开创前所未有的事业；一部分赣商起步于微小的乡镇工厂，他们下岗再创业，他们凭借精湛的手艺成立公司，服务社会。比如熊建明在深圳创办方大集团、王再兴在香港创办的毅德控股集团、李希广东创办润都集团、徐桂芬创办煌上煌。

第二个时期:徘徊之后高速发展阶段(1997 年至 2016 年的 20 年)

由于受亚洲金融危机等国内外宏观经济的影响,以及自身思想不够解放、观念落后等因素,江西民营经济在复苏之后受到了一定的冲击,私营经济明显落后于全国的平均水平。如在 1997 年至 2000 年,江西私营企业仅增长 1000 余户。个体工商户由 81.8 万户跌落到 2000 年的 58.5 万户,江西民营经济与全国及沿海发达地区的差距不断拉大。

党的十五大指出:"公有制为主体,多种所有制经济共同发展,是我国社会主义初级阶段的一项基本经济制度","非公有制经济是我国社会主义市场经济的重要组成部分"。再次正式肯定了民营经济在中国社会主义经济制度中的重要作用。此后,国家制定和颁布了 15 个直接涉及民营经济发展的法律法规,民营经济迎来了发展史上的第二个春天。

2000 年,江西做出进一步加快全省民营经济发展的决定。次年,江西大刀阔斧地锐意改革,陆续出台《关于进一步加快民营经济发展的若干意见》《江西省发展个体私营经济条例》等多项创新发展政策措施,提出了许多有重大突破的政策措施,为民营经济发展奠定了良好基础。

这一阶段,借着时代的东风,一批赣商结合企业实际和当地资源,脱颖而出。比如温显来创办江西博能实业集团、曾钫创办北京谛恒投资集团、胡连荣创办荣誉国际集团、李平创办广州市天高集团、陈新创立中智互联投资控股集团、彭国禄创办中大控股集团。

第三个时期:高质量发展阶段(2017 年—至今)

2017 年,党的十九大报告提出,在新时代必须坚持和完善我国社会主义基本经济制度和分配制度,毫不动摇鼓励、支持、引导非公有制经济发展。十九大关于民营经济的重要发展思想推动我国民营企业快步进入了发展的春天。次年底,江西规模以上私营工业企业数量 6300 个,就业人数近 94 万人,经济利润总额近 800 亿元。2019 年江西出台《关于支持民营经济健康发展的若干意见》,为解决民营企业发展中遇到的各类难题提出政策措施,促进江西民营经济高质量发展。2021 年上半年,江西私营企业、个体工商户户数约 320 万户，为 1978 年的 354 倍。

民营经济成为江西重要的经济增长点。但同时发现，江西民营经济的发展与政府的支持是分不开的，什么时候政府的支持力度大，什么时候民营经济的发展速度就快。只有优化民营经济的发展环境，真正落实民营经济的支持，江西的民营经济才能获得更快的发展，成为江西在中部崛起的一支重要力量。

海阔凭鱼跃，天高任鸟飞。

这一阶段，涌现出一大批在赣企业家和赣籍企业家。比如"世界锂王"赣锋锂业的李良彬，"华人股神"段永平、和君咨询集团的王明夫、三清山旅游集团的陈斌、滴滴出行的程维、"百姓眼镜"的吴勇华、杨洪创办航盛集团、李渡酒的汤向阳、用友网络科技的王文京、陈明宇创办南通理工学院、vivo 手机的沈伟、仁和药业的杨文龙、济民可信药业的李义海、"疫苗之王"杜伟民、土巴兔的王国彬、欧派家居的姚良松、百果园的余惠勇、鲍师傅烘焙的鲍才胜、喜茶的聂云宸等，这些赣商的产业遍布各大行业，从新能源的锂业、互联网到品牌连锁，从现代药业到现代咨询证券业。

（三）产业集群：赣商的崛起生态

如果说，社会主义市场经济的发展为赣商生根发芽提供空气和水分，那么，江西的产业聚集为赣商的诞生和崛起提供温床和生态。

在赣商风起云涌之际，产业集群是诞生赣商的主要孵化基地。产业集群作为交互关联性的企业、专业化供应商、服务供应商、金融机构、相关产业的厂商及其他相关机构等组成的特定领域，是地区经济发展水平和衡量不同区域特色竞争优势的重要指标。

江西在实施工业强省战略之后，推动制造业实现高质量发展，经过数十年发展，产业集群优势明显，千亿元、五百亿元和百亿元产业集群实现了数量上的有效增长。

江西产业集群包括：(一)南昌高新区光电及通信产业集群、南康家具产业集群、井开区通讯终端设备产业集群、樟树医药产业集群和贵溪铜及铜加工产业集群。(二)江西星火有机硅产业集群、鹰潭高新区铜合金材料产业集群、九江经开区智能家电产业集群等。(三)泰和触控显示器产业集群、赣州经开区新能源汽车产业集群、德兴高新区黄金产业集群等。

从营业收入来看,产业集群营业收入超 1000 亿元的有 2 个,超 500 亿的有 6 个,超 100 亿的有 56 个,特别是南康家具产业集群营业收入将近 2000 亿元。

2023 年 7 月,《江西省制造业重点产业链现代化建设"1269"行动计划(2023—2026 年)》提出六个先进制造业集群和十二条重点产业链。

1. 6 大先进制造业集群

电子信息先进制造业集群。

以南昌、吉安、赣州、九江等为主阵地,充分发挥京九电子信息产业带的集聚带动效用,提升南昌高新技术产业开发区光电及通信、南昌经济技术开发区光电、吉安电子信息和信丰数字视听等产业集群水平,支持上饶、宜春、新余、萍乡等地特色细分领域产业集群融合发展,深化与粤港澳大湾区、长三角等区域产业协作,积极承接产业转移,着力打造在全国有影响力的电子信息先进制造业集群。

铜基新材料先进制造业集群。

以鹰潭为核心,上饶、抚州、赣州、南昌等为主阵地,进一步增强"世界铜都"品牌影响力和带动力,提升鹰潭市余江区、贵溪市、鹰潭高新技术产业开发区,上饶市广信区、横峰县、铅山县,抚州市东乡区、临川区、金溪县,赣州市瑞金市等地铜冶炼及加工、铜基新材料制造、铜资源综合回收利用等环节和领域技术工艺水平和集群能级,引导产业集群协作融合、一体发展,着力打造以鹰潭为核心,区域优势竞合、协同联动的国家级铜基新材料先进制造业集群。

锂电和光伏新能源先进制造业集群。

以宜春、新余、上饶等为主阵地,壮大宜春经济技术开发区、新余高新技术产业开发区等锂电和上饶经济技术开发区光伏等产业集群规模实力,积极培育沪昆新能源产业带,增强集聚效用,带动赣州、南昌、九江、抚州、吉安等地细分领域特色优势产业集群做精做强,促进新能源制造、应用和储能一体化发展,构建多元化新能源产业格局,着力打造具有全球影响力的锂电和光伏新能源先进制造业集群。

钨和稀土金属新材料先进制造业集群。

以赣州、九江为核心,联动南昌、宜春、吉安等地,以推进赣州国家级稀土新材料及应用先进制造业集群建设为牵引,进一步提升龙南、大余、崇义、修水、武宁、靖安、吉安、赣县、赣州经济技术开发区、南昌经济技术开发区等地产业集聚集群发展水平,打响"中国稀金谷"品牌,着力打造赣州、九江"双核"引领,具有全球影响力的钨和稀土金属新材料先进制造业集群。

航空先进制造业集群。

以南昌、景德镇为核心,联动吉安、宜春、九江、上饶、赣州等地,用好国家航空产业发展和低空空域开放的政策机遇,积极争取国家重大项目布局,抢占产业新赛道,深度参与全球航空制造业分工合作,加快推进南昌航空城、景德镇航空小镇等平台建设,着力打造南昌、景德镇"双核"引领,在全国有影响力的航空先进制造业集群。

炼化一体化和化工新材料先进制造业集群。

以九江、景德镇等为主阵地,联动赣州、宜春、抚州、吉安、上饶等地,支持九江培育千亿级炼化一体化产业集群,提升永修有机硅、乐平精细化工、新干盐化工、会昌氟盐化工等产业集群能级,推动化工新材料企业集聚发展,着力打造炼化一体化和化工新材料先进制造业集群。

2.12条重点产业链

电子信息产业链。

坚持整机和终端产品与基础材料、元器件联动,硬件制造、软件开发、新一代信息技术融合应用一体发展,促进价值链向中高端延伸,聚力发展移动智能终端、半导体照明、汽车电子、虚拟现实(VR)、印制电路板(PCB)等细分产业链,培育集成电路等先导产业链。

有色金属产业链。

坚持智能化、低碳化、集群化方向,前端强化矿产资源战略保供、中端提升冶炼和再生金属回收利用等工艺技术水平,后端延伸提升精深加工能力,进一步增强战略资源保供和高效化利用,聚力发展铜、钨、稀土等细分产业链。

装备制造业产业链。

坚持电动化、智能化、网联化、共享化方向,强化整车、整机与材料、零部件协同,创新引领与应用牵引并重,聚力发展汽车、电线电缆等细分产业链。鼓励各地依托产业基础和龙头企业,培育数控机床、机器人等智能装备产业链。

新能源产业链。

坚持多元互补、有序开发,进一步优化产业链布局,强化资源战略保障,提升资源绿色供给、综合利用水平,有序推动产能放大,聚力发展锂电、光伏等细分产业链,培育氢能、钠离子电池和其他新型储能等新兴产业链。

石化化工产业链。

强化规划引导、合理布局、安全发展,坚持产品高端化、资源节约化、生产清洁化、制造智能化,积极推进炼化一体化延伸,聚力发展石油化工、化工新材料、精细化工、氯碱深加工等细分产业链。

建材产业链。

坚持绿色化、高端化、多元化、集群化方向,强化与建筑、装配、装饰等中下游应用端联动协同,聚力发展水泥、建筑陶瓷、玻纤等细分产业链,培育绿色建材、无机非金属新材料等新兴成长产业链。到2026年,全产业链营业收入力争达到4500亿元。

钢铁产业链。

坚持高端化、低碳化、数字化方向,着力强化资源战略保供,优化物流渠道,推进工艺装备升级,实现绿色低碳高效发展,进一步调优产品结构,聚力发展优特钢,积极拓展钢铁制品。

航空产业链。

坚持先进技术融合转化,强化整机、发动机、关键材料和核心零部件联动发展,聚力发展教练机及直升机、民机、无人机等细分领域,协同提升航空服务、运输和临空经济发展,着力构建制造、运输、服务、临空经济"四位一体"产业体系。

食品产业链。

坚持绿色、安全、健康、便利方向,强化种养、加工、仓储配送联动,聚力发展肉制品、禽畜制品、地方特色食品、预制菜等细分产业链,鼓励各地依托产业基础和龙头企业,打造细分领域特色优势产业链。

纺织服装产业链。

坚持科技、时尚、绿色发展方向,以产业承接、自主创新、数字转型、品牌建设为发力点,聚力发展服装、棉纺、化纤、产业用纺织品等细分产业链,支持各地细分领域特色产业链升级发展。

医药产业链。

坚持药品与医疗器械全产业链布局、项目招引与孵化培育并重,支持重点区域创建国家级产业创新平台,强化产医互动,提升服务效率,聚力发展中药、化学药、生物药、医疗器械等细分产业链,构建"医药+"融合发展格局。

现代家具产业链。

坚持高端化、智能化、品牌化、融合化方向,推进增品种、提品质、创品牌,聚力发展实木家具、金属家具、教育装备(校具)等细分产业链,支持南康家具产业集群加快向现代家居延伸,全产业链营业收入力争突破千亿元。

江西省级工业产业集群名单

南昌	南昌高新区光电及通信产业集群
	南昌经开区光电产业集群
	南昌小蓝经开区汽车及零部件产业集群
	南昌高新区智能装备制造产业集群
	南昌高新区软件和信息服务业产业集群
	南昌小蓝经开区医药产业集群
	南昌临空经济区电子信息产业集群
	南昌经开区新能源汽车及汽车零部件产业集群
	青山湖区针织服装产业集群
	进贤医疗器械产业集群
	进贤钢结构产业集群
	安义铝合金塑钢型材产业集群
	新建区汽车及零部件产业集群

（续表）

九江	九江经开区智能家电产业集群
	九江沿江钢铁产业集群
	濂溪区玻纤及复合材料产业集群
	濂溪区绿色食品产业集群
	江西星火有机硅产业集群
	武宁绿色照明产业集群
	湖口高新区新材料产业集群
	德安棉纺织产业集群
	瑞昌棉纺织产业集群
	修水工业园区绿色食品产业集群
赣州	赣州经开区电子信息产业集群
	赣州经开区新能源汽车产业集群
	赣州章贡高新区生物医药大健康产业集群
	赣州经开区稀土磁性材料及永磁电机产业集群
	南康家具产业集群
	信丰数字视听产业集群
	于都工业园区服装服饰产业集群
	龙南经开区电子信息产业集群
	大余工业园区有色金属新材料产业集群
	上犹玻纤及新型复合材料产业集群
	会昌氟盐化工产业集群
	龙南稀土精深加工产业集群
上饶	上饶经开区汽车产业集群
	上饶经开区光学产业集群
	上饶高新区电子信息产业集群
	上饶经开区光伏产业集群
	德兴高新区黄金产业集群
	玉山高新区通用设备制造产业集群
	万年高新区纺织新材料产业集群
	鄱阳五金机电产业集群
	万年高新区机械电子产业集群

（续表）

鹰潭	鹰潭高新区铜合金材料产业集群
	鹰潭高新区移动物联网产业集群丰城再生金属产业集群
	鹰潭高新区水工产业集群
	贵溪铜及铜加工产业集群
	贵溪经开区高端线缆线束生态科技产业集群
	余江眼镜产业集群
	余江工业园区雕刻工业产业集群
宜春	樟树医药产业集群
	樟树金属家具产业集群
	宜春丰城高新区装备制造产业集群
	宜春锂电新能源产业集群
	袁州医药产业集群
	袁州工业园区智能装备制造产业集群
	高安建筑陶瓷产业集群
	高安光电产业集群
	宜丰绿色高效储能系统产业集群
	奉新棉纺织产业集群
	万载工业园区有机食品产业集群
	上高绿色食品产业集群
	上高制鞋产业集群
吉安	吉安数字视听产业集群
	井开区通讯终端设备产业集群
	泰和触控显示器产业集群
	吉州区通讯传输系统产业集群
	遂川工业园区线路板及移动电源产业集群
	永丰非金属矿深加工产业集群
	峡江工业园区生物医药产业集群
	永新工业园区超纤复合新材料产业集群
	新干盐卤药化产业集群
	永丰工业园区生物医药大健康产业集群
	新干箱包皮具产业集群

（续表）

萍乡	萍乡经开区新材料产业集群
	芦溪电瓷产业集群
	上栗粉末冶金产业集群
	湘东工业陶瓷产业集群
	湘东产业园节能环保产业集群
	安源产业园五陂海绵产业集群
	莲花工业园区空压机产业集群
新余	新余钢铁及钢材加工产业集群
	新余高新区光电产业集群
	分宜苎麻纺织产业集群
抚州	抚州高新区电子信息产业集群
	抚州高新区汽车及零部件产业集群
	崇仁变电设备产业集群
	东乡经开区新材料产业集群
	金溪香料产业集群
	黎川工业园区陶瓷产业集群
	南丰工业园区绿色食品产业集群
景德镇	景德镇陶瓷产业集群
	景德镇高新区家电产业集群
	景德镇高新区直升机产业集群

本表综合江西省政府办公厅印发的《江西省产业集提能升级计划（2021—2025）》等。

（四）地域型新赣商浮出海面

在赣商的历史传统中，曾形成一批如樟树等著名商镇，造就了一批本土赣商和外籍赣商。中国改革开放之后，中国有数以亿计的移民往返穿梭中国大地。据统计，2022年江西净流出约506万人。在这些外出务工人员中，内引外联，产生了一批以地域为特色的赣商群体。在这些群体中，涌现出一批杰出的赣籍企业家和赣商企业。

南康：南康家具城

赣州南康区 80 余万人口,20 余年来南康人艰苦创业,崛起了一个巨大的家具城和完整的家具产业链。为扶助家居产业发展,政府组织成立南康区家具协会。协会共设分会 26 个,拥有会员企业近千家,会员单位 600 余家。其中,有中国驰名商标 5 个,省著名商标 88 个,市知名商标 100 余个,省名牌产品 48 个。截止 2022 年,南康云集家具企业 8000 多家,带动了 50 多万人就业,全年家具产业集群总产值突破 2500 亿元。"南康家具"区域品牌价值超过 700 亿元。

资溪：中国面包之乡

资溪县只有 11 万人口的小县,却有 5 万人在全国 1000 多个城市里开了 1.6 万家面包店和两三百家烘焙企业,面包店还开到了东南亚和俄罗斯。拥有鲍师傅、詹记、麦香园、麦香人家等网红糕点品牌。资溪的面包大军里,百万富翁 4600 多人,千万富翁 160 余人,资产过亿 20 多人。鲍才胜创办的"鲍师傅",作为中国烘焙行业的独角兽,目前估值已经超过 100 亿元。

资溪政府注册"资溪面包"商标,品牌运行统一标准,统一经营模式,"资溪面包"品牌直营店有 200 多家,品牌化经营 2600 家多家,企业化经营 60 余家。"资溪面包"正在由小作坊向大生产、小食品向大产业、小家庭向大集团转变。

安义：中国门窗之乡

安义县总人口约 27 万,其中有 13 万人在全国各地从事铝合金、塑钢、断桥铝门窗加工销售,垄断了全国 70% 的门窗市场。截止 2022 年,安义铝型材产业群规模达近 480 亿元,锦鹏铝业、金鑫发铝业、南亚铝业等三家企业主营业务收入超 10 亿元。

安义门窗是全国三大铝型材生产基地之一,民用型材产能位居全国第二、华东第一,产业覆盖全国市场。拥有雄鹰、虹鑫、雅丽泰、实德、南亚龙五个中国驰名商标,27 个江西省著名商标,30 余个省名牌产品,畅销欧美、澳大利亚、东南亚、非洲等十几个国家和地区。安义门窗产业集群总产值 320 亿元,被中国建筑金属结构协会评为"中国铝材之乡"和"中国门窗之乡"。

鹰潭:中国桃酥之乡

鹰潭生产桃酥已有 1500 多年的历史。截至 2022 年底,鹰潭有 10 万余人在全国各地从事桃酥类烘焙食品生产销售,门店有 2 万余家店,规模以上企业已近 100 家,销售收入 400 亿元,约占全国焙烤食品销售总额的 10%,成为全国重要的焙烤食品技术人才和生产销售人才输出基地。

火遍全网的泸溪河桃酥店即来自中国桃酥之乡江西鹰潭,是各大城市的排队王。泸溪河品牌创始人黄进的老家就位于鹰潭泸溪河旁。鹰潭被授予"中国桃酥之乡"和"中式糕点之乡(桃酥)"的称号。

武宁:中国艺术装饰之乡

30 万人口的武宁县被誉为著名的"中国装饰之乡"。20 余年来 10 万武宁籍人投身装饰行业,在全国 1000 多个城市创办了 2000 多家装饰公司,创造出星艺、华浔、名匠、三星等一批闻名全国的装饰公司品牌。公司不仅遍布全国各地,还挺进了英国、加拿大、德国、新加坡、泰国等国家。

武宁通过推动数字技术与家装文化创意深度融合,打造数字文创园,形成以数字家装、线上培训、数字传媒、互联网信息等为主体的企业集群,同时通过"园区＋学校＋企业"模式,为家装行业培养源源不绝的人才,实现多方共赢。

都昌:中国牙医之乡

都昌县口腔产业始于清代、兴于民国、盛于现代,至今已有三百多年历史。目前,都昌共有 10 万余人在全国各地从事口腔行业工作。由都昌籍创办的各类口腔诊所(医院)达 1 万余家,遍布全国各地,创出了维尔、华齿、茂菊、摩尔、瑞都、华尔康、名冠等众多知名口腔品牌,年产值数百亿元。

都昌牙医先后组建了北京、上海、浙江、江苏、天津等 15 个省级分会，成立了都昌口腔协会总会，吸纳会员两千余人，有口腔医院及门诊 3083 家加盟，构建了"县级总会、省级分会"的层级联盟新模式。为打响"中国牙都"品牌，都昌全面开启口腔产业整合之路，推动构建集"学、研、销、医、养、投"为一体的口腔产业集群。

新干：中国箱包皮具产业基地

30 万的赣中小县新干县，经过 10 余年耕耘，拥有箱包企业 360 余家、箱包专利近 400 项，"箱"类产品配件 95％实现本地配套，产值 50 多个亿。

新干箱包从业人员 2 万余人，1000 多家箱包皮具经营户的销售网点遍布全国各地，中低档旅行拉杆箱占全国市场份额达 15％。产品远销亚欧美多个国家和地区，成为国内外箱包产业版图中举足轻重的存在。中国箱包优秀品牌一个，省著名商标、省名牌产品 14 个，"江西出精品"名牌产品 1 家。被评为中国箱包皮具产业基地、全国箱包皮具产业集群区域品牌建设试点县。2023 年，江西博派公司投资开发建设新干（国际）箱包皮具产业园博派基地，可容纳 1000 余家企业，实现年产箱包 1 亿只，预计年总产值 100 亿元以上，可实现 5 万余人就业。

进贤：中国医疗器械之乡

医疗器械产业是进贤县的首位产业，经过将近 40 年发展壮大，形成了较为成熟的产业生态，目前已成为中国医疗器械之乡、国家外贸转型升级基地、江西省医疗器械产业基地。2022 年，进贤医疗器械生产企业近 300 家，规模以上工业企业 72 家，高新技术企业 32 家。

进贤医疗器械产业主要产品一次性输注器占国内市场份额 31％，占江西医疗器械产业比重的 70％。其他如输液贴、医用手套等高值医用耗材生产企业数量及产品种类逐年增多，已成为全国知名的医疗耗材主产地。进贤拥有一支 6 万多人的医疗器械营销队伍，在全国注册超万家销售公司，代理销售 6000 多种医疗器械产品，营销网络遍布全国各地，产品远销亚洲、欧洲、南美洲、中东、非洲等 30 多个国家和地区。

广丰：中国挖掘机之都

从 20 世纪 90 年代，广丰农民购买第一台挖掘机，到如今被誉为"中国挖掘机之都"。广丰挖掘机保有量达 10 万余台，占全国总量的身 10%。同时，广丰在交通便利的芦洲大道边建立挖掘机博览中心，进行各种品牌挖掘机的常年展销，销售额达 56 亿元。如今，被誉为"铁甲军团"的广丰挖掘机集群，足迹遍布全国各地，远至东南亚、西亚和非洲。广丰从业人员达 20 余万人，分布在全国 300 多个地级市。目前，广丰年创产值达 200 多亿元。从整个工程机械行业来看，年产值达 500 多亿元。

除诸上各种之都外，在江西还有乐平"江西小炒"之乡，萍乡中国南繁制种之乡、瑞昌中国管道疏通之乡、鹰潭的眼镜、于都的纺织服装、景德镇的瓷器、九江老乡的图书出版帮、宜春高安和抚州广昌的物流，以及宜春的纸箱包装等，这些继承江西传统的商帮，依靠特有的地缘关系，快速变化的新技术，以及江西人的勤劳和果断，共同塑造了中国商界"隐形冠军"。

二、当今赣商百人百企

据不完全统计,目前全球赣商超过 600 万人,创办企业超过 20 万家。其中较大规模的有 6000 多家,在境内外上市赣商企业 100 多家。涌现出一批世界 500 强、中国 500 强、国家级制造业单项冠军企业、专精特新企业和国家级高新技术企业等,他们都是新时代赣商的佼佼者。全球赣商每年为当地提供了超 1000 亿元的税收、100 万个就业岗位,演绎了一个个创新创业传奇,彰显了赣商的智慧、担当和胆识。

当今赣商,一方面继承了传统赣商的文化精髓与传统作风,另一方面正用崭新的元素塑造现代商业世界,推动社会经济的发展。

当今赣商有几大显著而鲜明特征。

(一) 新兴领域行业领军。

一大批赣商在新制造、智慧经济、绿色经济、共享经济、新服务经济等领域崭露头角,蓄势创新。用友集团是全球领先、中国最大的企业服务提供商。方大集团旗下现有 7 家国家高新技术企业,在全球建有多家生产基地,业务遍及全球 120 多个国家和地区,成为业内领军标杆。vivo 维沃移动通信的企业技术中心入选"2021 年(第 28 批)新认定国家企业技术中心名单",2023 年 1 月位列《2022 年·胡润中国 500 强》第 43 名。

(二) 赣商企业实力雄厚。

涌现了晶科能源、方大集团、双胞胎集团、赣锋锂业、中大控股、济民可信等一大批有实力的赣商企业。一大批赣商企业登上"2023 年中国民营企业 500 强"榜单,其中晶科能源控股公司列第 83 位,江西方大钢铁集团公司列第84位,双胞胎(集团)股份公司列第108位,江西赣锋锂业集团股份公司列第289位。

笔者对2021年至2023年三年期间,赣商企业入选中国民营企业500强榜单及在全国民企排序。从表中榜单能发现赣商企业入榜数量的稳定,但赣企发展具有不确定性,仅有"济民可信"三年连续上榜。

表1 2021年至2023年赣企入选中国民营企业500强榜单

位次	2021年	2022年	2023年
1	双胞胎(集团)股份有限公司,列第95位	泰康保险集团股份有限公司,列第20位	晶科能源控股有限公司,列第83位
2	晶科能源控股有限公司居江西,列第152位	振烨国际产业控股集团(深圳)有限公司,列第89位	江西方大钢铁集团有限公司,列第84位
3	江西正邦科技股份有限公司,列第200位	深圳爱施德股份有限公司,列第90位	双胞胎(集团)股份有限公司,列第108位
4	江西博能实业集团有限公司,列第380位	福建圣农控股集团有限公司,列第428位	江西赣锋锂业集团股份有限公司,列第289位
5	江西东旭投资集团有限公司,列第384位	江西济民可信集团有限公司,列第467位	中大控股集团有限公司,列第486位
6	江西济民可信集团有限公司,列第428位	中大控股集团有限公司,列第498位	江西济民可信集团有限公司,列第489位

(三)优势产业抱团发展。

数百万赣商带动一大批特色产业纷纷崛起,如资溪的中国面包之乡、都昌的中国牙医之乡、鹰潭的眼镜等特色产业做大做强,在全国市场占比高、影响力大。再如全国各省江西商会会长中,云南省江西商会会长邓建平、重庆市江西商会会长付建忠、重庆市江西商会名誉会长余启焕、内蒙古江西商会会长魏福高、宁夏江西商会会长盛进江、四四川江西商会名誉会长廖中华等均为进贤籍,且都从事医疗器械行业,形成有名的江西商会会长"进贤现象",带动进贤医疗器械产业辐射全国。

为研究新时代的赣商,笔者结合(1)中华全国工商业联合会发布的"2022中国民营企业500强",(2)江西省工商联发布的《2022江西民营企业100强》,(3)和君咨询、和君职业学院发布的《江西省2022上市公司发展报告》《江西省 2023 上市公司发展报告》,(4)《新财富》杂志发布的"2022 新财富 500 富人榜",(5)"胡润中国 500 强"、"胡润全球富豪榜",(6)智库长城战略咨询发布的《中国独角兽企业研究报告 2022》,(7)中央统战部、全国工商联发布的"改革开放 40 年百名杰出民营企业家名单",(8)江西省政府新闻办、统战部、工商联发布"改革开放 40 年 50 名优秀赣商人物"等榜单,进行样本研究,从中发掘整理"百人百企"赣商企业。

笔者根据姓氏笔画排序,做成下列《当今赣商百人百企名单》。百人百企名单包括企业家、公司名称、证券名称、设市区、创办时间、所属行业名称、总营收等类别。其中没有上市的企业和个人财富数据者,用"/"杠表示无。

表 2 　当今赣商百人百企名单

企业家	公司名称	证券名称	设区市	创办时间	所属行业名称	总营收（亿元）
丁艳芬	江西兴成铜业有限公司	/	鹰潭市	2016 年	有色金属冶炼和压延加工业	60.74
卜海国	海力控股集团有限公司	海力控股（835787. SZ）	南昌市	2002 年	房屋建筑业	115.01
马　刚	江西汇能电器科技有限公司	/	宜春市	2009 年	其他制造业	30.8
于　果	中国教育集团控股有限公司	中教控股（00839. HK）	上海市	2017 年	传统服务业	47.56
万　峰	赣州市同兴达电子科技有限公司	同兴达（002845. SZ）	赣州市	2011 年	计算机、通信和其他电子设备制造业	95.45
万腊根	江西盛达商业投资集团有限公司	/	南昌市	2011 年	农业	68.26
万福成	江西合兴铜业有限公司	/	上饶市	2017 年	有色金属冶炼和压延加工业	29
王云龙	上饶市致远环保科技有限公司	/	上饶市	1995 年	废弃资源综合利用业	139.26
王文京	用友软件集团	用友网络（600588. SH）	北京市	1988 年	软件和智能信息技术服务业	92.62
王兰弟	江西丰河贵金属科技有限公司	/	上饶市	2013 年	有色金属冶炼和压延加工业	31.38
王江华	江西洪达医疗器械集团有限公司	/	南昌市	1999 年	医药制造业	28.24
王再兴	香港毅德国际控股集团	/	香港	2013 年	综合	31.68

（续表）

企业家	公司名称	证券名称	设区市	创办时间	所属行业名称	总营收（亿元）
王华君	广东深圳市裕同包装科技股份有限公司	裕同科技（002831.SZ）	广东深圳	2002年	其他制造业	163.62
王志洪	江西华砺控股集团有限公司	/	宜春市	2005年	非金属矿物制品业	41.76
王宝力	江西亚泰电器有限公司	/	宜春市	2012年	电气机械和器材制造业	30.94
王明夫	北京和君咨询集团有限公司	/	北京市	2000年	咨询/资本/商学	/
王炜	上海洗霸科技股份有限公司	上海洗霸（603200.SH）	上海市	1994年	环境保护业	6.05
王国青	江西鑫焱铜业有限公司	/	上饶市	2016年	有色金属冶炼和压延加工业	60.73
王呈余	红旗集团江西铜业有限公司	/	鹰潭市	2008年	有色金属冶炼和压延加工业	48
王瑀	孚能科技（赣州）股份有限公司	孚能科技（688567.SH）	赣州	2009年	其他制造业	115.88
文开福	合力泰科技股份有限公司	合力泰（002217.SZ）	福建莆田	2003年	计算机、通信和其他电子设备制造	119.08亿
方利霞	江西禾田新能源科技有限公司	/	宜春市	2012年	电气机械和器材制造业	31.69
方国池	江西齐劲材料有限公司	/	宜春市	2018年	有色金属冶炼和压延加工业	50.31
尹剑平	昆山国力电子科技股份有限公司	国力股份（688103.SH）	江苏昆山	2000年	其他制造业	7

（续表）

企业家	公司名称	证券名称	设区市	创办时间	所属行业名称	总营收（亿元）
叶申中	江西中旺铜业有限公司	/	上饶市	2006 年	有色金属冶炼和压延加工业	50.65
叶礼平	江西金叶大铜科技有限公司	/	上饶市	2019 年	有色金属冶炼和压延加工业	154.34
叶理尧	上饶市得利金属材料有限公司	/	上饶市	2007 年	金属制品业	30.97
叶森然	红板（江西）有限公司	/	吉安市	2007 年	计算机、通信和其他电子设备制造业	16
叶鹏程	江西泰和百盛实业有限公司	/	宜春市	2010 年	有色金属冶炼和压延加工业	42.94
申其生	赣州市开源科技有限公司	/	赣州市	2005 年	废弃资源综合利用业	156.78
包建华	江西富祥药业股份有限公司	富祥药业（300497.SZ）	景德镇市	2002 年	医药制造业	16.47
田建军	博硕科技（江西）有限公司	立讯精密（002475.SZ）	吉安市	2008 年	计算机、通信和其他电子设备制造业	23.2
朱小华	丰城市华丰金属制品有限责任公司	/	宜春市	2007 年	有色金属冶炼和压延加工业	39.67
朱迎春	贵溪中南铜业有限公司	/	鹰潭市	2017 年	有色金属冶炼和压延加工业	53.88
朱建军	江西裕丰实业有限公司	/	宜春市	2007 年	废弃资源综合利用业	47
朱鸿亮	江西省丰城市鑫颖金属制品有限公司	/	宜春市	2007 年	有色金属冶炼和压延加工业	70

（续表）

企业家	公司名称	证券名称	设区市	创办时间	所属行业名称	总营收（亿元）
刘卫华	吉安鑫泰科技有限公司	华宏科技（002645.SZ）	吉安市	2012年	废弃资源综合利用业	28.99
刘小炎	江西天丰建设集团有限公司	/	宜春市	1996年	土木工程建筑业	88
刘志刚	江西新威动力能源科技有限公司	/	宜春市	2011年	其他制造业	32.82
刘恒红	江西恒信集团	/	南昌市	2002年	综合	37.42
刘翔西	贵溪宏源工贸有限公司	/	鹰潭市	2017年	有色金属冶炼和压延加工业	58.43
许庆华	江西和平（集团）有限公司	/	南昌市	1997年	综合	10.02
许江南	江西天新药业股份有限公司	天新药业（603235.SH）	景德镇市	2004年	医药制药业	23.15
汤向阳	李渡酒业有限公司	珍酒李渡（06979.HK）	南昌市	2002年	其他制造业	10
汤瑞兴	美华建设集团有限公司	/	南昌市	1996年	建筑装饰、装修和其他建筑业	79.56
任军亮	江西银泰科乐科技有限公司	/	上饶市	2008年	有色金属冶炼和压延加工业	54.8
任荣魁	江西心连心化学工业有限公司	/	九江市	2016年	化学原料和化学制品制造业	49.05
孙清焕	木林森股份有限公司	木林森（002745.SZ）	广东中山市	1997年	其他制造业	165.17

（续表）

企业家	公司名称	证券名称	设区市	创办时间	所属行业名称	总营收（亿元）
孙雁君	江西飞南环保科技有限公司	飞南资源（301500，SZ）	上饶市	2007 年	废弃资源综合利用业	42.43
孙 毅	江西自立环保科技有限公司	浙富控股（002266，SZ）	抚州市	2006 年	有色金属冶炼和压延加工业	91.29
伍 锐	江西联创光电科技股份有限公司	联创光电（600363，SH）	南昌市	1999 年	计算机、通信和其他电子设备制造业	35.85
陈一鸣	江西瑞阳陶瓷集团	/	宜春市	2006 年	非金属矿物制品业	32
陈天石	中科寒武纪科技股份有限公司	寒武纪（688256，SH）	北京市	2016 年	软件和智能信息技术服务业	7.29
陈文明	鹰潭盛发铜业有限公司	/	鹰潭市	2010 年	有色金属冶炼和压延加工业	39.1
陈元明	赣州立德电子有限公司	/	赣州市	2016 年	计算机、通信和其他电子设备制造业	62.13
陈东旭	江西东旭投资集团有限公司	/	南昌市	2004 年	综合	337.94
陈 刚	上海爱旭新能源股份有限公司	爱旭股份（600732，SH）	上海市	2009 年	其他制造业	350.75
陈冰郎	江西汇仁医药贸易有限公司	/	南昌市	2017 年	医药制造业	69.42
陈成炉	江西省越兴铜业有限公司	/	上饶市	2020 年	有色金属冶炼和压延加工业	39.24

（续表）

企业家	公司名称	证券名称	设区市	创办时间	所属行业名称	总营收（亿元）
陈 林	华林特钢集团有限公司	/	九江市	2003 年	黑色金属冶炼和压延加工业	65.23
陈波松	江西际洲建设工程集团有限公司	/	上饶市	2002 年	土木工程建筑业	67.12
陈建雄	丰润建设集团有限公司	/	宜春市	2007 年	房屋建筑业	39.56
陈桂彬	瑞金市振兴铜业有限公司	/	赣州市	2017 年	有色金属冶炼和压延加工业	32.32
陈恩斌	中阳建设集团有限公司·	/	抚州市	2003 年	房屋建筑业	85.57
陈朝飞	江西立讯智造有限公司	立讯精密（002475.SZ）	吉安市	2015 年	计算机、通信和其他电子设备制造业	150.03
陈湛枝	贵溪金信金属有限公司	/	鹰潭市	2015 年	废弃资源综合利用业	54.05
陈湛枝	贵溪盈信铜业有限公司	/	鹰潭市	2017 年	有色金属冶炼和压延加工业	39.12
陈 鑫	江西新金叶实业有限公司	ST金圆（000546.SZ）	上饶市	2007 年	有色金属冶炼和压延加工业	48.84
闵小干	筑地建设有限公司	/	南昌市	2011 年	房屋建筑业	55.65
陆小红	上饶捷泰新能源科技有限公司	钧达股份（002865.SZ）	上饶市	2019 年	电气机械和器材制造业	50.54
李小昆	江西新和源投资控股集团有限公司	/	南昌市	1998 年	综合	48.14
李义海	江西济民可信集团有限公司	/	南昌市	1999 年	医药制造业	278.37

（续表）

企业家	公司名称	证券名称	设区市	创办时间	所属行业名称	总营收（亿元）
李文斌	江西理文造纸有限公司	理文造纸（02314.HK）	九江市	2010年	其他制造业	69
李平	广东广州市天高集团有限公司	/	广东广州市	1992年	综合	75
李永敏	江西省汉氏贵金属有限公司	/	上饶市	2014年	有色金属冶炼和压延加工业	52.04
李仙德	晶科能源控股有限公司	晶科能源（688223.SH）	上饶市	2006年	电气机械和器材制造业	830.75
李君	龙工（江西）机械有限公司	/	宜春市	2003年	其他制造业	60
李希	广州润都集团有限公司	润都股份（002923.SZ）	广东广州市	2011年	传统服务业	13.72
李兵	上饶市国富铜业有限公司	/	上饶市	2020年	有色金属冶炼和压延加工业	32.8
李岗华	江西康华企业发展有限公司	/	南昌市	2002年	零售业	59
李良彬	江西赣锋锂业集团股份有限公司	赣锋锂业（002460.SZ）	新余市	2000年	有色金属冶炼和压延加工业	111.62
李泽	江西凯安智能股份有限公司	凯安新材（870979.新三板）	鹰潭市	2007年	有色金属冶炼和压延加工业	44
李泽辰	江西蕉内科技有限公司	/	新余市	2019年	零售业	13.04

（续表）

企业家	公司名称	证券名称	设区市	创办时间	所属行业名称	总营收（亿元）
李建林	江西三川集团有限公司	三川智慧（300066.SZ）	鹰潭市	1971 年	其他制造业	52.72
李美玉	广东兴发铝业（江西）有限公司	/	宜春市	2009 年	有色金属冶炼和压延加工业	30.68
李海文	中联建设集团股份有限公司	/	南昌市	2005 年	房屋建筑业	121.07
李康权	贵溪广铜实业有限公司	/	鹰潭市	2019 年	有色金属冶炼和压延加工业	38.18
汪小明	江西坤宏铜业有限公司	/	鹰潭市	2018 年	有色金属冶炼和压延加工业	33.85
汪国清	江西世龙实业股份有限公司	世龙实业（002748.SZ）	景德镇市	2003 年	化学原料和化学制品制造业	71
汪　洋	德兴市德美黄金精炼有限公司	/	上饶市	2020 年	有色金属冶炼和压延加工业	31.87
邹水凤	丰城市众翔铜业有限公司	/	宜春市	2017 年	有色金属冶炼和压延加工业	30.71
杨文龙	仁和（集团）发展有限公司	仁和药业（000650.SZ）	宜春市	2001 年	医药制造业	133.06
杨平仔	江西康成药业有限公司	/	宜春市	2005 年	医药制造业	18
杨正华	江西地利铜业有限公司	/	赣州市	2017 年	有色金属冶炼和压延加工业	40.02
杨龙忠	惠友资本	/	广东深圳	2013 年	金融投资服务业	/
杨冬春	贵溪市恒鹏加工有限公司	/	鹰潭市	2004 年	有色金属冶炼和压延加工业	50.87

（续表）

企业家	公司名称	证券名称	设区市	创办时间	所属行业名称	总营收（亿元）
杨 冰	上海识装信息科技有限公司（得物App）	/	上海市	2015 年	零售业	670（价值）
杨良加	江西苏宁易购销售有限公司	ST 易购（002024.SZ）	南昌市	2005 年	零售业	31
杨珍田	江西禧泽铜业有限公司	/	宜春市	2019 年	有色金属冶炼和压延加工业	72.04
杨涵文	上饶市大江铜业有限公司	/	上饶市	2016 年	有色金属冶炼和压延加工业	45.57
邱文生	南昌华勤电子科技有限公司	/	南昌市	2017 年	计算机、通信和其他电子设备制造业	316.85
吴振海	南昌勤胜电子科技有限公司	/	南昌市	2018 年	计算机、通信和其他电子设备制造业	155.93
吴中林	中山市通宇通讯设备有限公司	通宇通讯（002792.SZ）	广东中山市	1996 年	软件和智能信息技术服务业	14.07
吴世军	贵溪大三元实业（集团）股份有限公司	/	鹰潭市	2000 年	有色金属冶炼和压延加工业	58.56
吴世军	贵溪市鑫浩泰环保科技有限公司	/	鹰潭市	2007 年	有色金属冶炼和压延加工业	16
吴旭波	江西贪玩信息技术有限公司	/	上饶市	2015 年	软件和智能信息技术服务业	47.68
吴 昆	江西联达冶金有限公司	/	萍乡市	1986 年	其他制造业	49

（续表）

企业家	公司名称	证券名称	设区市	创办时间	所属行业名称	总营收（亿元）
吴毓成	江西永冠科技发展有限公司	永冠新材（603681.SH）	抚州市	2012 年	其他制造业	33.38
张东进	江西速到信息技术有限公司	/	上饶市	2020 年	软件和智能信息技术服务业	58.67
张国云	江西远洋保险设备实业集团有限公司	/	宜春市	1999 年	金属制品业	47
张国民	贵溪市丰茂铜业有限公司	/	鹰潭市	2007 年	有色金属冶炼和压延加工业	40.93
张建国	江西九丰能源股份有限公司	九丰能源（605090.SH）	赣州市	2008 年	综合	184.88
张果营	果营实业集团有限公司	/	鹰潭市	1995 年	黑色金属冶炼和压延加工业	11.09
张炎惠	江西翔峡新材料有限公司	/	鹰潭市	2019 年	有色金属冶炼和压延加工业	66.61
张荣国	江西荣信铜业有限公司	/	上饶市	2019 年	有色金属冶炼和压延加工业	86.51
严永敏	九江联盛实业集团有限公司	/	九江市	1996 年	零售业	42.58
何永清	江西远桥金属控股有限公司	/	鹰潭市	2015 年	有色金属冶炼和压延加工业	112.6
何志平	中国华建投资控股有限公司	/	广东深圳	1988 年	综合	80.4
何海军	高安市海鑫汽车贸易有限公司	/	宜春市	2003 年	批发业	29

（续表）

企业家	公司名称	证券名称	设区市	创办时间	所属行业名称	总营收（亿元）
杜伟民	深圳康泰生物制品股份有限公司	康泰生物（300601.SZ）	广东深圳	1992 年	医药制造业	31.57
肖 风	万向区块链兼 Hashkey Group	/	上海	2017 年	网络信息、计算机网络科技	/
肖安江	江西宏宇能源发展有限公司	/	宜春市	2008 年	金属制品业	28.53
肖志峰	绿滋肴控股集团有限公司	时刻互动（872857.新三板）	南昌市	2002 年	农业	115.91
宋伟峰	江西青龙集团有限公司	/	宜春市	1997 年	零售业	12.1
余来龙	江西金旺铝业有限公司	/	鹰潭市	2008 年	有色金属冶炼和压延加工业	34.13
余惠勇	深圳百果园实业（集团）股份有限公司	百果园集团（2411.HK）	广东深圳	2001 年	批发业	113.12
沈 炜	维沃移动通信（vivo）有限公司	/	广东东莞市	2010 年	其他制造业	294
沈泽民	江西赣基集团工程有限公司	/	南昌市	2002 年	土木工程建筑业	127.39
辛清乐	玉茗建设集团有限责任公司	/	抚州市	1993 年	房屋建筑业	56.58
卓文彬	龙南市福鑫铜铁有限公司	/	赣州市	2005 年	黑色金属冶炼和压延加工业	50.16
卓 勇	江西景旺精密电路有限公司	/	吉安市	2011 年	其他制造业	30.21
罗忠勇	江西仁济医药有限公司	/	宜春市	2005 年	批发业	10.1
罗奇梁	江西耐乐铜业有限公司	/	鹰潭市	2003 年	有色金属冶炼和压延加工业	44.83
罗忠平	江西和丰环保科技有限公司	/	上饶市	2006 年	有色金属冶炼和压延加工业	82.69

（续表）

企业家	公司名称	证券名称	设区市	创办时间	所属行业名称	总营收（亿元）
罗忠平	江西金汇环保科技有限公司	/	上饶市	2008年	有色金属冶炼和压延加工业	64.15
罗 洁	赣州腾远钴业新材料股份有限公司	腾远钴业（301219.SZ）	赣州市	2004年	有色金属冶炼和压延加工业	41.6
周金虎	宏盛建业投资集团有限公司	建业科技（838581 新三板）	上饶市	1981年	房屋建筑业	54
周 涛	江西中晟金属有限公司	/	鹰潭市	2012年	有色金属冶炼和压延加工业	15
周 逢	红杉资本	/	上海市	2005年	金融投资服务业	/
郑鹏达	江西华泽铜业有限公司	/	鹰潭市	2021年	有色金属冶炼和压延加工业	57.6
金 磊	长春高新技术产业（集团）股份有限公司	长春高新（000661.SZ）	吉林长春	1993年	医药制造业	126.27
胡长红	昌建建设集团有限公司	/	南昌市	2008年	房屋建筑业	61.65
胡春晖	江西特种电机股份有限公司	江特电机（002176.SZ）	宜春市	1995年	其他制造业	29.82
胡毅恒	江西太阳陶瓷有限公司	/	宜春市	2002年	非金属矿物制品业	22.31
段永平	广东步步高电子工业有限公司	/	广东东莞市	1995年	计算机、通信和其他电子设备制造业	86.86
赵史来	南城亿万成科技有限公司	/	抚州市	2019年	有色金属冶炼和压延加工业	43.77

（续表）

企业家	公司名称	证券名称	设区市	创办时间	所属行业名称	总营收（亿元）
赵　伟	江西盛泰光学有限公司	/	新余市	2010 年	计算机.通信和其他电子设备制造业	28
钟伟强	江西和美陶瓷有限公司	/	宜春市	2007 年	非金属矿物制品业	29.32
钟金水	江西金纳铜业有限公司	/	赣州市	2017 年	有色金属冶炼和压延加工业	31.15
姚良松	欧派家居集团股份有限公司	欧派家居（603833. SH）	景德镇	1994 年	其他制造业	224.8
南金乐	南氏实业投资集团有限公司	/	宜春市	2009 年	其他制造业	56.85
贺　威	江西九州通药业有限公司	九州通（600998. SH）	南昌市	2006 年	批发业	10.06
祝　挺	上饶市汇联网络科技有限公司	同道精英（06100. HK）	上饶市	2020 年	软件和智能信息技术服务业	13.57
饶　臻	江西安泰物流有限公司	/	抚州市	2004 年	传统服务业	51
徐小华	江西远大保险设备实业集团有限公司	/	宜春市	1997 年	其他制造业	28.62
徐上金	江西江南新材料科技股份有限公司	/	鹰潭市	2007 年	计算机.通信和其他电子设备制造业	64.5
徐丰贤	华同轻股有限公司	/	南昌市	2020 年	房屋建筑业	108.95

（续表）

企业家	公司名称	证券名称	设区市	创办时间	所属行业名称	总营收（亿元）
徐志新	江西方大钢铁集团有限公司	方大特钢（600507.SH）	南昌市	1959 年	黑色金属冶炼和压延加工业	1122.29
徐建浩	贵溪华晋铜业有限公司	/	鹰潭市	2007 年	有色金属冶炼和压延加工业	32.06
徐金富	九江天赐高新材料有限公司	天赐材料（002709.SZ）	九江市	2007 年	化学原料和化学制品制造业	73.65
徐紫根	江西仁翔药业有限公司	/	宜春市	2005 年	药品批发制造业	23.31
敖小强	北京雪迪龙科技股份有限公司	雪迪龙（002658.SZ）	北京市	2001 年	环境保护业	15.05
聂云宸	深圳美西西餐饮管理有限公司（喜茶）		广东深圳	2016 年	传统服务业	96
聂吉利	中恒建设集团有限公司		南昌市	1980 年	房屋建筑业	27.14
聂顺金	江西昌南建设集团有限公司		南昌市	1990 年	房屋建筑业	71.21
聂博文	江西恒泰铜材有限公司		宜春市	2013 年	有色金属冶炼和压延加工业	94
秦圣清	江西省景旺实业有限公司		九江市	2004 年	其他制造业	35
桂华莞	江西益康医疗器械集团有限公司		南昌市	1989 年	医药制造业	69

（续表）

企业家	公司名称	证券名称	设区市	创办时间	所属行业名称	总营收（亿元）
夏 军	江西省新宇建设工程有限公司	/	南昌市	2002年	房屋建筑业	39.25
夏 刚	江西万科益达置业投资有限公司	万科A（000002.SZ）	南昌市	2011年	房屋建筑业	84.96
夏 强	宜春寺库电子商务有限公司	寺库（SECO.NASDAQ）	宜春市	2017年	零售业	43.88
顾 伟	广东深圳市兆驰股份有限公司	兆驰股份（002429.SZ）	广东深圳	2005年	其他制造业	150.28
倪 进	鹰潭胜华金属有限责任公司	/	鹰潭市	2015年	有色金属冶炼和压加工业	221.6
柴建平	上饶市中合农产品市场有限公司	/	上饶市	2014年	批发业	14.1
唐春山	迈威（上海）生物科技股份有限公司	迈威生物（688062.SH）	上海市	2017年	生物制药业	0.28
唐俊烈	江西金品铜业科技有限公司	/	抚州市	2013年	有色金属冶炼和压加工业	102.24
郭晓玲	广昌县华能铜业有限公司	/	抚州市	2008年	有色金属冶炼和压加工业	43
龚小平	江西中南建设工程集团公司	/	南昌市	1990年	房屋建筑业	41.91
龚龙彪	利达装饰集团有限公司	/	南昌市	1992年	建筑装饰、装修和其他建筑业	66.58
龚 斌	虔东稀土集团股份有限公司	/	赣州市	2000年	有色金属冶炼和压加工业	50.31

（续表）

企业家	公司名称	证券名称	设区市	创办时间	所属行业名称	总营收（亿元）
梁小明	华润博雅生物制药集团股份有限公司	博雅生物（300294. SZ）	抚州市	1993 年	医药制造业	27.59
梁 丰	江西璞泰来科技有限公司	璞泰来（603659. SH）	宜春市	2012 年	其他制造业	57.44
黄元元	上海会畅通讯股份有限公司	会畅通讯（300578. SZ）		2006 年	软件和智能信息技术服务业	2.7
黄代放	泰豪集团有限公司	泰豪科技（600590. SH）	南昌市	1988 年	电气机械和器材制造业	155.31
黄泽兰	崇义章源钨业股份有限公司	章源钨业（002378. SZ）	赣州市	2000 年	有色金属冶炼和压延加工业	31
黄绍武	深圳市神州通投资集团有限公司	爱施德（002416. SZ）	广东深圳	2011 年	综合	951.65
黄 敏	固德威技术股份有限公司	固德威（688390. SH）	江苏苏州市	2010 年	其他制造业	47.1

171

（续表）

企业家	公司名称	证券名称	设区市	创办时间	所属行业名称	总营收（亿元）
曹光琼	恒吉集团实业有限公司	/	抚州市	2016 年	有色金属冶炼和压延加工业	61.58
傅光明	福建圣农发展股份有限公司	圣农发展（002299.SZ）	福建南平市	1999 年	农副食品加工业	168.17
傅 兵	赣州市束薪再生资源有限公司	/	赣州市	2014 年	金属制品业	100.72
曾吉勇	联创电子科技股份有限公司	联创电子（002036.SZ）	南昌市	1998 年	计算机、通信和其他电子设备制造业	105.57
曾明兰	汇森家具（龙南）有限公司	/	赣州市	2005 年	其他制造业	66
舒宏瑞	上海沪工电焊机制造有限公司	上海沪工（603131.SH）	上海市	1993 年	其他制造业	13.11
彭国保	中大控股集团有限公司	（835483.BJ）	南昌市	2018 年	房屋建筑业	265.37
彭保太	江西保太有色金属集团有限公司	/	鹰潭市	2002 年	有色金属冶炼和压延加工业	32.06
彭鹏乐	江西五洲医药营销有限公司	/	宜春市	2006 年	医药制造业	31.53
董建森	江西合鑫钢铁有限公司	/	上饶市	2003 年	黑色金属冶炼和压延加工业	56.38
揭保如	丰和营造集团股份有限公司	/	南昌市	1993 年	房屋建筑业	48.47
温显来	江西博能实业集团	/	上饶市	1992 年	综合	283.87

（续表）

企业家	公司名称	证券名称	设区市	创办时间	所属行业名称	总营收（亿元）
程 维	北京小桔科技有限公司(滴滴出行)	DIDI.NASDAQ	北京市	2012 年	软件和智能信息技术服务业	1408
程彩霞	博众精工科技股份有限公司	博众精工(688097.SH)	江苏苏州市	2006 年	其他制造业	48.12
斯曙光	江西圣嘉乐电源科技有限公司	/	宜春市	2013 年	其他制造业	30.68
赖士浩	贵溪奥泰铜业有限公司	/	鹰潭市	2006 年	有色金属冶炼和压延加工业	35.7
赖春宝	普蕊斯医药科技	普蕊斯(301257.SZ)	上海市	2013 年	医药制药业	5.86
楼志扬	江西振盟新能源有限公司	/	宜春市	2011 年	其他制造业	74
涂国身	中国安防技术有限公司	CSST(CSR.NYSE)	广东深圳	1997 年	软件和智能信息技术服务业	3.54
鲍洪星	双胞胎(集团)股份有限公司	/	南昌市	1998 年	农副食品加工业	86065
褚 浚	江西煌上煌集团食品股份有限公司	煌上煌(002695.SZ)	南昌市	1999 年	农副食品加工业	110.46
蔡华波	广东深圳市江波龙电子股份有限公司	江波龙(301308.SZ)	广东深圳	1999 年	计算机、通信和其他电子设备制造业	83.3

企业家	公司名称	证券名称	设区市	创办时间	所属行业名称	总营收（亿元）
蔡报贵	江西金力永磁科技股份有限公司	金力永磁（300748.SZ）	赣州市	2008年	其他制造业	71.65
蔡 晨	鹰潭瑞鑫铜业有限公司	/	鹰潭市	2014年	有色金属冶炼和压延加工业	67
熊明东	朝晖城建集团有限公司	/	南昌市	2014年	房屋建筑业	56.19
熊绍华	城开建设集团有限公司	/	南昌市	1984年	房屋建筑业	48.42
熊建明	方大集团股份有限公司	方大集团（000055.SZ）	广东深圳	1991年	其他制造业	38.47
熊春林	江西金虎保险设备集团有限公司	/	宜春市	1981年	金属制品业	27.82
熊衍贵	江西省普天通投资集团有限公司	/	南昌市	2001年	综合	179
廖荣华	上海移为通信技术股份有限公司	移为通信（300590.SZ）	上海市	2009年	计算机、通信和其他电子设备制造业	10.02
颜世强	赣州晨光稀土新材料有限公司	/	赣州市	2003年	有色金属冶炼和压延加工业	67
戴 华	华宏汽车集团股份有限公司	/	南昌市	2002年	零售业	98.59

三、当今赣商的特征

从"当今赣商百人百企名单"中,笔者试着剖析当今赣商的基本特征,即对赣商的产业特征、经营特征、管理特征、文化特征、财富与传承特征等五大特征进行解析。

（一）赣商的产业特征

产业特征是指产业的规模性和产业的盈利性。笔者通过对赣商企业分析,赣商的产业特征有如下三大方面的表现。

1. 产业规模较大

从"百人百企"赣商的营业收入总额分布来看,主要分布如下。

（1）营收超过千亿的有2家。程维担任董事长兼首席执行官的北京小桔科技公司(滴滴出行)以1408亿元荣登榜首,黄智华执掌的江西方大钢铁集团公司营收1122.29亿元紧随其后,同时也是在赣企业的头把交椅。

（2）500—1000亿元的企业有4家。赣籍企业家黄绍武执掌的深圳市神州通投资集团公司接近千亿,位居第三,个人财富达140亿元。双胞胎(集团)股份公司和晶科能源控股公司分别为860亿和830亿,稳居第四、第五名。

（3）100—500亿元的企业有36家。超过300亿元的只有上海爱旭新能源股份公司、江西东旭投资集团公司和南昌华勤电子科技公司共计三家,分别为350.75、337.94和316.85亿元;超过200亿的包括维沃移动通信(vivo)公司、江西博能实业集团、江西济民可信集团公司、中大控股集团公司等6家;超越100亿元的有江西九丰能源股份公司、江西省普天通投资集团公司、福建圣农发展股份公司等28家。

(4)50—100亿元的企业有55家。包括华宏汽车集团股份公司、广东深圳市江波龙电子股份公司、深圳美西西餐饮管理公司(喜茶)等共计55家企业。

(5)10—50亿元的企业有124家。主要包括江西心连心化学工业公司、江西新金叶实业公司、丰和营造集团股份公司等124家企业。其中,在此区间内,出现营收低于10亿元,但个人财富远超营收的独角兽企业,如中科寒武纪科技股份公司的陈天石,企业营收为7.29亿元,个人财务为75亿元;昆山国力电子科技股份公司的尹剑平,企业营收为7.00亿元,个人财富达25亿元;中国安防技术公司涂国身,企业营收为3.54亿元,个人财务为165亿元;金融投资行业的惠友资本的杨龙忠个人财富60亿元;红杉资本合伙人周逵,个人财富为53亿元。

综上所述,赣商企业营收规模的特点,一是超千亿的企业占比极微;二是10亿元到100亿元为80%,占绝大多数,表明赣商企业的发展仍存在很大的发展空间。详见下表。

表3 "百人百企"赣商总营收及其占比

营业收入总额标准	2022年度企业(含个人财富)数量(家)	占比
1000亿以上	2	0.8%
500—1000亿元	4	1.7%
100—500亿元	36	16%
50—100亿元	55	25%
10—50亿元	145	55%

2.产业结构丰富

从"百人百企"赣商企业分布发现:

(1)赣商行业分布比较广泛。包括有色金属冶炼和压延加工业,黑色金属冶炼和压延加工业,建筑业,废弃资源综合利用业,计算机、通信和其他电子设备制造业,化学原料和化学制品制造业,电气机械和器材制造业,医药制造业,金属制品业,非金属矿物制品业,也包括农副食品加工业、农业、批发业、零售业、软件和智能信息技术服务业、现代咨询业、金融投资服务业、环境保护业、传统服务业等20多个行业。详见下表。

表4 "百人百企"赣商行业分布

所属行业名称	企业数量(家)
有色金属冶炼和压延加工业	62
黑色金属冶炼和压延加工业	5
建筑业	25
其他制造业	31
计算机、通信和其他电子设备制造业	15
化学原料和化学制品制造业	3
电气机械和器材制造业	6
医药制造业	12
金属制品业	5
非金属矿物制品业	4
废弃资源综合利用业	6
综合	11
农副食品加工业	3
农业	2
批发业	5
零售业	8
软件和智能信息技术服务业	8
现代咨询业	1
金融投资服务业	2
环境保护业	2
传统服务业	4

注:建筑业包括房屋建筑业、土木工程建筑业、建筑安装业、建筑装饰业和其他建筑业。

（2）第二产业占主体地位。在"百人百企"赣商企业中,第一产业有绿滋肴控股集团公司和江西盛达商业投资集团公司2家企业,占比为0.8%;第二产业包括江西方大钢铁集团公司、双胞胎(集团)股份公司好和晶科能源控股公司189家,占比为85%;北京小桔科技公司(滴滴出行)、北京和君咨询集团、惠友资本等属于第三产业

177

的为 30 家,占比为13.8%。

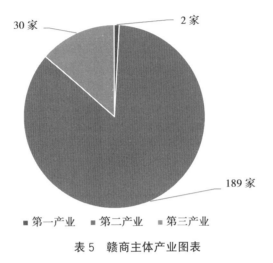

表 5　赣商主体产业图表

（3）制造业继续唱主角。制造业包括其他制造业,计算机、通信和其他电子设备制造业,化学原料和化学制品制造业,电气机械和器材制造业和医药制造业,总计 66 家,约占全部赣商企业的 30%。

（4）建筑业、有色金属冶炼行业表现抢眼。建筑业包括房屋建筑业、土木工程建筑业、建筑安装业、建筑装饰业和其他建筑业等共计 25 家;有色金属冶炼和压延加工业等共计 62 家。两个行业合计共 87 家,占比全部赣商企业 38%。

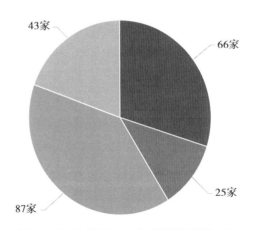

表 6　赣商行业分布图表

3.赣商地域分布不均衡

在"百人百企"赣商企业中,晶科能源控股公司等在赣企业为 181
家。上海爱旭新能源股份公司陈刚、深圳市神州通投资集团公司黄绍
武等赣籍企业家 39 人,赣籍企业主要分布在北京、上海、深圳、广东等
东部发达地区。

在 181 家在赣企业中,从江西各市分布情况来看,南昌市 41 家,作
为省会城市排名第一;宜春 37 家,排名第二。宜春民营企业的发展势
头还是要好过上饶、鹰潭和赣州等经济相对更好的地区;上饶以 29 家
位居第三;鹰潭以 28 家排名第四。鹰潭在江西的人口、经济甚至面积
都排名省内倒数,但却能排名第四,确实令人意外;剩下的则是赣州 17
家、抚州 10 家、九江 6 家、吉安 6 家、景德镇 3 家、新余 3 家、萍乡 1 家。

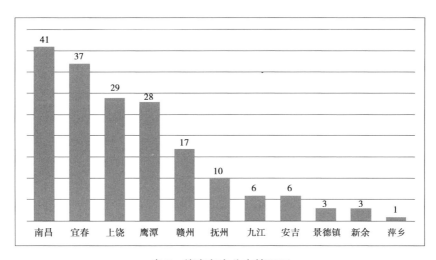

表 7　赣商各市分布情况图

(二) 赣商的经营特征

企业在经营过程中,一般会面临五大障碍。一是不确实性。世界
的不确定性决定企业经营的不确定性,企业的经营活动可以由人预先
制定,但由于偶然性的存在,常常难于预知事件的发展方向和趋势;二
是不可控性。主要包括外部和内部的不可控性。企业存在外部环境的

各种不确实性因素,譬如突发疫情、战争等。因受外部影响,企业内部环境亦随产生影响;三是多向性和前瞻性。企业核心竞争力具有多样性和多元性。企业经营不是"守株待兔",而是勇往直前,甚至铤而走险,保持前瞻性和主动攻击性的竞争姿态;四是低效率性。企业在经营过程中不断会出现试错和失败,给企业经营造成低效率;五是连续性和整体性。企业经营是坚持不懈的以产业中的变异带动企业变革的行动,既是连续的,也是整体性。

赣商企业在发展过程中,为克服、规避和超越这五大障碍,在"百人百企"赣商企业中遴选 64 家企业样本进行研究,主要包括七大类型的经营特征。即 1.多品牌战略+全渠道融合的经营特征;2.一业主导+多业并举的经营特征;3.一体两翼+双轮驱动的经营特征;4.多角化+可持续性的经营特征;5.全产业链+精耕细作的经营特征;6.领先技术+全球化的经营特征;7.互联网思维+强势营销的经营特征。

1. 多品牌战略+全渠道融合的经营特征

赣商在发展过程中,审时度势,结合企业实际,实施"多品牌战略+全渠道融合"。多品牌战略是形成品牌矩阵,建立品牌优势,细分市场,满足消费者不同层次之需求。全渠道融合即重塑传统割裂的营销和商品布局,实现品牌线上线下、公域私域全渗透,满足消费者全生命周期价值,开拓企业多元增长新模式。

表8　多品牌战略+全渠道融合的经营特征

经营特征	企业名称
多品牌战略+全渠道融合	江西方大钢铁集团有限公司
	欧派家居集团股份有限公司
	九江联盛实业集团有限公司
	木林森股份有限公司
	江西煌上煌集团食品股份有限公司
	深圳市江波龙电子股份有限公司
	仁和(集团)发展有限公司
	泰豪集团有限公司

（1）江西方大钢铁集团有限公司

该集团公司为辽宁方大集团实业公司的全资子公司，是一家以钢铁为主业，向汽车弹簧、矿业、国内外贸易、房地产等行业多元发展的大型钢铁联合企业。

实施多品牌战略。方大钢铁总部位于南昌市，拥有"长力牌""红岩""春鹰"三大知名品牌，"海鸥牌"建筑钢材，萍钢股份"博升牌"建筑钢材，达州钢铁"巴山牌"钢筋混凝土用热轧带肋钢筋系列。

完整的上下游产业链。方大特钢拥有完整的"冶炼—轧制弹扁—板簧"产业链，与国内 10 多家主要汽车生产厂家板簧厂配套，并且远销 30 多个国家和地区。

（2）欧派家居集团股份有限公司

该集团公司创立于 1994 年，是中国定制家居业首个市值破千亿的上市企业，是国内集研发、制造、销售为一体的多业务板块合力发展的综合型现代整体家居一体化服务供应商。

多品牌发展战略。集团旗下拥有欧派（中高品牌）、MIFORM（高端品牌）、欧铂丽（年轻时尚品牌）、铂尼思（整装大家居品牌）、欧铂尼（新整家品牌）等品牌。

品牌联合，跨界合作。欧派深耕"柜电一体化"理念，合作品牌包括博世、飞利浦等。欧派启动《欧派制造 2025》战略，融合互联网、大数据和人工智能制造。

全渠道融合战略。拥有天津、清远、无锡、成都和武汉五大智能化生产基地，制造规模雄霸亚洲。在全球设有超过 7400 多家门店，覆盖全球 6 大洲 100 多个国家。覆盖全球的家居产业制造基地，各大基地覆盖半径 500 公里范围的供应体系，构建"8 小时物流圈"辐射全国。

（3）九江联盛实业集团有限公司

该集团公司坚持"发展规模化、管理系统化、执行标准化、运营资本化"的发展战略，构建"大商圈、大联盟、大会员、大平台、大数据和全渠道、全业态、全品类、全时段"服务模式。

多品牌经营。集团拥有联盛超市、联盛奥特莱斯、联盛九龙广场等 6 个品牌，在赣、鄂等 80 家商业网点。

数字赋能增效。联盛集团创新商业服务模式,构建数字经营体,增强线上线下融合,数字赋能增效。以"数字技术和增值服务"双轮驱动,以"线上平台和线下实体"双线融合,为厂商、"三农"等用户提高品牌价值和经营效益。

(4) 木林森股份有限公司

该公司是家国内领先的 LED 封装及 LED 应用产品为一体的综合性光电 LED 新技术产业公司,始终坚持以"品牌战略"和"智慧智造"为双驱动。

实施多品牌战略。木林森拥有"木林森 MLS""木林森照明""光源世家""空净视界"等国内品牌,以及"LEDVANCE"、"FOR-ESTLIGHTING"等国外品牌,连续多年位居中国 LED 企业营收第一位。

智慧制造全球化。经过 26 年的发展,销售网络遍布全球 140 多个国家和地区。其中海外子公司 60 余家,全球员工总数 2 万余人,外籍员工 3000 余人。

(5) 江西煌上煌集团食品股份有限公司

该集团公司由单一经营向多元经营转移,由生产经营向资本经营转移等五大基础工程。

实施多品牌战略。自主开发出 6 大系列 200 多种风味独特的酱卤肉产品,其中"酱鸭"被誉为"全国第一家独特酱鸭产品","莲塘麻鸭"注册为地理标志商标,打造成为中式酱卤肉制品第一品牌。

一体化经营模式。集"肉鸭养殖—屠宰加工—肉制品深加工—连锁销售—科研开发"为一体的农业产业化经营模式,在全国有 8 大现代化的食品生产加工基地,近 4000 多家连锁专卖店。

"五统一"养殖基地。以"公司＋养殖示范小区＋农户"、"公司＋农民专业合作组织＋农户"等经营形式,在江西建有 30 多个肉鸭养殖基地,年屠宰加工 3000 万羽的肉鸭屠宰加工厂,全部实行机械化屠宰。

"1＋N"全渠道营销。公司深耕"1＋N"全渠道营销模式,推进线上线下并行、店仓一体化战略。

（6）深圳市江波龙电子股份有限公司

该公司是一家聚焦 NANDFlash 闪存应用和存储芯片定制、存储软硬件开发的存储企业，是全球存储品牌和存储模组企业之一。

公司旗下拥有深耕行业应用的嵌入式存储品牌 FORESEE 和国际高端消费类存储品牌 Lexar 雷克沙。

Lexar 雷克沙为国际高端消费类存储品牌，产品覆盖专业影像存储、移动存储、个人系统存储等领域。

（7）仁和（集团）发展有限公司

该公司以"打造高科技为内涵的核心竞争力"作为重点的战略方向，将仁和建设成为一家公众型、国际化的集药品、大健康产品研发、生产、销售于一体的现代医药企业集团。

多品牌经营。仁和集团现已形成由仁和企业品牌和主导产品品牌组成的品牌集群。其中"妇炎洁"、"优卡丹"等产品分别为中国女性保健护卫市场和儿童感冒药市场的领袖品牌。"仁和牌"可立克、清火胶囊、正胃胶囊，"闪亮牌"萘敏维滴眼液等均为国内同类市场的名牌产品。

先进的营销模式。仁和集团旗下拥有 15 家销售物流企业和 2 万人的销售团队，营销网络遍布全国。

强大的研发能力。仁和集团拥有三家医药科研机构，先后研制开发 1000 多个医药、保健产品，是全国通过 GMP 认证生产线最多的企业之一。

（8）泰豪集团有限公司

该集团公司是在江西和清华大学"省校合作"推动下，在南昌设立的高科技控股集团公司，旗下两家主板上市公司和两所高校，致力于信息技术的研发和应用。

"技术＋品牌"经营模式。泰豪在产业发展阶段，以"技术＋服务"经营模式，开展计算机软件开发、系统集成服务和销售；在产业发展阶段，公司以"技术＋资本"经营模式，探索高新产业发展之路；在品牌发展阶段，公司经营模式调整为"技术＋品牌"。

全渠道多领域经营。泰豪经营范围扩张为以军工装备、智能电力、智慧城市、创意科技和创业投资业务为主的发展格局。在全国拥有 50 余家分、子公司,10 余个高科技产业园区,产品与解决方案应用于全球 100 多个国家和地区。

2. 一业主导＋多业并举的经营特征

赣商立足实业、医药、农业、建筑、汽车等传统资源禀赋,遵循产业化发展规律和要求,立足本土产业实际,找准突破口,以"一业突破"为引领,做大做强,然后带动形成一业主导、多业并举的发展格局和经营模式。

表9　一业主导＋多业并举的经营特征

经营特征	企业名称
一业主导＋多业并举	江西博能实业集团
	江西济民可信集团有限公司
	中大控股集团有限公司
	福建圣农发展股份有限公司
	红旗集团江西铜业有限公司
	江西青龙集团有限公司
	果喜实业集团有限公司
	中国安防技术有限公司
	上饶致远控股集团有限公司

(1) 江西博能实业集团

该集团经过 30 年发展,形成了实业为主的太极式业务结构。经营业务涵盖商用整车生产和动力电池制造、健康地产、金融与金融科技三项业务。

"抱团发展"的商业模式。公司通过"众筹＋基金＋有限责任公司"的模式,实现了 42 家民营企业的抱团发展。项目集合 HOK、贝尔高林国际等 30 多家世界级合作伙伴,共同打造了集威斯汀酒店、赣商博物馆等于一体的世界赣商服务平台。

多元化发展模式。一是博能工业。新能源客车制造主要依托于江西博能上饶客车,以首创国内发动机后置式结构客车。与中国科学院战略合作,产量占据江西新能源客车产业总量的 80%,跻身行业全国前十;二是博能金融科技。筹建江西首家民营银行——裕民银行,形成

"互联网＋大数据＋金融"的服务基因；三是博能地产。在南昌红谷滩打造博能金融中心，建设抚州的临川温泉康养小镇，打造"一个基地、四个中心、五大服务体系"的国家级温泉康养样板工程。

（2）江西济民可信集团有限公司

该集团公司秉承创新驱动的战略方针，致力于成为国际先进的现代化大健康产业集团，同时进军清洁能源、绿色矿产开发及产业投资等多元领域。

在医药健康方面。建立上海、南京、美国新泽西一体化的医药研发体系，已在肾病、肿瘤、心脑血管等领域取得丰硕成果。产品远销欧美30多个国家和地区，连续多年位列中国医药工业百强前十。

在煤炭清洁方面。建成"中国首创、亚洲第一、全球最大"的煤制清洁燃气生产基地。

在绿色矿产开发方面。投资建设中国东部首个现代化石材产业基地，致力于推动中国矿产资源开发的绿色转型。

（3）中大控股集团有限公司

该集团公司是以科技研发、智能建造、装配式工业为主，同时涉猎地产置业、物业管理、矿产开发的多业态集团公司。集团在广州、南昌设立双总部，员工逾2万人。

科技板块。公司旗下智标科技公司专注于智能建筑系统集成应用平台的建设，以设施管理、行业定制解决方案、智能化设计及工程施工为辅的智能建筑整体服务方案供应商。

装配式工业版块。实施建筑工业化科研、设计、生产、施工等一体化运营。

建设板块。中大股份为江西建筑业上市特级企业，以公司盈利性、收入成长性、市场认可度等三个标准全符合挺进创新层。

地产板块。专注于开发智慧品质住宅及优质物业，致力于成为城市专家级幸福生活践行者。

物业板块。中大物业从小区物业为起点，逐步深入全面物业管理服务。

（4）福建圣农发展股份有限公司

该公司经营目标是成为中国最重要的优质肉鸡供应商，企业愿景是实现为中国人提供高品质优质鸡肉的企业愿景。

一体化产业链。经营模式是集"自主育种—种鸡养殖—种蛋孵化—饲料加工—肉鸡养殖—肉鸡加工—食品深加工—产品销售"为一体的白羽肉鸡企业。

规模化生产。探索出龙头企业＋村组集体＋村办企业＋特色小镇"的产业致富发展模式。2015 年,集团在中坊村投资 40 亿元建设集团产业集群。

多产业投资。下辖 20 余家子公司,其中圣农发展和圣新环保两家上市公司。此外,涉及农牧、食品餐饮、兽药疫苗等七大产业体系。

（5）红旗集团江西铜业有限公司

该公司充分依托"铜都"大平台,利用当地铜产业集群优势,发展成电线电缆、变压器、变电站、铜材加工为主,旁及教育、生物工程、房地产开发等多行业组成的多元结构,形成跨地域、跨行业的大型无区域集团公司。

（6）江西青龙集团有限公司

该集团公司在创立之初就超越了以往家族企业的管理模式,坚持走"一业为主,发展相关多元产业"的发展之路,创建青龙商厦和青龙酒店,成为赣西商贸、宾招行业的龙头。

青龙集团经营范围包括高科技产业、房地产、建筑等,产业重心转向以南方油茶深加工技术和生化医药前沿领域研发为主导的高科技与产业化,实现三个目标奋斗,即:实现 300 万亩高产油茶基地、年产规模30 万吨和年上缴国家税收 30 个亿。

（7）果喜实业集团有限公司

该集团公司发扬"开拓、艰苦、求实、献身"的企业精神,由一个只有21 名工人的木工小作坊发展雕刻工艺美术品为主,旁及玉矿资源开发与经营、金融保险、酒店旅游、房地产经营与开发等行业领域的综合型企业集团。企业经营分为三大阶段。

初创阶段。公司总经理张果喜挣脱"左"的束缚,率先打破"铁饭碗、铁工资、铁交椅",建立了一套适合企业发展的管理体系。

壮大发展阶段。公司建立了以上海为轴心,沪宁沿线为依托,辐射京津地区的家具生产销售网络。同时将五大类 2000 多个品种的雕刻工艺品打入东南亚、北美、西欧和香港等几十个国家和地区。

"二次创业"阶段。公司坚持以市场为导向,多元经营,在深圳、厦门、海南、内蒙古等地新上了化工合成材料、高科技电机等一批具有发展前景的项目。

（8）中国安防技术有限公司

该集团公司是以安全、健康为核心,专业从事智慧低碳城市、平安城市建设与运营的综合型集团企业。

主要经营业务包括智慧低碳城市顶层规划设计和技术整体解决方案、安防消防系统集成及运营服务、互联网金融服务、节能环保、物联网、产业链投融资等,是我国智慧城市建设的先行者。

（9）上饶致远控股集团有限公司

该集团公司秉承"让金属重生,为了更好的世界"的美好愿景,以保障国家战略金属资源供给安全为使命,致力于成为中国绿色循环经济的开拓者,突破了多金属协同绿色提取回收等技术瓶颈。

一业为主,多元投资。公司为有色金属冶炼加工为主,集房地产投资、酒店管理、有色金属加工、货物和技术进出口为一体的综合性多领域的大型集团公司。

技术先导,深耕细作。公司实现多物料、多金属协同回收。污水治理设施将废水经分类处理后全部回用于生产,实现生产废水零排放。

3. 一体两翼＋双轮驱动的经营特征

赣商在产业成长的背景下,积极变革业务结构,以"一体两翼"和"双轮驱动"模式寻求最佳经营方法,聚焦优势资源,相互赋能。

表 10　一体两翼＋双轮驱动的经营特征

经营特征	企业名称
一体两翼＋双轮驱动	北京和君咨询有限公司
	江西特种电机股份有限公司
	中恒建设集团有限公司
	江西东旭投资集团有限公司
	上海洗霸科技股份有限公司

（1）北京和君咨询集团

该咨询公司创建于 2000 年,先后在北京、上海、深圳成立总部,在赣南森林深处建立和君小镇与和君职业学院。

和君集团主营三大业务:咨询、资本和商学。三大业务形成一体两翼,双轮驱动的格局:以咨询业务为主体、以资本业务和商学业务为两翼,通过"咨询＋资本＋人才"的综合服务实现客户价值倍增。"一体两翼"商业模式荣获《21 世纪商业评论》颁发的中国最佳商业模式奖。

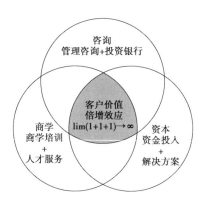

和君咨询:亚洲大型规模的管理咨询机构,拥有千人规模的咨询师队伍,累计服务逾万家企业、政府、事业单位等客户。

和君资本:倡导并践行赋能式投资的资本品牌,以股权投资的方式,为企业提供资金并赋能于企业,为财富人士或机构提供财富管理服务,累计管理股权投资基金 100 多亿元。

和君商学:为高新技术企业提供大势、政策、产业、经营、管理、科技、金融、创业、职业等方面的培训、课程和师资,以及校企合作服务。和君商学院:为优秀的年轻人提供"国势＋产业＋管理＋资本"的复合式知识结构和能力体系培训。和君企业总裁班:致力于为企业家打造复合式知识结构和卓越能力,协助企业解决实际的经营管理问题,培养杰出的企业领袖、造就卓越的中国企业。

（2）江西特种电机股份有限公司

该公司是一家集研发、生产、销售智能电机产品及锂产品的"一体两翼"的国家高新技术企业。产业分布在国内赣、津、浙等省市及境外德国等地区,经营业务涵盖电机、锂矿采选与深加工等行业。

智能机电产业。公司历经 60 多年行业沉淀,塔吊电机、起重冶金电机、电动汽车驱动电机等产品市场占有率常年稳居行业前列。

锂电新能源发展基地。公司依托宜春当地丰富的锂矿资源优势,是锂云母制备碳酸锂行业的先行者。

（3）中恒建设集团有限公司

该集团公司秉承"匠心缔造精品,传承建筑文明"的企业使命,按照"一体两翼平台化,百年千亿国际化"的发展战略,成为一家集建筑设计、施工、科技、劳务、集采、金融、文化教育、产业投资等为于一体的建筑综合企业集团。

公司下设分支机构 50 余个,业务遍布全国,并向国外拓展。连续5 年产值超过 120 亿元,每年直接和间接带动产业工人就业超 5 万人。公司依托集团双甲资质,具有独特竞争力的 EPC 项目和 PPP 项目实施能力,为客户提供专业服务和系统解决方案。

（4）上海沪工电焊机制造有限公司

该公司,致力于为世界提供先进、优质并有竞争力的全面焊接与切割解决方案为企业使命。

公司业务为智能制造＋航天业务两大板块。

智能制造。公司是国内规模最大的焊接与切割设备制造商之一,"沪工"品牌在行业内享有很高的声誉,产品远销全球 110 个国家和地区,公司 2013 年至 2018 年出口金额连续位居行业第一。

航天业务。是我国多家航天单位的装备零部件制造服务商。

（5）江西东旭投资集团有限公司

该集团公司创始于 1996 年,拥有员工上万人,目前旗下有金太阳教育集团和东投地产集团"一体两翼,双轮驱动"产业集团。

"地产＋教育"模式。推行"教育社区＋地产""教育城＋地产""金太阳实验学校＋地产""城市书房＋地产"发展模式,荣获"中国教育地产领跑者"称号。

聚焦品牌,稳健经营。发挥优势教育资源和金太阳教育品牌优势,成功塑造了"中国教育地产践行者"的品牌形象,走出了一条整合资源、优势互补、快速发展的经营道路。

(6)上海洗霸科技股份有限公司

该公司取意"上善若水,海纳百川,洗濯尘源,霸业共襄"中的上海洗霸,是中国天蓝地绿水清生态环境治理的先行者与实践者。

公司经营范围一体两翼,即"水处理+新能源"。

水处理核心业务领域包括三大赛道:一是健康环境技术整体解决方案,水处理技术整体解决方案等;二是健康生活技术整体解决方案;三是气候科学技术研究与开发,实现高效固碳减碳工程。

上海洗霸积极拓展第二新领域,进军新能源、新材料、新工艺领域,聚焦锂离子固态电池粉体及储能电池制造工艺、钠离子电池负极等。

4. 多角化+可持续性的经营特征

赣商为统领市场,规避企业经营风险,充分利用企业优势,实施多角化经营,有选择性地进入新的业务领域。赣商在不同的领域、不同的行业开展投资业务,或在同一产业中投资生产不同的产品,用以扩大业务范围,增加收益机会,推动企业永续性发展。

表 11　多角化+可持续性的经营特征

经营特征	企业名称
多角化+可持续性	深圳市神州通投资集团有限公司
	广州市天高集团有限公司
	绿滋肴控股集团有限公司
	海力控股集团有限公司
	宏盛建业投资集团有限公司
	江西省丰和营造集团有限公司
	江西康华企业发展有限公司
	江西世龙实业股份有限公司

(1)深圳市神州通投资集团有限公司

该集团公司拥有优越的资本和产业资源,组建了资金流、物流、信息流三位一体的产业支持体系,缔造了一个价值创造链正向循环的组织体系。

集团实现多角化经营模式,主要包括五大产业。

农林业。通过收购、并购、入股等方式在赣、鄂、皖三省成立了九江九州油茶和金寨神州通油茶等十余家油茶专业种植公司,专注于在中国油茶行业发展。

流通产业。公司拥有京、沪、深三大枢纽配送中心,在全国省会城市设有 26 个全资子公司,在全国 180 多个地市、县市设有办事处或分支机构。

旅游产业。在南昌成立神州通旅游投资公司,投资的云居山风景区和柘林湖风景区,升格为"国家级旅游风景区"。

高科技产业。酷动数码公司以"新潮、体验、专业、无忧"的品牌定位,致力于新潮 3C 产品在中国的销售。

(2)广州市天高集团有限公司

该集团公司秉承"厚德、务实、创新、共赢"的核心价值观,发展成集矿业、环保、生态宜居、新材料、冶金贸易与物流、投资为一体的综合性企业集团。

公司旗下拥有 20 多家全资或控股子公司,同时投资金融、医药、高科技新兴产业等多个领域。建有两个工程技术研究中心、天高博士后工作站(共建)、天高新材料产业园(南昌)和多个专业实验室。

(3)绿滋肴控股集团有限公司

该集团公司秉承"人生有梦想,未来有希望"的信念,发展为国家农业产业化重点龙头企业。

公司着重打造绿滋肴"一圈一链"商业模式,从单一产业向多角化转变,从经营商品向经营商户转变,目前初步形成特产超市、便利店、生态园、不夜城等四大平台的经营模式。

(4)海力控股集团有限公司

该集团公司是家以建筑施工为基础,集工程建设、地产开发、绿色建筑、建筑设计、物业管理、智慧科技、金融投资、大宗贸易 8 大产业于一体的大型综合性现代建筑产业集团。

细化赛道。在赣江新区建设数字经济产业园,项目从设计、EPC、采购、施工等各环节实行着一条龙总承包。

产业智能化。大力推进信息化和工业化深度融合发展,打造BIM+智慧工地管理系统,实现数字化转型。

经营大宗贸易。在北京设立"海力国际供应链"总部,在上海设立分部,铜、建材等贸易营业额已达40多亿元。

(5)宏盛建业投资集团有限公司

该集团公司属中国建筑大型集团化特级企业,形成以上海总部为龙头、辐射长三角、泛珠三角、大西南内陆,遍及国内20多个省市的市场布局。集团经营范围包括建筑营造、数智科技、产业运营三大业务版块。

(6)江西省丰和营造集团有限公司

该集团公司秉承"诚信为本,依法经营,创精品工程,争最佳效益"的经营理念,发展成为一家以建筑施工为核心。

公司经营业务包括劳务承包,建材研发、生产与销售,建筑产业信息化建设和文化艺术领域的多元化经营的现代创新型企业集团。

(7)江西康华企业发展有限公司

该公司发展成集商业贸易、现代物流、智慧家居、产业投资、数字经济为一体的多元化、现代化、极具规模化的综合性产业集团。

商业贸易。实现"三个一",即"一百家旗舰店、一百家舒适家、一千家单品"。

物流板块。在现有的三个物流基地上,再建一个自有新型现代科技物流园。

智能科技。进军楼宇经济领域。

(8)江西世龙实业股份有限公司

该公司秉承"创新、协调、绿色、开放、共享"的发展理念,发展成以生产精细化工产品为主的国家大型化工企业。主要从事经营氯碱、AC发泡剂、氯化亚砜等化工产品的研发、生产和销售。

历经50年的发展,公司形成完整的循环经济产业链,并有配套的自备热电厂和铁路专用线,产品远销东南亚、中亚、欧洲、拉美、非洲等30多个国家。

5.全产业链＋精耕细作的经营特征

赣商凭借前瞻性眼光进行全产业链自控的战略布局,建立起贯穿研发、生产、储运等全产业链体系,然后在产业链上发扬江西精耕细作的文化传统,提升产业发展质量和在全球产业格局中的地位,升级迭代,为企业注入鲜活力量,增强制造业核心竞争力引领行业稳健发展。

表 12　全产业链＋精耕细作的经营特征

经营特征	企业名称
全产业链＋精耕细作	双胞胎(集团)股份有限公司
	江西九丰能源股份有限公司
	百果园实业(集团)股份有限公司
	江西保太有色金属集团有限公司
	广东深圳市裕同包装科技股份有限公司
	深圳市兆驰股份有限公司
	合力泰科技股份有限公司
	赣州市同兴达电子科技有限公司
	玉茗建设集团有限责任公司
	江西三川集团有限公司
	博众精工科技股份有限公司
	深圳康泰生物制品股份有限公司
	江西天新药业股份有限公司
	江西益康医疗器械集团有限公司
	北京雪迪龙科技股份有限公司

(1) 双胞胎(集团)股份有限公司

该集团公司在赣、粤、湘、川、黔、豫等省设立 400 余家分公司,员工人数 2 万余人,成为集科技创新、产品研发、人才培养为一体的世界一流农牧企业。目前公司拥有 200 多个服务部,上市近 1000 万标头,生猪存栏超过 600 万头。

内部经营。通过从原料、饲料、养猪、屠宰、肉食品深加工闭环管理,致力让消费者吃上放心肉。

外部经营。通过"公司＋农户"合作养猪模式、自建现代化规模猪场等模式和"经销商＋农户"合伙养猪模式,带动合作农户共同富裕。

核心科技。拥有大量的遗传育种、动物营养与饲喂、疾病防控与生物制药、健康养殖、屠宰及肉食品加工等核心技术。

(2) 江西九丰能源股份有限公司

该集团公司专注于燃气产业中游及终端领域的大型清洁能源综合服务商。

公司经营模式为"国际采购—远洋运输—加工生产—码头仓储—物流配送—终端服务"等全产业链,实现清洁能源"端到端"的全方位布局,成为具有价值创造力的清洁能源服务商。

随着传统主业的稳定发展和逐渐成熟,公司延伸 LNG 业务产业链,积极向电子特气等其他气体领域拓展。

(3) 百果园实业(集团)股份有限公司

该集团公司是一家集水果生鲜源头采购、种植技术支持、采后保鲜、物流仓储、品质分级、营销拓展、品牌运营、门店零售、信息科技、金融资本、科研教育于一体的大型连锁企业。

线上线下、店仓一体化。推出自主研发的百果园 APP。全国门店数突破 5000 家,遍布全国 90 多个城市,全球 14 个国家建立 200 多个水果特约供货基地,已成为水果新零售领域的领跑者。

全渠道全产业链布局。百果园集水果采购—种植技术支持—采后保鲜—物流仓储—标准分级—营销拓展—品牌运营—门店零售为一体的水果全产业链企业,也是水果专营连锁业态的开创者。

(4) 江西保太有色金属集团有限公司

该集团公司以"汇五湖金属,聚四海精英"为宗旨,再生金属回收网络达 20 多个省。

公司经营一个同心圆,即以金属回收为同心圆,实现金属产业多元化发展。二个深加工,即铜深加工和铝深加工。

五大产业链,建立全国性再生金属回收体系;生产铝棒、铜棒、铜杆等初级产品;生产铝合金门窗、全铝家具等精品;智能门窗、智能家具等智能品;把铝灰生产成聚合氯化铝,把残渣再生产砖,从源头到尾巴都要"吃干榨净",形成了一个完整的闭环式产业链。

（5）广东深圳市裕同包装科技股份有限公司

该公司是国内领先的高端品牌包装整体解决方案提供商。服务于众多世界 500 强客户及高端品牌,为客户提供专业的、有竞争力的包装产品、解决方案和服务。

一体化经营。提供的产品和解决方案包括彩盒、礼盒,以及智能包装、环保包装、功能包装等。同时提供创意设计、创新研发、自动化大规模生产等专业服务。

集团化管理。设立裕同研究院,拥有 80 余家子公司和 7 家分公司,位全球客户提供服务。

（6）深圳市兆驰股份有限公司

该公司经营业务主要包括液晶电视、机顶盒、LED 元器件及组件、网络通讯终端和互联网文娱等产品的设计、研发、生产和销售。

全产业链布局。旗下有"风行互联网电视"和"兆驰照明"两个自主品牌,发展成为全球消费类电子品牌和硬件厂商理想的合作伙伴。

自主研发体系。公司先后设计无边框、曲面以及 6 代直下式一体机,在外观造型和混光距离方面获得了突破性成果。在屏显技术上,先后推出了 3D,4K 以及量子点电视,并获得了 HDR 认证。

（7）合力泰科技股份有限公司

该公司坚持科技驱动,致力于为全球客户提供卓越的智能终端产品和服务解决方案。

公司精耕新型显示领域,致力成为行业引领者;细作智能穿戴领域,全力辐射智能穿戴全球化市场;聚焦 5G 新材料,助力行业迎接 5G 时代新未来。

（8）赣州市同兴达电子科技有限公司

该公司集电子产品的技术开发、生产及销售为一体的全产业链。

主要客户有华为、TCL、海尔、联想、西可、比亚迪、康佳、富士康等。产品广泛用于手机、平板电脑、通讯、数码相机、仪器仪表、车载显示等域。产品销往全国各地和港澳地区,部分产品出口欧美等国和地区。

（9）玉茗建设集团有限责任公司

该集团公司秉承"进取、创新、责任、共享"的企业核心价值观,弘扬"诚信立伟业,质量树品牌"的企业精神和精益求精的"工匠精神",发展成为拥有 16 家控股企业、20 多个子分公司。

玉茗集团坚持科技创新引领企业转型升级战略,经营范围涵盖施工总承包、装配式建筑部品部件生产、房地产开发、建筑材料、机械设备租赁等多种领域,经营业务遍及全国各地。

（10）江西三川集团有限公司

该公司是一家集生产、销售、研发于一体的现代企业集团。

拥有三川智慧、三川水泵、三川置业、三川铜业、三川生态园等五家控股子公司和一家省级工程技术中心,主要经营包括水表、水泵、水表配件、铜产品及房地产等。

三川集团致力于为供水企业乃至整个城市提供包括水资源监测、管网监控、水质检测、用水调度、产销差管理在内的智慧水务整体解决方案,致力成为世界先进的水计量功能服务商、智慧水务整体解决方案提供商、领先的物联网数据服务型企业。

（11）博众精工科技股份有限公司

该公司弘扬"博采众长、博施济众"的精神,秉承"追求卓越、和谐共赢"之经营理念,公司经营业务包括消费类电子、新能源汽车、半导体、关键零部件、智慧仓储物流等数字化装备领域。

公司践行"让笔者的智慧在外太空为人类服务"的使命,建有研发中心、生产基地 40 万平方米,专注于工业装备制造领域。

（12）深圳康泰生物制品股份有限公司

该公司秉承"创造更好的疫苗,造福人类健康"之宗旨,专注于人用疫苗的研发、生产、销售,为华南地区首个上市疫苗企业。

公司拥有深圳南山区总部基地等 5 大研发产业基地。生产规模位居国内疫苗行业前列,营销及配送网络覆盖全国。

康泰生物具备病毒疫苗、细菌疫苗、基因工程疫苗、结合疫苗、多联多价疫苗等研发和生产能力,已上市及获得药品注册批件的产品 6 种,其中 60 微克乙肝疫苗为全球首创,无细胞百白破 b 型流感嗜血杆菌联合疫苗(四联疫苗)为国内独家。

公司仅乙肝疫苗一项,累计生产、销售了 12 亿多剂,帮助 4 亿多人免除了乙肝病毒的侵害,为国家减少公共卫生支出超过 1600 亿元。

(13) 江西天新药业股份有限公司

该公司专业生产维生素的高新技术企业。秉承"日日新,又日新"之理念,以品牌为导向,深耕产品,精耕细作,建立了研发中心,以及江西省维生素工程技术研究中心,致力于产品的研发与创新。

公司主要经营产品包括维生素 B6、维生素 B1、叶酸、生物素、维生素 D3 等,主要用于原料药、食品添加剂、饲料添加剂等领域,形成集江西生产基地、上海研发中心,以及上海销售中心为一体的战略发展格局。

(14) 江西益康医疗器械集团有限公司

该集团公司是专业生产一次性使用无菌医疗器械系列产品的大型企业。发展成为集医疗器械产、学、研、销及第三方物流平台为一体,生产 7 大类 50 多个品种,1000 多个规格的无菌医疗器械产品。

集团开发拥有自主知识产权的专利产品 60 多个,部分成果具有世界领先水平,产品销往全国和欧美等 30 多个国家和地区。

(15) 北京雪迪龙科技股份有限公司

该公司以"致力生态技术,守护绿色家园"为使命,发展成为一家承担国家重大科学仪器设备开发专项的国家级高新技术企业。

公司现有员工 2000 余人,服务工程师 1000 余人,专利、软著等知识产权 400 余项。主要业务围绕生态环境监测相关的"端＋云＋服务"展开,包括污染源排放监测、大气环境质量监测、生态环境大数据等七个板块。

6. 领先技术＋全球化的经营特征

随着全球化研究实力与领先技术风起云涌,赣商春江水暖鸭先知。无论是在新能源、加工提炼领域,还是在制药、通讯领域,赣商勇立潮头。尤其是先进技术将赣商推向了历史路口,全球化之于赣商已不是选择,而是一种必然。赣商全球化蕴含着赣商实现弯道超车的重大战略机会。

表 13　领先技术＋全球化的经营特征

经营特征	企业名称
领先技术＋全球化	晶科能源股份有限公司
	上海爱旭新能源股份有限公司
	孚能科技(赣州)股份有限公司
	赣锋锂业集团
	江西金力永磁科技股份有限公司
	固德威技术股份有限公司
	余干县银泰铜业有限公司
	方大集团股份有限公司
	赣州科力稀土新材料有限公司
	崇义章源钨业股份有限公司
	江西富祥药业股份有限公司
	昆山国力电子科技股份有限公司
	普蕊斯医药科技公司
	上海会畅通讯股份有限公司

（1）晶科能源股份有限公司

该公司秉承"改变能源结构，承担未来责任"的使命，成长为一家全球知名、极具创新力的太阳能科技企业，销量领跑全球主流光伏市场。

领先技术，全球布局。公司在全球拥有 14 座海内外工厂，35 个国家和地区设有分支机构，全球 4.6 万名员工，产品销往 160 多个国家，连续 4 年组件出货量全球第一。2022 年，在全球前十大光伏市场中 8 个地区市占率排名领先：中国 17.83％，巴西 25.62％，西班牙 15.09％，德国 23.68％，日本 18.97％，波兰 42.42％，荷兰 30.30％，澳大利亚 31.01％。

卓越制造产业生态链。在经营上，公司形成"卓越制造—智能工厂—产业生态—深度全球化"的一体化经营模式。在卓越制造上，公司拥有先进制造能力的规模化实体企业；在智能工厂上，公司结合工业4.0、智慧工厂、工业物联网（IoT）、全球工厂，从生产到内部物流和运输均采用全新解决方案和技术；在产业生态上，打造循环可持续的闭环供应链。在深度全球化上，实现全链优化与全球资源的最优配置，搭建和优化全球物流网络。

(2) 上海爱旭新能源股份有限公司

该公司主要从事太阳能电池的研发、生产和销售,拥有业内领先的光伏电池制造技术和生产供应能力,是全球光伏电池的主要供应商之一。

业务领域延伸至下游。拥有广东佛山、浙江义乌、天津、广东珠海四大生产基地,2022年公司高效单晶PERC产能达到36GW、N型电池产能将达到8.5GW+,出货量连续四年稳居全球第二。

全球布局,跨界多个领域。深耕国际市场,产品远销韩国、日本、印度、欧洲等国家及地区,电池出口量全球第一。与全球领先设备供应商展开合作,设备国产化率提升。引进并建立国际化的研发团队,持续为客户提供"更高效率、更高可靠性、更多发电量"的电池产品。

智能制造,创新驱动。公司智能工厂,柔性生产,全年人均产值和产出率保持行业领先水平。在高效组件领域,推动太阳能光伏领域的创新发展。

(3) 孚能科技(赣州)股份有限公司

该公司专注于新能源汽车动力电池系统、储能系统的研发、生产和销售,发展成为全球三元软包动力电池的领军企业之一。

技术研发全球化。公司与美国阿贡国家实验室、美国伯克利劳伦斯国家实验室、斯坦福大学、杜邦等全球锂离子动力电池行业科研院所展开战略合作,致力于绿色交通、智慧储能、装备、能源物联网和低碳建设。

基地生产全球化。在赣州市、美国硅谷、德国斯图加特均设立了研发团队和生产基地,并在赣州市、江苏镇江市设立了生产基地。

服务全球化。公司核心产品三元软包动力电池性能优异,连续五年蝉联软包动力锂离子电池国内出货量第一。

(4) 赣锋锂业集团

该集团公司秉承"利用有限资源,创造无限价值"理念,不断推进管理升级、全球布局、科技创新、持续发展,经营业务贯穿资源开采、提炼加工、电池制造回收全产业链。

完整的锂行业生态链。公司从中游锂化合物及金属锂制造起步，成功扩大到产业价值链的上中下游。上游即矿源，中游锂盐深加工及金属锂冶炼，下游打造"锂资源＋锂盐＋电池生产及回收"产业链闭环。

锂矿资源遍及全球。公司拥有五大类逾 40 种锂化合物及金属锂产品的生产能力，是锂系列产品供应全球最齐全的制造商之一。截至 2022 年 9 月底，公司锂资源权益当量约 4500 万吨 LCE，稳居全球第一梯队。

（5）江西金力永磁科技股份有限公司

该集团公司集研发、生产和销售高性能钕铁硼永磁材料、磁组件于一体的高新技术企业，是新能源和节能环保领域高性能稀土永磁材料的领先供应商。

公司总部位于重稀土主要生产地赣州，在轻稀土主要生产地内蒙古包头投资建设高性能稀土永磁材料基地，还在浙江宁波投资建设高端磁材及组件项目。公司与包括中国稀土集团、北方稀土集团等建立稳定的合作关系，保障稀土原材料的长期稳定供应。

公司产品被广泛应用于新能源汽车及汽车零部件、节能电梯、轨道交通等领域。

（6）固德威技术股份有限公司

该公司致力于把每一座电站数字化、智能化。为未来的智慧能源提供完整的一体化解决方案。

公司经营全线系列光伏逆变器产品，销往全球 100 多个国家和地区，IHS 权威排名逆变器全球前十。

（7）余干县银泰铜业有限公司

该公司主要生产无氧铜杆（线）、低氧铜杆（线）、粗铜三大系列产品。

公司拥有国内领先的反射炉、新型节能环保炉、连铸连轧生产线等一系列先进技术，无氧铜、低氧铜产品广泛应用于电线电缆和网络线缆行业，满足全球市场个性化需求。

（8）方大集团股份有限公司

该集团公司我国最早 A 股、B 股股票同时上市的民营企业之一。

公司在研发方面,形成了自主基础研究与项目需求相结合的研发立项机制。在生产方面,根据合同要求以及客户的生产指令对公司生产活动进行管理。

公司主营的地铁屏蔽门系统、石墨烯和纳米铝单板材料、光伏建筑一体化(BIPV)、智慧幕墙系统等 4 项产品的市场占有率均居行业前列。公司旗下现有 7 家国家高新技术企业,1 家"全国制造业单项冠军"企业,6 家"专精特新"企业,业务遍及全球 120 多个国家和地区。

(9) 赣州科力稀土新材料有限公司

该公司是国内知名的稀土金属生产企业,以"创造价值、成就希望、奉献社会"为企业宗旨,以"高、新、尖"技术为企业动力,紧紧依靠科技进步,不断创新,把公司建成国内一流的现代化大型稀土材料生产企业。

公司拥有 5 条具有国内先进水平的稀土金属生产线,年生产能力2000 吨/年,产品有钕、镧、镝、铽、钇、钕铁合金、镝铁合金等 20 多种,产品远销国际市场。

(10) 崇义章源钨业股份有限公司

该公司从一家采选矿为主的小企业迅速发展成为集钨的采选、冶炼、制粉与硬质合金生产和深加工、贸易为一体的集团型企业。

公司拥有 6 座采矿权矿山,8 个探矿权矿区,所辖矿权保有钨资源储量 9.46 万吨,为构筑雄厚的钨资源保障基地奠定了扎实的基础。

科技创新。坚持自主创新与"政产学研用"相结合,引进先进研发和检测装备,建立以技术中心为核心的创新平台与创新体系。

产品覆盖全产业链。致力于由资源优势向产业优势转化,不断延伸中下游精深加工产业链,产品范围覆盖全产业链,是商务部批准的"钨出口国营贸易企业"。

瞄准世界前沿。公司深耕于钨产业链深加工领域,不断推进硬质合金产品向高精密、高附加值升级,产品广泛应用于数控机床、电力、钢铁、航空航天等领域的各种工业切削加工。产品远销欧美、东南亚、俄罗斯、土耳其、日韩等 40 多个国家和地区。赣州澳克泰"难加工材料切削专家"的品牌形象,得到了国际市场的认可。

（11）江西富祥药业股份有限公司

该集团公司是一家以高端抗生素原料药及中间体、抗病毒药物中间体的研发、生产、销售为主业的生物医药领域领先企业，下设江西祥太生命科学公司等 5 家全资子公司，是国家高新技术企业。

公司秉承"中间体—原料药—制剂一体化"战略，产品主要涉及 β-内酰胺酶抑制剂、碳青霉烯类（培南系列）药物、抗病毒药物中间体等系列产品，凭借在生产技术、质量管理、EHS 管理等方面的优势，在国内外客户中享有良好的声誉，产品销往全球十多个国家和地区。

（12）昆山国力电子科技股份有限公司

该公司以"打造百年国力"为愿景，发展成为专业从事电子真空器件研发、生产和销售的科创板上市企业。

公司自主研发能力和核心技术覆盖了电真空器件生产制造的各关键环节，产品广泛应用在航空航天、半导体设备、新能源汽车、轨道交通、等关键领域，致力于以高性价比、高效率和高质量的产品与服务，为全球行业市场客户创造专业、安全、可靠、高效、智能的用电环境，创新电真空科技行业企业发展模式。

（13）普蕊斯医药科技公司

该公司主营业务为向国内外制药公司、医疗器械公司及部分健康相关产品的临床研究开发提供 SMO 服务。截至 2023 年 6 月，公司累计承接超过 2700 个国际和国内 SMO 项目，推动 130＋个产品在国内外上市。

多元合作。公司主要客户为国际药企或国内知名创新型药企，与在中国开展业务的全球前 10 大药企、全球前 10 大 CRO 均有合作，为包括默沙东、精鼎、拜耳、强生、辉瑞等在内的知名药企和 CRO 提供临床试验现场管理工作。

核心市场。在治疗领域，涵盖肿瘤、内分泌、心血管、呼吸、病毒等主流疾病谱所在市场。在服务客户服务上，包括全球知名新药研发企业和 CRO 公司等。

（14）上海会畅通讯股份有限公司

该公司秉承"沟通创造价值"的服务理念，专注于云视频底层技术研发,致力于为企业提供一站式云视频平台和解决方案,具备语音、直播、云视频的整合能力。

公司实现"云＋端＋行业应用"的全产业链布局,持续赋能全行业用户数字化转型升级。作为云视频领域首家上市公司,集合三维场景、信息三维可视化、虚拟数字人建模与全景交互,为国际企业打造一站式元宇宙空间。

7. 互联网思维＋强势营销的经营特征

互联网思维就是基于互联网思维基础上的颠覆性营销,集合品牌营销、网络营销、微营销的综合个性颠覆运用,达到营销的效果。赣商热情拥抱互联网时代,在企业经营过程中,广泛把互联网思维成功应用到了企业经营之中,赋能强势营销之方式,实现企业的转型升级,提升了品牌的影响力。

表 14 互联网思维＋强势营销的经营特征

经营特征	企业名称
互联网思维＋强势营销	联创电子科技股份有限公司
	江西五洲医药营销有限公司
	用友软件集团
	江西远洋保险设备实业集团有限公司
	江西仁翔药业有限公司
	李渡酒业有限公司

（1）联创电子科技股份有限公司

该公司做大做强高附加值的光学、光电核心产业,致力于打造成为世界一流基业长青的高新技术光电企业,产品广泛应用于智能终端、智能汽车、智慧家庭、智慧城市等领域。

"以销定产"模式。公司运用互联网思维,以市场需求为导向,以客户订单为基础,制定生产计划进行量产。在销售模式上,跟进落实每笔具体交易。在采购模式方面,在全球范围内通过比质比价、议价等模式,导入合格供应商。

全球互联,智慧制造。公司除在江西、重庆、郑州等地建立产业基地。还在美国湾区、德国慕尼黑、韩国首尔、上海等地建立研发运营中心,整合凝聚海内外研发人才,共同开展前沿技术的应用研究。

（2）江西五洲医药营销有限公司

该公司秉承"五洲同心,康泽世人"的理念,发展拥有江西彭氏国药堂饮片公司、江西药帮国药堂连锁药房公司、吉安医药公司等下属公司。

公司以服务医药行业,从药品种类、分拣效率、配送质量、服务体系四个方面精益求精,分别打造了全国领先的智能化分拣系统,全国唯一一家自建的药品物流配送体系,1400 多人的专业服务团队,品种丰富、种类全面的药品仓库。

公司以互联网思维,实施强势营销,全面实现仓储分拣信息化、自动化,以超一流的经营服务、直接配送服务,把公司打造成药业服务行业领跑者。

（3）用友软件集团

该集团公司是中国领先的企业及政府、社团组织管理与经营信息化应用软件与服务提供商,专注于软件主业发展,为客户提供优秀的应用软件产品、解决方案和服务。

用友全域互联,打造中国和亚太实力最强的企业管理软件研发体系,规模最大的支持、咨询、实施、应用集成、培训服务网络,以及完备的产业生态系统。通过构建和运行商业创新平台（BIP）,赋能企业数智化转型和商业创新,帮助企业通过数字化、智能化,开展产品与业务创新、组织与管理变革、重构/构建企业发展力。

公司在日本、泰国、新加坡等亚洲地区拥有 100 多家分子公司、3000 多名服务专家组成了中国管理软件业最大的服务网络。与超过 3000 家的各类合作伙伴一起为客户提供优质的服务和创新的解决方案。

（4）江西远洋保险设备实业集团有限公司

该集团公司是一家集研发、设计、生产、销售、施工、服务为一体的现代化科技型企业,也是我国保险设备和档案图书装具行业中规模最大、品种最全的骨干企业。

公司主要经营档案装具、医疗设备、保险设备、智能枪弹柜设备、安防设备、信息化设备等十大系列产品。

公司实施互联网思维，在营销上不遗余力，目前各类产品行销全国，并出口俄罗斯、巴西、东南亚等国家和地区。

（5）江西仁翔药业有限公司

该公司位于"药都"樟树，是一家集批发、物流、配送为一体的专注药品经营的大型医药流通企业。

公司在开发产品上，运用互联网思维，开发和经营中药材、中成药、抗生素、生化药品等1万多个品种规格。公司实施全领域互联，销售网络遍及全省各市县的终端，现有万余家以上的医院、药店、诊所终端跟公司建立良好的业务合作关系。正如公司董事长徐茶根所言，仁翔药业建设成为江西省内最专业、最完善的销售网络和最通畅、最快速流通渠道。

（6）江西李渡酒业有限公司

该公司成立于2002年。六年后被华泽集团并购重组。李渡酒擅长互联网思维和强势营销，使其成为全国酒类行业的新亮点。

体验性文化。通过让用户身临其境的感受李渡酒"文物元代，文化宋代"悠长文明，与用户构建起真正的信任与情感连接。

沉浸式体验营销。通过邀约大量的KOL和KOC亲临工厂沉浸式体验项目，如自调酒、酒糟冰棒、酒糟鸡蛋、酒糟面膜、美食品鉴等一系列让用户可以深度参与和体验的文旅项目。

发掘产品稀缺性。李渡酒弘扬"两古两长"的传统工艺。"两古"即采用手工古法酿成和古窖池群酿造，"两长"即指发酵期长和储存期长。

数字化杠杆。借助公众号、国粉之家等作为营销的核心阵地，再借助小程序、电商平台、H5等数字化工具，打造成基于用户全生命周期协同的运营体系，让用户自发裂变，借助社群矩阵，最终完成品牌传播和交易的战略。

（三）赣商的管理特征

赣商企业管理之特征，主要体现三个方面。一是动态的管理；二是观念革新；三是以人为中心的管理。赣商以观念革新居第一，方法革新居第二,工具设备革新居第三,成为赣商管理革新的趋势。观念的革新,主要实行以人为中心的管理,谋求人力的经济合理的运用以改造自然资源。赣商企业在历史发展过程中,每个企业形成自己的管理特色,各具特征,很难有统一的模式或范式。

笔者遴选部分赣商进行研究,发现赣商的管理特征具有一定的规律性。主要包括如下五种特征:1. 多位一体与体系式的管理特征;2. 全过程与全面质量管理特征;3. 文化与人才的管理特征;4. 科技创新与智能化的管理特征;5. 成本绩效与加强党建的管理特征。

表 15　多位一体＋体系式的管理特征

企业名称	管理特征
双胞胎(集团)股份有限公司	"生产管理—猪场建设—生产管理—健康管理—高繁管理—营养管理——环保管理"的全链条的闭环管理体系
江西济民可信集团有限公司	质量体系＋SHE体系＋精益生产三大体系
欧派家居集团股份有限公司	树根思维＋大数据赋能＋品牌价值＋4S服务管理
华润博雅生物制药集团股份有限公司	董事会授权管理制度＋QES管理体系
中恒建设集团有限公司	"文化＋质量＋管理"三合一管理体系
江西富祥药业股份有限公司	质量管理＋EHS管理体系
晶科能源控股有限公司	变革创新＋垂直一体化管理模式
福建圣农发展股份有限公司	食品安全＋循环经济＋股权集中三大管理体系
江西仁翔药业有限公司	作业模式智能一体化

（1）双胞胎(集团)股份有限公司

双胞胎(集团)坚持"让养猪更简单让猪肉更安全"的企业使命,在25年的发展过程中,日益形成"生产管理—猪场建设—生产管理—健康管理—高繁管理—营养管理——环保管理"的全链条式样的闭环管理特征。

在生产管理上,通过聚落式布局、建设高效、安全、环保的现代化母猪场。

在猪场建设上,严格执行选址质量评分,建设功能好、质量优、效率高的现代化智能猪舍。积极研发创新工艺技术,为猪群提供更加健康舒适的生长环境。

在生产管理上,实行批次化,满负荷均衡生产,生产上智能环控、智能饲喂、智能排污等新工艺,使养猪更简单,生产更高效。

在健康管理上,提倡"养重于防,防重于治,综合防控"的管理理念,建立了完善有效的猪群健康管理体系。

在高繁管理上,持续选育 S 系高繁母猪,通过 244 模型利用高繁母猪替换低产仔母猪,快速提升产仔数。

在营养管理上,集团与欧美营养专家、科研院校建立了长期合作,建立母猪动态营养需求模型。哺乳母猪通过 4257790＋仔猪补料,实现了母猪精准营养、精准饲喂,猪苗质量高。

在环保管理上,发展"养殖—沼肥—农业种植"为一体的循环经济模式。

(2) 江西济民可信集团有限公司

集团在 24 年的发展过程中,结合主营业务实际,形成一套"质量体系＋SHE 体系＋精益生产"三大体系的管理特色。

质量管理体系。以先进的国际标准质量管理体系,质量源于设计的理念为人类健康保驾护航。

SHE 管理体系。搭建国际化 SHE(安全环保和职业健康理念)管理体系,形成了工艺安全分析、挥发性有机物 RTO 治理等业界领先的 EHS 核心能力。

精益生产管理体系。确定以作业标准为基础,以发现问题和解决问题为支柱,以促进质量、成本、交期提升为目标的精益生产理论框架和基本路径,形成持续改善的精益生产管理体系。

(3) 欧派家居集团股份有限公司

欧派管理的主要特点表现为"树根思维＋大数据赋能＋品牌价值＋4S 服务"。

"树根思维"管理模式。提出企业如一棵大树,经销商是企业的树根。只要树的根系足够发达,大树终能枝繁叶茂、开花结果。

大数据赋能管理效率。研发推出智能化软件系统,实现产品管理电子模块化、产销工艺执行同步化、产销链接无缝化,使得公司生产和管理效率始终保持行业领先。

品牌管理。通过公益活动、跨界合作、多元营销等方式，打造更立体的品牌形象。注重品牌矩阵打造，积极开发面向时尚轻奢需求的第二品牌欧铂丽。

创立4S服务新标准。上门测量、电脑跟踪、定期检修、5年质保、终身维护等16道一站式服务，以"体验、专业、速度、尊崇"四大维度为标准，确保每个客户满意。

（4）华润博雅生物制药集团股份有限公司

"董事会授权管理制度＋QES管理体系"是华润博雅生物最主要的管理特征。

董事会授权管理制度。根据公司章程和有关规定，将部分职权授予董事长、总裁或其他符合法律、监管规定的授权对象行使。经过董事会或董事会授权对象批准的决策事项，可授权董事或其他人员代表公司签署相关文件。

实施QES管理体系。公司获得QES管理体系认证，向公众展示企业良好形象和社会责任的佐证和媒介。

（5）中恒建设集团有限公司

作为一家集建筑设计、施工、地下空间科技、产业投资等于一体的建筑综合企业集团，中恒建设的管理特征是"文化＋质量＋管理"三合一管理模式。

文化成就百年基业。集团坚持用文化打造精英团队。在党建文化方面，将党支部建在项目部上。在"样式雷"文化方面，公司推崇其工匠精神和精益求精的品质；在太极文化方面，通过公司晨会、竞赛大会、企业年会，在学习体验中进步。

质量铸造企业生命。公司工程质量一次性交验合格率100%，创鲁班奖5项，以及全国各省、市级优良工程1000余项。

管理助推企业成长。在全国范围内实现项目安全、质量管理标准化，构建合伙人机制。提升效率，严控项目管理风险。

（6）江西富祥药业股份有限公司

"质量管理＋EHS管理体系"是富祥药业创办二十余年来形成的管理特。

EHS 是环境 Environment、健康 Health、安全 Safety 的缩写，是富祥药业的奠基石，持续改进，降低企业本身之风险。

公司建立了与国际接轨的 GMP 质量管理和控制体系，引进国际领先的检测仪器和检测技术，根据国际 ICH 的要求，对产品中的极微量杂质进行严格的定性、定量分析测定和控制，以保障产品的品质。

（7）晶科能源控股有限公司

晶科能源管理的主要特色是"变革创新＋垂直一体化"管理模式。

管理变革创新。作为新型能源制造公司，晶科着力解决成本、土地、间歇性三大难题。持续推进电池体系、材料体系、极限制造和商业模式四大创新体系。

垂直一体化管理模式。降低对第三方供应商的依赖性，确保产品的可靠性与稳定度，使产品更快投入市场简化生产流程，缩短生产周期，优化库存管理，确保价格竞争力。垂直一体化管理，降低对上下游供应商的依赖，实现质量管理控制，创造最具竞争力的成本优势。

（8）福建圣农发展股份有限公司

圣龙股份长期的管理实践中，形成了"食品安全＋循环经济＋股权集中"三大管理体系基本特征。

筑造食品安全体系。公司所有的育种孵化厂、养殖场、饲料厂、肉鸡加工厂、食品加工厂均为公司自有。公司投入巨资从法、德、美、丹麦、荷兰等国引进具有行业领先水平的自动化生产流水线，全面提高企业的质量管理水平。

构建循环经济管理体系。在光泽、福州、上海成立三大研发中心，"产学研"长效合作进入了新领域，为集团可持续发展提供科技保障。培育出第一代国产化的祖父母代白羽种鸡苗，成为白羽肉鸡行业的"中国芯"。

实施股权集中治理体系。创始人家族集中控股。公司实际控制人为傅光明、其配偶傅长玉和女儿傅芬芳，三人合计持股 48％。接班人承前启后，公司股权集中，股东结构稳定。

（9）江西仁翔药业有限公司

仁翔药业是家集批发、物流和配送为一体的专注药品经营的大型药品流通企业,最大的管理特征是"作业模式智能一体化"。

公司物流中心融合了机械手码垛、货到人拣选、自动补货系统等作业模式一体的智能化现代医药物流中心,整体采用模块化管理,公司实现对药品流通、仓储、配送全流程的"可视可控可追踪"智能化管理。拥有独立产权的符合GSP要求的药品存储仓库,仓库中配备现代物流系统的装置和设备,数量与其经营范围和规模相适应。

表 16　全过程+全面质量管理特征

企业名称	管理特征
深圳百果园实业(集团)股份有限公司	全过程服务
孚能科技(赣州)股份有限公司	全员质量管理
江西煌上煌集团食品股份有限公司	精细化+品质+数字化+全过程管理
广东深圳市江波龙电子股份有限公司	DMS特色服务+TMQ全面质量管理
用友软件集团	文化管理+变革管理
深圳康泰生物制品股份有限公司	质量安全管理+薪酬福利制度
九江联盛实业集团有限公司	服务即管理+人才为本

（1）深圳百果园实业(集团)股份有限公司

百果园坚守"让天下人享受水果好生活"之崇高使命,在20余年的发展中,逐渐形成了"全过程服务"的管理特色。

百果园在行业内率先发布了全品类果品标准体系"四度一味一安全",实施"三无退货",提供售后服务时做到无需提供小票,无需提供果品,无需退货理由。

在企业管治方面,布局种植端,为消费者提供高品质的产品,在零售、电商、金融与信息技术等领域进行管理创新,形成了一支具备强大执行能力、团结一致的管理团队。

（2）孚能科技(赣州)股份有限公司

"全员质量管理"是孚能科技主要管理之特征。

孚能科技主要从事动力锂电池的生产,以信息系统为支撑,强化产品质量闭环管理,加强产品设计、原料采购、生产、仓储到产品售后服务360度全程信息化监控,实现全员质量管理。

（3）江西煌上煌集团食品股份有限公司

煌上煌从一家小门店到酱卤行业第一股,管理特色为"精细化＋品质＋数字化＋全过程管理"。

精细化管理。精选鄱阳湖生态麻鸭为原料,采用 28 味植物香辛料,历经 32 道工序,72 小时酱卤工艺,缔造产品独特风味,开发出 5 大系列 100 多种风味独特的酱卤制品。

品质管理。全面建设自动化、标准化、智能化的生产工厂,实现计划、排产、生产、检验的全过程闭环数字化管理,实现从农田到餐桌全程可控管理,保证食品安全和优良品质。

数字化管理。运行生产制造执行(MES),公司的生产调度、设备状态、过程质量管理集成于统一平台,实现订单接收、生产调度、生产、检测、包装、仓储等全过程的信息化管理和控制。

全过程管控。纵向实现生产优化、质量协同、生产分析全过程可追溯、智能制造,横向实现原材料验收、生产过程控制、成品库存、销售等信息共享。

（4）广东深圳市江波龙电子股份有限公司

江波龙为综合型存储品牌企业,在 24 年的发展过程中,逐渐形成了"DMS 特色服务＋TMQ 全面质量管理"之范式。

DMS 特色服务体系。围绕品牌、质量、合规和价值四个要素的经营底线,为客户提供严谨高效的服务,提供差异化的存储方案,帮助客户提高产能和品质。

TMQ 全面质量管理。通过客户需求到产品服务的交付实行全过程的质量管理。

（5）用友软件集团

用友软件集团的管理特色是"文化管理＋变革管理"之模式。

用友坚守企业文化的管理是企业价值观的管理,是最高层次的管理。首先,员工管理强调创新和宽松。其次,公司给人才以舞台,给予发挥专长的各种机会。第三是提高待遇。

用友管理变革。用友的变革管理分为组织变革和业务变革。组织变革是将组织彻底扁平化,实现员工、伙伴以及用户之间的任意组合,建立即时沟通、信息透明、知识共享的协同工作模式。业务变革即基于标准化、精细化、数据化的基础,实现智能化管理,使企业管理变得更轻,从而支撑企业高效运作。

(6) 深圳康泰生物制品股份有限公司

公司将"质量就是生命"作为企业管理的重要理念,尽一切可能保证疫苗质量安全,是康泰生物对这一理念的有力诠释。

"质量安全管理+薪酬福利制度"为康泰管理最显著之特征。

质量安全管理。作为国内生物制品领域的龙头企业,康泰生物累计生产超过 10 亿剂疫苗,批签发通过率达到 100%。在质量管理上,按照 GMP 的要求构建严格的质量管理体系。在实际操作中,所有规定都必须无条件遵守和服从。

完善的薪酬福利制度。公司向忠诚企业、肯于奉献、精通业务的经验管理骨干和专业技术人员提供具有竞争力的薪酬待遇。专门为核心员工提供股权激励,

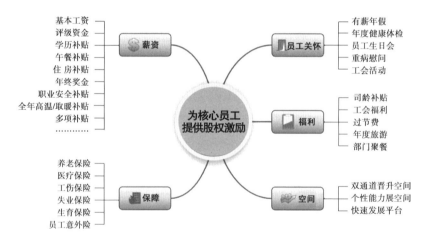

(7) 九江联盛实业集团有限公司

联盛实业管理理念——管理就是一切。公司管理特点为"服务即管理+人才为本"的管理模式。

服务即管理。实施"全程式购物,一站式消费"经营方式。

人才为本。坚持"先出人才,后出效益"的人才理念,为员工提供学习培训的机会。新员工入职要接受 30/60/90 天培训,在岗员工由部门

组织培训,举办"店长培训班"和专题管理讲座培训。

表17　企业文化＋人才为本的管理特征

企业名称	管理特征
广东深圳市兆驰股份有限公司	人才发展至上
上饶市致远环保科技有限公司	最重要的特征之一是"人才第一"之理念
仁和(集团)发展有限公司	企业文化＋人才为本
绿滋肴控股集团有限公司	质量＋人才＋文化
江西赣锋锂业集团股份有限公司	股权稳定＋人才培训
广东广州市天高集团有限公司	人才至上原则
九江联盛实业集团有限公司	服务即管理＋人才为本
方大集团股份有限公司	以机代人＋精细化＋人才为先

（1）广东深圳市兆驰股份有限公司

"人才发展至上"是兆驰股份管理最重要的特征。

公司奉行"关爱员工,以人为本"的人文理念。一是建立企业人才发展需求＝企业成长＋符合员工需求的职业规划＋健全的培训体系＋激励充分的薪酬体系;二是构建符合员工需求的职业规划;三是健全的培训体系;四是激励充分的薪酬体系。公司上市后,管理人员及忠诚老员工都享受到公司的股权激励。

（2）上饶市致远环保科技有限公司

致远科技在管理上最重要的特征之一是"人才第一"之理念

在用人管理上,主张"举贤为能、贤者优之、能者居之"的理念。"举贤为能"当指举贤不避亲,但凡个人能力突出者,可胜任应聘之岗位者皆可内部推荐。"贤者优之"在同一岗位竞争下,不论是内部推荐抑或自荐者,以公平、公正、公开的竞争方式,依靠自身才能当选。"能者居之"优胜劣汰是职场常见态势,有能者可居其位不下甚至力争上岗。

坚信没有不会做事的人,只有放不对岗位的人。建立完善的困难职工帮扶体系,成立了爱心基金会,为员工解决实际困难。

（3）仁和(集团)发展有限公司

仁和在管理上最大特色"企业文化＋人才为本"。

在企业文化建设上,坚守文化力是企业核心竞争力之理念,实现"铸药业航母,创仁和伟业"的梦想。仁和企业文化,是在仁和企业的发展过程中逐步形成,并为仁和企业员工普遍认同的价值观。

遵循以人为本。公司坚守"人为本,和为贵"的企业理念,倡导人才是企业最重要的资源,只有优秀的人才,才能干出优秀的事业。仁和是江西最早成立员工福利委员会的民营企业,制定并实施《管理干部子女教育补贴办法》《员工抚慰金制度》等多项制度化的员工福利措施,先后获得国家授予的全国就业与社会保障先进民营企业、全国模范劳动关系和谐企业和全国就业先进企业等荣誉称号。

(4)绿滋肴控股集团有限公司

在管理上的显著特征是"质量＋人才＋文化"三大战略。

质量战略。公司内铸精品,外塑形象,铸就国际品牌,以诚信为核心,打造"百年绿滋肴"。

人才战略。公司95％以上员工具有大学本科及以上学历。同时,充分发挥薪资保障和绩效考核双重作用,打造了一支铁军队伍。

文化战略。确立"艰苦创业、无私奉献、努力拼搏、开拓进取"的精神,建立与时俱进的激励机制和约束机制。

(5)江西赣锋锂业集团股份有限公司

赣锋锂业在管理上形成显著特点"股权稳定＋人才培训"。

股权结构稳定。公司创始人为实际控制人。截至2022年底,公司已发行普通股中,A股、港股分别占79.98％和20.02％,其中创始人、董事长及总裁李良彬持股18.77％,为实际控制人;副董事长兼副总裁王晓申持股7.01％。核心高管团队稳定,经验丰富。

重视人才培训。成立锋商学院,对内部员工及中高层管理人员进行,为员工打造学习平台、提供成长机会。

(6)广东广州市天高集团有限公司

天高集团企业使命是"创造财富、产业报国",在管理上最大的特点是"人才至上"原则。

在用人理念上,确定三个标准。一是以德为先。二是量才适用。三是共同成长。

在人才发展理念上,重视员工的培养。公司与博研社、时代光华等培训机构合作,开展"鲲鹏计划"。与长江商学院、中欧国际工商学院等院校合作，进行中高级人才培养，打造"天高工匠"。

（7）方大集团股份有限公司

"以机代人＋精细化＋人才为先"的管理模式是方大集团管理的显著特征。

"以机代人"高效管理。企业管理通过对经营数据分析、判断，动态调整生产经营业务，实现"以机代人"的高效管理模式。

精细化管理。形成了集研发、设计、生产、项目管理和施工、维保服务为一体的整体解决方案，在各个经营模块中推动智能化建设和精细化管理。

人才是核心要素。公司善用"外脑外智"，借助院士、专家等外部力量，推动产业化进程，提升产品能级。

表 18　科技创新＋智能化的管理特征

企业名称	管理特征
木林森股份有限公司	科技创新＋以人为本
玉茗建设集团有限责任公司	新技术创新＋以人为本
江西五洲医药营销有限公司	全药品＋专业服务＋自营物流＋智能化仓储
江西远洋保险设备实业集团有限公司	管理科学化＋人才为本
上海沪工电焊机制造有限公司	系统化的供应链管理
上海洗霸科技股份有限公司	精细化管理

（1）木林森股份有限公司

木林森管理的特点是"科技创新＋以人为本"。

科技创新。公司为国家发改委审定的"国家企业技术中心"。拥有中国深圳全球开发执行中心、德国加尔兴和艾希斯特全球创新中心、美国威明顿区域研发中心，确保木林森在市场开拓和竞争中长期占据并保持优势地位。

以人为本。公司以高于同行业 30％的薪资吸引优秀人才进入公司。拥有高等学历技术研发人才 3000 余人，开展各类在职培训学习，提高员工职业素养。

（2）玉茗建设集团有限责任公司

玉茗集团管理的主要特色是"新技术创新＋以人为本"的科学

管理。

新技术创新管理。联合江西乐城技术集团、长沙远大住宅工业集团等企业共同出资 10 亿,成立装配式建筑生产基地新公司。"新基建"更加注重数字化、信息化、智能化等硬核科技,破解建筑业发展的"用工荒""消耗大""科技含量低""污染重"等难题,创新行业发展模式。

以人为本的科学管理。公司高度重视人才管理,打造一支组织完善、纪律严明的"狼性团队"。通过实行"传帮带"机制,不断培养专业人才。

(3)江西五洲医药营销有限公司

五洲医药公司的管理特征是"全药品+专业服务+自营物流+智能化仓储"管理方式。

实施全面的药品种类。分别与云南白药、香港澳美、科伦药业、修正药业等实力强大的药品生产厂家达成战略合作,与近 800 家厂家签订一级代理协议,245 家厂家签订二级代理协议,经营品种 9000 多个、品规 16000 多个,保障药品供应的稳定性和丰富性。

组建专业服务团队。与近 300 家等级以上医院开展合作,覆盖率高达 90%。定期对员工进行药品知识、国家政策、服务标准等相关专业技能培训,提高企业服务标准。

自营物流配送体系。是目前国内唯一一家不依托第三方物流直配客户的医药企业。公司专门设立急救药品响应中心,全年 365 天 24 小时派专人值守,确保急救药品 200 公里范围内 2 小时,特殊药品 4 小时,一般药品 8 小时之内送到。

领先的智能化仓储物流体系。采用智能自动化物流仓储系统,日平均储存能力达 35 万标准箱,日分拣能力达到 13 万订单行,日吞吐量达 2 万件。目前为全国最先进的智能化现代医药物流企业之一。

(4)江西远洋保险设备实业集团有限公司

远洋集团管理特点是"管理科学化+人才为本"之模式。

管理科学化。实现生产规模化、产品标准化、研发超前化、销售网络化、服务体系化。

以人为本。即重视人才、善用人才、培养人才、留住人才,建立健全具有竞争力的用人体制、培养体系及薪资福利体系。以德为先、德才并重。人才的能力、经验是衡量人才的主要标准之一，公司不唯学历、不唯职称、不唯资历、不唯身份。

（5）上海沪工电焊机制造有限公司

沪工电焊的经营哲学是致力"成为电焊机行业内一颗耀眼的恒星"的目标，管理的核心思想是"系统化的供应链管理"。

公司营销服务网络覆盖全国，产品以气体保护焊机为主，以逆变技术为依托，服务于国内外各专业领域。在国际上，与世界多个知名品牌展开了广泛领域的合作，引领中国焊机行业。

沪工电焊在中国电焊机行业，跳出了传统企业边界，率先引入 K/3ERP 进行管理，以系统化的管理思想，打通了营业管理、资材管理、人力资源管理、生产管理、财务管理和经营管理。

（6）上海洗霸科技股份有限公司

"精细化管理"是洗霸科技的重要管理特征。

在生产管理质量体系方面，管控生产过程，兼备工艺的制定，改进存货管理系统。

在绩效考核方面，依托质量体系、存货管理、公司行为规范，目标明确、奖惩分明。在安全绩效管理方面，加大安全培训考核力度，强化应急能力提升。

表 19　成本绩效＋加强党建的管理特征

企业名称	管理特征
江西方大钢铁集团有限公司	抓党建＋成本管理优异
深圳市神州通投资集团有限公司	通过分配机制向分享机制的升级
泰豪集团有限公司	船式结构＋双通道人才
崇义章源钨业股份有限公司	加强党组织建设＋人才管理
红旗集团江西铜业有限公司	以党建促管理
果喜实业集团有限公司	以抓党建促管理

（1）江西方大钢铁集团有限公司

该集团公司在管理上坚持"要听党的话，跟党走；对员工要好，要建和谐企业；要依法治企，依法兴企"的企业方针，在 60 多年的发展历程中,形成了最为独特的"成本管理优异"之模式。

集团在由产能扩张转化为成本压缩的内生性成长模式后,低成本策略已经凸显出明显优势。原燃料、人工、折旧、制造成本均位于行业领先,吨钢期间费用明显呈现大幅下降趋势,由之前远高于行业水平到已经低于行业平均水平。

（2）深圳市神州通投资集团有限公司

神州通集团宗旨是"聚才兴业,共享成功"。其管理特征是通过分配机制向分享机制的升级。

集团通过激发企业活力,通过"线上线下、产融结合一体化"的发展模式携手客户共谋发展。组建了资金流、物流、信息流三位一体的产业支持体系,缔造了一个价值创造链正向循环的组织体系。

（3）泰豪集团有限公司

泰豪集团管理特色是构建"船式结构＋双通道人才"管理模式。

船式结构。在创业发展阶段,组织管理体系由"小船结构"演变为"船队结构"。在产业发展阶段,组织管理体系由"船队结构"向"大船结构"调整,同时积极参与国企改革,并通过融入新的技术和资本、引入新的激励和约束机制对其进行市场、文化和资源的重新整合。

双通道人才培养。在员工管理上,注重比较优势,实行末位淘汰。在培养与选拔上,建立完善的培养体系。

（4）崇义章源钨业股份有限公司

公司管理的主要特征是"加强党组织建设＋人才管理"模式。

章源钨业充分发挥党组织在企业发展中的政治引领和在职工群众中的政治核心作用,以党群文化引领企业文化建设。在选人方面,谋求章源和个人的"双赢"。在育人方面,为员工提供多样的培训。在用人方面,坚信"用人不疑,疑人不用"的原则。在留人方面,提供有竞争力的薪酬,使员工全身心的投入和享受工作无后顾之忧。

（6）红旗集团江西铜业有限公司

江铜管理最重要之特点是"以党建促管理"之模式。

公司成立党支部和工会委员会,把党建和工会工作纳入日常管理,并与行政工作同时布置,同时检查,同时考核。

党支部和工会组织工作有效地调动和促进了党员、会员以及职工代表的积极性、主动性和创新能力。

（7）果喜实业集团有限公司

作为江西首家民营企业的榜样，果喜"以抓党建促管理"作为企业的管理法宝。

果喜于1973年成立党组织，2003年4月成立党委，现有中共果喜实业集团公司机关支部委员会、中共果喜集团江西喜达木雕漆器公司支部委员会等四个企业党支部。

企业党组织实现企业发展和党建工作的"双赢"；在组织管理理念上，引导、监督、服务、促进；在党建工作理念，经济建设到哪里，党的组织就建到哪里；在党员先进性理念上，以做好经济能人为前提，充分发挥政治能人作用。

（四）　赣商的文化特征

赣商文化的特征，具体表现为企业文化、企业家素质、地域文化和时代文化的多重影响下的综合性特征，而其中最核心的企业文化。正如马克思在《资本论》中作为分析起点的商品一样，企业文化是人们每时每刻都能耳闻目睹、接触到的，但恰恰又是熟视无睹的东西。按照约翰·科特在《企业文化与经营业绩》所言，企业文化不仅可以决定企业兴衰，还可以转化为有利于企业经营业绩增长。

企业文化是一种文化系统，它由三个层次有机地组成：第一层次企业精神。它是企业文化的灵魂和核心。包括伦理观、行为规范、心理、心态、思维方式、传统习惯等等。任何成功的企业或公司都有比较成功的企业精神。第二层次是企业制度。它是企业文化的机体和框架，是由管理方式、组织方式和行为方式组成的企业制度文化，包括行为方式、组织结构、制度章程、管理模式、人际关系、礼仪活动等。第三层次是企业大文化。是企业为社会所创造的一切，包括物质文化、精神文化的总和。概而言之，企业文化的基本内涵包括企业精神、企业使命、企业价值观、企业愿景、企业道德、企业制度、礼仪习俗等方面，以企业精神和价值观为核心。

改革开放以来,赣商以独特的商业精神和文化底蕴,不断创造商业奇迹,立足于中国大地和世界商界之林。

当今,赣商精神总结为"厚德实干,义利天下"。笔者把赣商精神分解为"厚德载物""实干兴邦""志存高远"和"义利天下"四个方面进行解读,对"百人百企"赣商企业从企业精神、企业使命、企业价值观和企业愿景等进行发掘整理,从中以"关键词"的方法进行研究和展示。

1. 厚德载物是赣商精神的核心理念

当今赣商继承了传统赣商"诚信为本"的商业道德和操守,坚持商业只有在诚信、公平、公正的基础上才能持久发展。注重商业道德和社会责任,把商业活动与道德行为相结合,形成了独特的商业风范。

关键词:厚德(大德)、诚信。

从赣商企业名单中,发现"厚德"和"诚信",分布于企业精神、使命、价值观和企业愿景之中。

(1)"厚德"出现在"企业精神"方面的有:深圳市神州通投资集团为"厚德务实",美华建设集团公司为"厚德实干",江西昌南建设集团公司为"大德行远"。

"厚德"出现在企业价值观的有:海力控股集团公司为"厚德诚信"、广东广州市天高集团公司"厚德务实"。

(2)"诚信"出现在"企业精神"中有:方大钢铁公司"诚信为先",双胞胎(集团)股份公司为"诚信协作",深圳市裕同包装科技股份公司为"诚信务实",上饶市致远环保科技公为"诚信实干",贵溪大三元实业(集团)股份公司为"诚信立足",玉茗建设集团责任公司为"诚信立伟业",深圳康泰生物制品股份公司为"诚信高效",崇义章源钨业股份公司为"诚信至上",江西富祥药业股份公司"诚信、团队"等。

"诚信"出现在"企业使命"中有:江西济民可信集团公司为"诚信为品"、江西三川集团公司"诚于服务"等。

"诚信"出现在"企业价值观"中有:美华建设集团公司的"诚信共赢",福建圣农发展股份公司的"诚信品质",江西赣锋锂业集团股份公司的"诚信透明"，北京雪迪龙科技股份公司"诚信公正"，等等。

表20　赣商关键词"厚德（大德）"、"诚信"之分布

赣商企业	企业精神	企业使命	企业价值观	企业愿景
深圳市神州通投资集团有限公司	**厚德**务实口碑至上	聚才兴业共享成功	坚持"共怀梦想、共同成长、共担风险、共创价值、共享成功"	百年企业·基业长青
海力控股集团有限公司	海纳百川力筑传奇	美丽美好大美建筑生活自然	**厚德**诚信客户至上成人达己精准细快	百年海力幸福海力国际海力
广东广州市天高集团有限公司	求实进取有序同心	创造财富、产业报国。	**厚德**、务实、创新、共赢	创新机制、转型升级、突破管理、再塑天高
美华建设集团有限公司	**厚德**实干义利天下	为客户创造价值、为员工创造机会、为社会创造效益。	诚信共赢责任担当 德才兼备持续创新	做中国装饰行业领跑者，装饰领域的深耕者
江西昌南建设集团有限公司	唯实励新**大德**行远	缔造城市和美生活空间	诚誉为本和合共赢	成为国际一流的绿色建筑产业集团
江西方大钢铁集团有限公司	以人为本**诚信**为先	取之于社会回报于社会	经营企业一定要对国家有利、对企业有利、对员工有利	逐绿发展向**未来**
双胞胎（集团）股份有限公司	务实高效开拓创新，艰苦奋斗自我批判，**诚信**协作争创一流	让养猪更简单让猪肉更安全	以客户为中心以奋斗者为本 长期艰苦奋斗坚持自我批判	让每位家人吃上放心猪肉
维沃移动通信（vivo）有限公司	敢于追求极致、持续创造惊喜	为消费者创造非凡的个人移动数字化生活	本分、创新、消费者导向	致力于成为一家更健康、更长久的世界一流企业
江西济民可信集团有限公司	敢为人先	济世惠民信待天下 **诚信**为品造福天下	求实、锐变、融合、奋斗	致力于成为国际先进的现代化大健康产业集团

（续表）

赣商企业	企业精神	企业使命	企业价值观	企业愿景
福建圣农发展股份有限公司	勇于创新敢于拼搏 善于纳贤乐于奉献	市场国际化品牌国际化 管理国际化资本国际化	**诚信**品质专一共赢	成为世界级食品企业
广东深圳市裕同包装科技股份有限公司	**诚信**务实 高效创新	聚焦印刷包装领域,提供专业领先的产品和服务,持续为客户提升价值	客户至上人才为本持续创新协作共赢	致力于成为客户信赖、员工爱戴、社会尊重的国内领先、国际知名印刷包装企业
上饶市致远环保科技有限公司	**诚信**实干 创新高效	为国家战略资源尽一份力	处事泰然宁静致远	让金属重生,为了更好的世界
江西赣锋锂业集团股份有限公司	以人为本 科技兴业	利用有限的锂资源,为人类的发展和进步创造绿色、清洁、健康的生活。	**诚信**透明责任担当专业高效创新驱动合作共赢	利用有限资源,创造无限价值
贵溪大三元实业（集团）股份有限公司	**诚信**立足 创新致远	聚焦客户 创造价值 引领发展	专业创新奋斗共赢	打造全球领先的有色金属的生产、加工、贸易
茗建设集团有限责任公司	**诚信**立伟业 质量树品牌	提供绿色优质建筑,缔造低碳美好家园	进取创新责任共享玉	成为行业领先、中国一流的绿色建筑产业集团
深圳康泰生物制品股份有限公司	**诚信**高效 创新凝聚	创造更好的疫苗、造福人类健康	以人为本,为民健康	成为国内一流、国际著名的大型生物制药跨国公司
江西洪达医疗器械集团有限公司	献身医疗、团结拼搏,创新担当、争创一流	持续不断的创新,为人类带来更安全、健康的生活	质量为先精制作,顾客满意守**诚信**;以人为本强创新,持续改进争一流	成为中国医疗行业最有品牌影响力的上市公司
江西康华企业发展有限公司	自强不息 勇创第一	开拓进取成就使命回报社会	忠诚**诚信**协作学习执行创新	

（续表）

赣商企业	企业精神	企业使命	企业价值观	企业愿景
崇义章源钨业股份有限公司	**诚信**至上 勇于创新 精益求精 追求卓越	安全环保扩产 提质降本创新	安全、和谐、高效、创新	科学利用资源，实现绿色冶炼，发展精深加工
江西富祥药业股份有限公司	**诚信**团队 效率创新	精心做药 呵护健康	自强、坚韧、包容、共享规范、实干、担责、公正、敬业、勤学、律己、友善	成为全球知名的制药企业
北京雪迪龙科技股份有限公司	勇于担当 团队协作 排除万难 争取胜利	致力生态技术 守护绿色家园	**诚信**公正、创新高效、务实贡献，以客户为中心	成就卓越的生态环境企业品牌

2. 实干兴邦是赣商精神的实践理念

赣谚有云："早起三朝当一工，早起三秋当一冬"。赣商坚持赣文化中"勤劳致富"之实干精神，勇于尝试，敢于创新，不断探索新的商业机会和商业模式，不断探索实践和经验总结，不断提高自身的商业能力和创新能力，用实践为经济社会发展作出新贡献。

关键词：实干、勤（奋）、创新。

（1）从赣商企业中，发现"实干"、"勤（奋）"、"创新"，分布于企业精神、使命、价值观和企业愿景之中。

"实干"出现在"企业精神"中有：广东深圳市裕同包装科技股份公司"坚韧、实干"，上饶市致远环保科技公司"诚信、实干"；出现"企业价值观"的有：江西富祥药业股份公司的"规范、实干"。

（2）"勤（奋）"出现与"企业精神"中有：赣州科力稀土新材料公司的"勤奋、务实"，江西远洋保险设备实业集团公司"价值观"的"勤勤恳恳"。

（3）"创新"一词，几乎出现在所有的赣商企业中。无论是超亿企业晶科能源控股公司在"企业价值观"中写明"持续对标创新"、北京小桔科技公司（滴滴出行）在"企业精神"标注"持续创新"，还是现代咨询企业北京和君咨询集团在"企业使命"中"成为知识创新和商学思想的

223

策源地",创新成为赣商企业追求卓越永不枯竭的代名词。充分彰显赣商不仅实干、勤劳,还有敢于和善于"创新"之精神。

表21　赣商企业关键词"实干"、"勤(奋)"、"创新"之分布

赣商企业	企业精神	企业使命	企业价值观	企业愿景
晶科能源控股有限公司	务实笃行	改变能源结构,承担未来责任。	以客户为中心,以贡献者为本,持续对标创新,坚持务实笃行	提供清洁能源整体解决方案,成为行业标杆。
广东深圳市裕同包装科技股份有限公司	正直进取坚韧实干	聚焦印刷包装领域,提供专业领先的产品和服务,持续为客户提升价值	客户至上人才为本持续创新协作共赢	致力于成为客户信赖、员工爱戴、社会尊重的国内领先、国际知名印刷包装企业
上饶市致远环保科技有限公司	诚信实干创新高效	为国家战略资源尽一份力		让金属重生,为了更好的世界
江西宏宇能源发展有限公司	求真务实自强创新	为国民创利、为员工造福、为企业发展、为社会贡献	成人达己达己成人	志为行业一流,共创世界品牌
江西富祥药业股份有限公司	诚信团队效率创新	精心做药,呵护健康	规范、实干、担责、公正	成为全球知名的制药企业
赣州科力稀土新材料有限公司	勤奋务实创新发展	为人类科技进步贡献最好的稀土新材料	追求公司与顾客的利益最大化	一流的品质、一流的服务、一流的效益
江西远洋保险设备实业集团有限公司	务实求精争创优等	各牌兴业回报社会	潜心干事:是一心一意,持之以恒,是雷厉风行,勤勤恳恳	思想有多远我们就能走多远
北京小桔科技有限公司(滴滴出行)	持续创新,不进则退	让出行更美好	创造用户价值	引领汽车和交通行业变革的世界级科技公司
维沃移动通信(vivo)有限公司	敢于追求极致、持续创造惊喜		本分、创新、消费者导向	致力于成为一家更健康、更长久的世界一流企业

（续表）

赣商企业	企业精神	企业使命	企业价值观	企业愿景
合力泰科技股份有限公司	/	智造美好	正直、奋斗、创新、协作	科技驱动、成就卓越
九江天赐高新材料有限公司	激情担当学习创新	绿色化学成就低碳美丽生活	客户至上守正出新奋斗进取创造完美品质	
北京和君咨询有限公司	大商贵和尊人为君	成为知识创新和商学思想的策源地，在世界商学流派中造就一个和君学派。	建设人情原乡和精神家园是和君的价值取向和终极追求。	中国商学院派征服全球商学院
江西洪达医疗器械集团有限公司	献身医疗、团结拼搏，创新担当、争创一流	用我们持续不断的创新，为人类带来更安全、健康的生活	以客户为中心的不断创新、以安全为中心的高效生产、以目标为中心的公平竞争。	使洪达成为中国医疗行业最有品牌影响力的上市公司！
中恒建设集团有限公司	"样式雷"文化，其工匠精神和精益求精的品质，成为中恒人匠心精神，百年传承的精神堡垒。	匠心缔造精品，传承建筑文明	品质、创新、担当、共享	致力于成为具有国际影响力的建筑综合企业集团。
江西益康医疗器械集团有限公司	敬业团队创新	为顾客创造价值、为员工创造机会、为社会创造效益。	以人为本、以科技为本、以质量为本。	建优质企业。
江西世龙实业股份有限公司	走创新之路靠智慧发展	安全环保，创造健康价值	创新发展，致力卓越久远	/
北京雪迪龙科技股份有限公司	勇于担当团队协作排除万难争取胜利	致力生态技术守护绿色家园	诚信公正、创新高效务实贡献，以客户为中心	成就卓越的生态环境企业品牌
上海沪工电焊机制造有限公司	积聚能量释放自我	以科技创新、市场导向、管理提升和员工发展为基础，关注客户价值，承担社会责任。	学习与创新是主旋律	致力于为世界提供先进、优质并有竞争力的全面焊接与切割解决方案。

225

（续表）

赣商企业	企业精神	企业使命	企业价值观	企业愿景
江西青龙集团有限公司	面向未来开拓进取 求实奉献再创辉煌	以**创新**求发展不断推旧出新	把握机遇勇开先河	/
江西五洲医药营销有限公司	开拓进取团结奉献诚实守信	五洲同心康泽世人	奋斗中求生存,**创新**处谋发展!	药品质量第一人民健康至上
果喜实业集团有限公司	开拓艰苦求实献身	着力自立**创新**立足科学发展	富裕桑梓造福社会	/
昆山国力电子科技股份有限公司	/	对社会承担责任、为客户创造价值、与员工共创美好生活	客户第一合作共赢**创新**超越责任担当热情温暖	打造全球领先的电真空器件研发、制造和服务平台!
普蕊斯医药科技	敬畏心责任心荣誉心	敏捷、**创新**、合作、以客户为导向	用专业赢得职业尊重	改革中国临床试验发展模式!探索中国临床试验解决之道

3. 志存高远是赣商精神的发展理念

赣商素有"一个包袱一把伞,走南闯北当老板"之潇洒。当今赣商"远大理想"之追求精神,不畏艰险,不断挑战自我、超越自我。赣商积极投身社会公益事业,勇于承担社会责任,不仅关注眼前的商业利益,更注重长远的商业发展和企业价值之提升。

关键词:责任、价值。

（1）"责任"一词,分布在赣商企业的企业精神、企业使命、企业价值观和企业愿景中。譬如木林森股份公司的企业精神中,有"让世界更美好,这就是木林森的绿色责任"。

在"企业使命"中,晶科能源控股公司为"改变能源结构,承担未来责任"。"责任"一词更多得出现在"企业价值观"中,如泰豪集团公司的"承担、责任、实现",江西金虎保险设备集团公司的"责任、共赢"。

在"责任"上,海力控股集团公司有特别之诠释,即以实现人们对美好生活的追求与环境和谐相处、造福社会的责任担当,用科技创新提升建筑工程品质,推行绿色建造方式,保护环境,为社会打造大美自然。海力的使命,体现了从"有形价值产品"到"无形价值服务"以及从"小担当"到"大责任"两个层面的追求。玉茗建设集团责任公司的企业核心价值观是"进取创新责任共享"。其中责任解释为:是一种职责和任务。企业与员工必须具有责任感,遵守法律法规和规则,对工作负责、对社会负责,为相关方创造价值。江西金虎保险设备集团公司的价值观中"责任"之含义为"国家荣誉至上,公众利益至上,客户价值至上"。

（2）"价值"一词,既体现企业本身追求,更体现赣商创造社会价值之谓。上海会畅通讯股份公司的企业精神就有"为客户创造价值",广东深圳市兆驰股份公司"以诚实、高效的经营,为用户、员工、股东、社会以及渠道合作伙伴创造价值",江西赣锋锂业集团股份公司的价值观为"利用有限资源,创造无限价值";上海爱旭新能源股份公司提出"为客户价值构建伙伴关系"。

表 22　赣商企业关键词"责任"、"价值"之分布

赣商企业	企业精神	企业使命	核心价值观	企业愿景
晶科能源控股有限公司	/	改变能源结构,承担未来**责任**	以客户为中心,以贡献者为本,持续对标创新,坚持务实笃行。	提供清洁能源整体解决方案,成为行业标杆。
木林森股份有限公司	让世界更美好,这就是木林森的绿色**责任**	为人类提供更健康、更环保的产品	务实**责任**创新	创世界级伟大企业
泰豪集团有限公司	/	创导智能技术、产品和服务,以提高人类生活的品质	承担**责任**实现	我们希望并为之努力,使泰豪成为"中国的泰豪、世界的泰豪"。
江西赣锋锂业集团股份有限公司	/	/	利用有限资源,创造无限**价值**	诚信透明**责任**担当专业高效创新驱动合作共赢
赣州晨光稀土新材料有限公司	/	让有限的稀土,创造无限的**价值**	正气**责任**规矩关爱	成为备受尊重的公众化稀土企业集团

（续表）

赣商企业	企业精神	企业使命	核心价值观	企业愿景
玉茗建设集团有限责任公司	诚信立伟业,质量树品牌	提供绿色优质建筑,缔造低碳美好家园	进取创新**责任**共享玉	成为行业领先、中国一流的绿色建筑产业集团
江西金虎保险设备集团有限公司	敬业诚信 奉献创新	追求卓越,实业兴邦	**责任**共赢	造百年金虎,创世界品牌
上海会畅通讯股份有限公司	为客户创造**价值**	促进中国企业沟通协同的效率和水平	担当、**价值**、分享	中国所有的大型企业和组织都用上会畅的云视频
广东深圳市兆驰股份有限公司	着眼未来	以诚实、高效的经营,为用户、员工、股东、社会以及渠道合作伙伴创造**价值**	提升消费者的生活品质	成为受到全球消费者尊敬的中国企业。
上海爱旭新能源股份有限公司	/	为零碳社会带来澎湃动力	为客户**价值**构建伙伴关系	成为全球光伏产业的领导者

4. 义利天下是赣商精神的公益理念

千帆一道带风轻,奋楫逐浪天地宽。江西为"文章节义之邦",在赣文化的熏陶之下,赣商形成了"以义为先"之公益观念,赣商在追求"利"的同时,雅怀苍生,追求承担社会责任和公益目标,注重商业活动与生态环境相结合,推动可持续发展和绿色商业实践。

关键词:服务、超越。

"义"字本意为道理、意义和公益。在赣商这里,可以阐释为"服务"和"超越",以及传递爱与生命,共创共赢,富裕桑梓,造福社会,面对未来,超越无限。

在"服务"一词,分布在各个行业的企业之中。如仁和(集团)发展公司的愿景是"为人类健康服务",博众精工科技股份公司使命是"让我们的智慧在外太空为人类服务",颇有未来感,九江联盛实业集团公司的使命为"服务社会",江西联创光电科技股份公司"创新、品质、服务、

共赢"，江西仁翔药业公司的企业精神和使命都有"服务"两词，分别为
"服务一流"和"为社会及公众提供最好的药品配送服务"，等等。

表23 赣商企业关键词"服务"、"超越"之分布

赣商企业	企业精神	企业使命	核心价值观	企业愿景
仁和(集团)发展有限公司	精诚团结与时俱进	产业报国造福人类	人为本和为贵	为人类健康**服务**
博众精工科技股份有限公司	博采众长博施济众	让我们的智慧在外太空为人类**服务**	成就客户勇于担当求实创新正直诚信内省外察	致力于成为装备制造业可持续发展的世界级企业。
九江联盛实业集团有限公司	诚信求实创新奉献	爱国爱民，**服务**社会	企业惟有利于社会才有其存在的价值	引领时尚生活，缔造潮流经典
江西天新药业股份有限公司	团结一心求优求精人人参与人人发展	做强企业、成就员工、**服务**社会、健康人类	诚信、守法、尊重、沟通、务实、创新。	"悉心打造产品、用心关爱健康
江西联创光电科技股份有限公司	勤勉——倡导勤奋努力、追求成功的工作态度	让人类生活更加健康与环保，为美好世界增光添彩！	创新、品质、**服务**、共赢	成为全球顶尖的光电企业。
江西三川集团有限公司	务实创变卓越	勇于创新精于制造诚于**服务**供需双赢	迅速反应精益求精	上善若水，百年三川
江西仁翔药业有限公司	守法经营质量第一信誉至上**服务**一流	为社会及公众提供最好的药品配送**服务**	善待员工 善待客户善待投资者善待社会	铸百年企业造药业航母
上海洗霸科技股份有限公司	敬业奉献**创新**创造	以质量为保证，**服务**为导向，为客户提供卓越的水处理技术整体解决方案	上善若水海纳百川洗濯尘源霸业共襄	成为全球化浪潮中新兴的中国力量，水处理技术整体解决方案的高技术服务商与产品制造商。
江西远洋保险设备实业集团有限公司	务实求精争创优等	以人为本质量取胜勇创名牌**服务**社会	传承经典，与智同行，锐意创新，与时俱进。	

（续表）

赣商企业	企业精神	企业使命	核心价值观	企业愿景
泰豪集团有限公司	**服务**创新规范理解	创导智能技术、产品和**服务**，以提高人类生活的品质	承担责任实现。	我们希望并为之努力，使泰豪成为"中国的泰豪、世界的泰豪"。
吉安鑫泰科技有限公司	拼搏求实创新敬业	**服务**循环经济打造绿色生活	让客户成	致力于成为全球再生资源装备的提供商和综合服务商
红旗集团江西铜业有限公司	团结进取务实创新	做精做强回报社会	以人为本科学管理追求品质诚信**服务**	立足行业榜首争创世界品牌
中国安防技术有限公司	坚持不懈**超越**无限	致力于为中国智慧低碳城市、平安城市建设提供整体解决方案及综合业务支撑	务实、包容、专业、前瞻、**超越**	成为受人尊敬的世界级企业

（五）赣商的财富与传承特征

结合"当今赣商百人百企名单"，从财富类型来看，主要分两大类型。

一类是非上市公司，主要包括江西东旭投资集团公司、南昌华勤电子科技公司等 152 家，占 68.8%。

一类是上市公司，主要包括方大特钢、爱施德等 69 家，占 31.2%。其中在深圳证券上市 39 家，上海证券上市 21 家，香港证券上市 5 家，新三板 3 家，纽交所 1 家，纳斯达克 2 家。

1. 赣商的财富特征

对赣商非上市公司，由于信息不公开，亦无专门的实证采访，笔者无法对其财富传承特征进行总结和做出判断，故暂时搁置不论。

对赣商上市公司而言，在资本市场通过资本运作获得财富是直接的方法，也是赣商的财富重要特征。其中的运作方法，主要包括股票融资，债券融资（包括可转债），收购、兼并、合并，股权奖励及员工持股，对外产业投资,对外已经产业投资(参股、控股、合资等),大股东增减持,大股东股票质押融资,重组,剥离,控股权或控制权的变动和争夺,ABS(资产证券化),转板、转市、跨市、退市和私有化,以及收购上市公司,A控A,A控北,A控H,A控境外等维度。

资本市场是一个分配资本的场所,再融资和投资是经济增长的一驾重要马车,区域与区域之间的经济赛跑、企业与企业之间的成长赛跑,有一种重要维度,那就是对资本的争夺,而上市公司对资本市场的利用效率决定了其从资本市场获取资本资源的能力。

(1)赣商的资本运作,第一首选是股本融资。扩大股本金,增强企业的信用等级、举债能力和抗风险能力,通过金融杠杆实现企业融资的几何级放大。譬如2022年,孚能科技、九丰能源通过定向发行在A股市场上分别再融资33.18亿和1.20亿元。

表24　2022年赣商上市公司股票再融资额(亿元)

债券名称	募资金额	发行方式
孚能科技	33.18	定向发行
九丰能源	1.20	定向发行

说明:表23至表28数据参考和君咨询等《江西省2022上市公司发展报告》

第二是债券融资(包括可转债)。譬如2022年赣商企业应付债券,晶科能源为27.19亿,九丰能源为8.60亿,联创电子为2.75亿。赣商的未清偿可转债,晶科能源为22.96亿,九丰能源为10.80亿,联创电子为2.99亿。

表25　2022年赣商上市公司应付债券金额和未清偿可转债(亿元)

债券名称	应付债券	未清偿可转债	总市值
晶科能源	27.19	22.96	166.40
九丰能源	8.60	10.80	139.28
联创电子	2.75	2.99	100.27

第三是收购兼并。从披露和可查赣商企业中,并购交易金融,九丰能源10亿,赣锋铝业9.11亿元,金力永磁1.54亿,分别用于公共事业和原材料等。

表 26　2022 年赣商上市公司并购交易金额(亿元)

证券名称	并购额
九丰能源	19.8
赣锋铝业	9.11
金力永磁	1.54

第四是股权激励。股权激励是围绕上市公司长期业绩提升和市值增长,从激励机制上保障上市公司的能够持续有效运转,推动上市公司可持续发展。赣商企业股权激励,晶科能源为 0.40 亿,孚能科技为 0.43 亿,赣锋锂业为 0.19 亿,金力永磁 0.06 亿。

表 27　2022 年赣商上市公司股权激励情况一览(亿元)

证券名称	激励数量
晶科能源	0.40
孚能科技	0.43
赣锋锂业	0.19
金力永磁	0.06

第五是对外进行产业投资。赣商企业之金力永磁、九丰能源、联创电子、方大特钢、赣锋锂业等设立产业基金,进行对外产业投资。2022年,方大特钢对外投资 248.15 亿,晶科能源 0.40 亿,赣锋铝业对外投资 10.85 亿,联创电子 3.8 亿。

表 28　2022 年赣商对外产业投资交易金额(亿元)

证券名称	对外产业投资交易金额
方大特钢	248.15
晶科能源	0.40
赣锋铝业	10.85
联创电子	3.80

第六是股票回购。2002 年赣商企业之九丰能源回购 3.01 亿,江特电机回购 0.39 亿,联创电子回购 0.04 亿,联创光电回购 0.03 亿,煌上煌回购 0.01 亿。

表29 赣商上市公司股票回购情况(亿元)

证券名称	回购次数	累计金额
九丰能源	2	3.01
江特电机	1	0.39
联创电子	2	0.04
联创光电	1	0.03
煌上煌	1	0.01

第七是剥离。根据赣商之公司2022年报披露,不少企业进行剥离。泰豪科技剥离1.65亿,方大特钢剥离0.26亿,仁和药业剥离0.16亿,江特电机剥离0.01亿。

表30 2022年赣商资产剥离上市公司(亿元)

证券名称	处置子公司及其他营业单位收到的现金净额
泰豪科技	1.65
方大特钢	0.26
仁和药业	0.16
江特电机	0.01

2. 赣商的代际传承特征

家族企业代际传承,从全球范围来看,据《幸福》杂志统计:在全球500家大型企业中,有175家为家族企业。而在美国公开上市的最大型企业中,有42%的企业仍为家族所控制。

我国自改革开放以来,全国各地的民营企业得以迅速发展。截止2022年底,民营企业已有1亿多家(全国工商联数据),其中家族企业约占90%以上。

家族企业的代际传承是全球性的难题。数据显示,顺利传承到第二代的家族企业占总数的30%,成功传承到第三代的家族企业仅有10—15%,而继续发展传承到第四代家族企业则仅仅只有3%。

赣商同样面临代际传承这道坎。

在"百人百企"赣商企业中,有87%是家族企业。笔者根据赣商企业的创办时间,以10年为时间段,笔者做一个基本划分。

（1）1950 年代只有 1 家,即 1959 年创立的江西方大钢铁集团公司,占总数的 0.004%。

（2）1970 年代也只有 1 家企业,即 1971 年成立的江西三川集团公司,占总数的 0.004%

（3）1980 年至 1989 年期间,诞生了中恒建设集团公司、江西金虎保险设备集团公司、宏盛建业投资集团公司泰豪集团公司、用友软件集团等 9 家企业,占总数的 4.05%。

（4）1990 至 1999 年,诞生了江西中南建设工程集团公司、江西博能实业集团、广东广州市天高集团公司、利达装饰集团公司、江西特种电机股份公司、江西远洋保险设备实业集团等 37 家,占总数的 16.6%。

（5）2000 至 2009 年,诞生了北京和君咨询集团、李渡酒业公司、江西安泰物流公司、江西九州通药业公司、红旗集团江西铜业公司、余干县银泰铜业公司等 92 家,占总数的 41.6%。

（6）2010 至 2019 年,成立了维沃移动通信(vivo)公司、江西恒泰铜材公司、江西贪玩信息技术公司、江西汇仁医药贸易公司、江西荣信铜业公司、上饶捷泰新能源科技公司等 74 家,占总数的 32.8%。

（7）2020 年至 2022 年,诞生华同控股公司、江西速到信息技术公司、上饶市汇联网络科技公司、江西华泽铜业公司等 7 家,占总数的 3.15%。

表 31 "百人百企"赣商企业创办时间分布

年　代	赣商企业数量	占　比
1950 年代	1	0.04%
1970 年代	1	0.04%
1980 年代	9	4.05%
1990 年代	37	16.6%
2000 年代	92	41.6
2010 年代	73	32.8%
2020 年代	7	3.15%

从赣商创办企业时间分析,2010 年之前创办的企业为 148 家,占 66%。从创办者企业时间和出版者年龄推断,也应该到了考虑企业接班人的问题。

根据欧美日等国家族企业传承,以及华人企业和中国民营企业传承的足够范本,代际传承主要有三种模式。

第一种:"子承父业"模式。

成功的财富传承主要有三大特点,即计划早、勤训练、存备选。这三大特点构成一个系统性的代际传递计划,从而保证权力和财富的顺利移交。"子承父业"模式,比较典型的是李嘉诚父子。作为亚洲首富李嘉诚,长子李泽钜在接受美国斯坦福大学现代教育后,在长江实业实战多年,积累了丰富的商战经验,从而顺理成章地成为长江实业的副主席。类似子承父业,还有娃哈哈的宗馥莉、新希望的刘畅、方太集团的茅忠群等等。

第二种内部培训模式。

该模式最为典型是香港的李锦记集团,李氏家族通过"家族委员会"和"家族宪法"在内的一整套制度安排。要成为企业继承者需要经过多重考验,除在学业上获得认可外,同时要在多家企业任职,在被确认为具有专业化经理人能力后,才可能成为家族财富的传承人。

第三种职业经理人模式。

该模式最为典型是福耀玻璃。由于曹德旺的儿子曹晖不愿意接班企业,曹德旺很早就认识到福耀玻璃必须引入外部的职业经理人。福耀玻璃巨大的规模为继承人的选择提供了很多潜在契机,而且从内部选择继承人也能保证企业未来发展的基本稳定。

在赣商企业中,从上市公司披露的材料中,表现最为显著的是"子承父业"模式,其他两种模式目前显现不太明显。笔者以江西煌上煌集团和福建圣农集团为例。

表32 江西煌上煌集团和福建圣农集团地代际传承

企业名称	主营业务	父辈/出生	子辈/出生	接班人背景	现任角色	入企时间
煌上煌集团	农副食品加工业	徐桂芬 1950年	褚浚 1976年	清华大学 EMBA	董事长、总经理	1997
圣农集团	农副食品加工业	傅光明 1953年	傅芬芳 1980年	福建农林大学	圣农发展董事,圣农实业董事长,	2018

（1）煌上煌：从徐桂芬到褚浚。

1993 年，43 岁的徐桂芬创办煌上煌。2012 年 9 月公司在深交所成功挂牌上市，成为国内酱卤肉制品行业中的"第一股"。

创业初期，徐桂芬的丈夫褚建庚并未一同创业，随着煌上煌不断发展，陪同徐桂芬的亲戚开始占据煌上煌，企业出现发展与管理困境。此时，丈夫褚建庚从外地回赣重新调整公司组织架构，2001 年改名为煌上煌集团，由褚建庚担任集团总裁，徐桂芬为董事会主席。2008 年任命 1976 年出生的长子褚浚为公司总经理，由他全权掌管公司的财务。如今，褚浚被任命为董事长，大部股权控制在家族内部。

（2）圣农集团：从傅光明到傅芬芳。

生于 1953 年的傅光明，于 1983 年创办圣农公司。30 多年来，将圣农由一个地方级的小企业打造成一艘世界级食品行业的航空母舰。

傅光明之女傅芬芳，自 2007 年起全面负责福建圣农食品公司的经营管理，恪尽职守、勤勉敬业，积极推动圣农食品的转型发展，圣农食品已连续多年保持快速增长，其中近 3 年营业收入的年复合增长率均超过了 30％。2009 年 10 月福建圣农发展股份公司在深交所成功上市，1980 年出生的傅芬芳成为上市公司的实际控制人兼总裁。

2018 年 1 月 16 日，圣农发展在关于调整公司高级管理人员任职的公告称，傅光明不再兼任公司总经理一职，继续任公司董事长职务，并向公司董事会建议，由傅芬芳接任总经理职务。傅芬芳作为福建圣农控股集团的实际控制人和董事长，展现了出色的领导才能和管理能力。

第六章

从现在看未来:江西省上市公司发展报告

跨越新时代,江西奋楫扬帆谋新篇,赣商拼搏资本市场新赛道。

江西以产业发展为本,在全国范围里持续推进制造业重点产业链现代化建设等有竞争力的特色产业。在经济快速发展的同时,江西根植红色基因,启动企业上市"映山红行动",积极推动企业上市。赣鄱大地,一家家赣商企业迎着资本市场的春风,如"映山红"般绽放在红色土地,资本市场"江西红"的底色愈发鲜艳。

上市公司是现代经济最活跃的市场主体之一,是现代区域经济发展最具活力的增长源和推动力,也是省域产业能力和产业竞争力的中坚力量。一省的上市公司群体,是该省产业结构的"形象代言"。面对顽强崛起、欣欣向荣的江西上市企业,笔者采用自创而独创的分析方法,解读其中蕴涵的产业意义和省域经济意义,力争为江西上市公司发展勾勒出一幅总体画像,以期提供一种经验样本和发展启迪。

引　言

　　报告试图为江西省上市公司发展状况勾勒出一幅总体画像,并解读其中蕴涵的产业意义和省域经济意义,政府、企业、投资者、分析师、研究者、观察家都可以各取所需从中获取有用信息和启迪。

　　报告包括我们原创性地提出 18 个维度,为了后续行文表述的简便,我们称其为"HJ‐18"分析框架:

　　一、上市公司的数量

　　二、上市进程与速度

　　三、区域分布

　　四、行业特征和产业意味

　　五、市值特点

　　六、实际控制人和所有制性质

　　七、上市公司股东榜和高管薪酬

　　八、资产负债情况

　　九、创收和盈利能力

　　十、研发投入(创新投资)

　　十一、资本运作

　　十二、国际化程度

　　十三、就业贡献

　　十四、纳税贡献

　　十五、合规性

　　十六、资本市场关注度和参与度

十七、ESG

十八、前瞻远瞩：赣商的未来

从 2023 年度开始，我们已正式引入了 ESG 分析指标对江西省上市公司在环境、社会和公司治理（ESG）方面进行评价。因碳排放的标准和数据采集至今都尚未达到概念一致、口径统一、足以采信的程度，歧义岐解丛生，所以暂不纳入，留待明年或更后年份再行考虑，详因不表。

无特别标注的，报告的数据均来源于 choice 与同花顺。

报告财务数据截至时点为 2023 年 12 月 31 日，市值和股价采值时点为 2024 年 4 月 30 日。

如无特别说明，报告所涉及金额单位均为人民币。

如无特别说明，报告所述"境外"、"海外"均为一般语境含义，依照《中华人民共和国出境入境管理法》《国家外汇管理局关于境外上市外汇管理有关问题的通知》等法律、规定指中国大陆（中国内地）以外的区域，包括中国香港特别行政区等。

如无特别说明，报告中直辖市、省级自治区、行政特区，统一简称为"省"；地级市辖区、县、县级市、地级市辖州、自治州、旗等，统一简称为"县"或"区/县"。

报告重要看点包括：

1. "HJ–18"分析框架

本分析框架，适用于所有省域或次一级区域（比如地级市）的上市公司发展总体状况描述和效应评估。我们甚至认为，各省（含直辖市、省级自治区、行政特区，下同）在评估和掌握本省上市公司发展总体状况和效应的时候，如果不从这 18 个维度来作全面的、立体的观察和评估，将造成认知偏差和失察，见了树木不见森林。认知偏差和失察，将导致措施的失策和行动上的贻误。

2. 上市公司与省域经济的关联性

报告不止步于就上市公司谈上市公司，我们认为，一省的上市公司群体，是该省产业结构的"形象代言"、是该省产业能力和产业竞争力的中坚力量，而产业结构、产业能力和产业竞争力在"根"上决定着一省的经济现状和未来。所以,我们对江西省上市公司的发展分析和数据解读,就特别关注它们蕴涵的省域产业意义和经济意义。

3. 本省与全国、本省与其他省份的比较

跳出庐山看庐山,才能识庐山。把一省上市公司的数据堆在一起,是看不出多少名堂的。与全国的总量和均值做比较、以其他省份作参照,本省上市公司的地位、强弱、快慢、效应、竞争力等发展状况,就显现了。报告看江西省,除了与全国的总量及均值做比较,我们还择取了一个"1+6"的 7 省视角,即江西省与周边接邻 6 省(安徽、浙江、福建、广东、湖南、湖北)的比较。(注:报告中直辖市、省级自治区、行政特区,统一简称为"省",下同)。江西省地处中南部,与安徽、浙江、福建、广东、湖南、湖北存在大量贸易活动、投资互动、劳动力流动。因为地缘,江西省的经济与人口,跟周边 6 省有着难解难分的联系。因此,"1+6"的 7 省视角,对看待江西省上市公司的发展状况,有着特别的解读价值和借鉴意义。(下文如无特别说明,"1+6 省"或"7 省"均指上述 7 省)

4. 上市公司怎样利用资本市场/上市公司的资本运作从哪些方面展开?

资本运作是金融市场最模糊的概念之一,尤其对于希望利用资本市场、希望开展良性资本运作的上市公司而言,资本运作概念和方法论的模糊导致了无法有效开展工作。我们在报告中明确地给出了上市公司资本运作的 16 个维度:

(1) 股权融资(包括可转债)

(2) 债券融资

(3) 收购、兼并、合并

(4) 股权激励及员工持股

(5) 引进产业投资者

(6) 对外进行产业投资(参股、控股、合资等)

(7) 股票回购

(8) 大股东增减持

(9) 大股东股票质押融资

（10）重组

（11）剥离

（12）分拆（包括分拆上市）

（13）控制权或控股权变动

（14）ABS（资产证券化）

（15）转板、转市、跨市、退市和私有化

（16）收购上市公司，A 控 A，A 控北，A 控 H，

这 16 个维度，对上市公司（及其大股东）怎样利用资本市场、开展资本运作，指明了工作方向、勾勒出了"作战阵地全局图"。

5. 报告中夹叙夹议的评论和最后的结论部分

报告以"产业为本、金融为器"为基本理念，以"上市公司—科技创新—产业结构—资本市场"四者的两两互动和交叉传导关系为隐含分析逻辑，对江西省上市公司的总体发展状况进行分析，解读上市公司状况和数据背后的产业意义、金融意义和省域经济意义。在此基础上，我们辩证地看待江西省上市公司发展的领先与落后、稳健与风险、传统与新兴、跟随与超车、问题与机遇。面对百年未有之大变局，历史和当前的所谓领先或落后，都属"陈迹"；更大的机遇属于未来，关键是江西省的有识之士和有志企业怎样一起向未来！

一、上市公司数量

截至 2024 年 4 月 30 日，江西共有上市公司 106 家，其中 A 股上市公司 88 家：上海证券交易所（简称"上交所"）上市 33 家（其中科创板 6 家），深圳证券交易所（简称"深交所"）上市 52 家（其中创业板 24 家），北京证券交易所（简称"北交所"）上市 3 家；以及境外上市公司 18 家。

此外，有 15 家公司在港交所上市（其中赣锋锂业、金力永磁和江西铜业还在 A 股 IPO），1 家公司在纽交所（晶科能源，同时在 A 股上市），2 家公司在纳斯达克上市（大自然药业、星图国际）。

图表　江西A股上市公司一览表

序号	证券代码	上市公司	序号	证券代码	上市公司	序号	证券代码	上市公司
1	000404.SZ	长虹华意	30	300095.SZ	华伍股份	59	600358.SH	国旅联合
2	000550.SZ	江铃汽车	31	300256.SZ	星星科技	60	600362.SH	江西铜业
3	000650.SZ	仁和药业	32	300294.SZ	博雅生物	61	600363.SH	联创光电
4	000789.SZ	万年青	33	300399.SZ	天利科技	62	600373.SH	中文传媒
5	000820.SZ	神雾节能	34	300453.SZ	三鑫医疗	63	600397.SH	安源煤业
6	000829.SZ	天音控股	35	300472.SZ	新元科技	64	600461.SH	洪城环境
7	000831.SZ	中国稀土	36	300497.SZ	富祥药业	65	600507.SH	方大特钢
8	000899.SZ	赣能股份	37	300636.SZ	同和药业	66	600561.SH	江西长运
9	000990.SZ	诚志股份	38	300722.SZ	新余国科	67	600590.SH	泰豪科技
10	001223.SZ	欧克科技	39	300748.SZ	金力永磁	68	600750.SH	江中药业
11	001318.SZ	阳光乳业	40	300787.SZ	海能实业	69	600782.SH	新钢股份
12	001360.SZ	南矿集团	41	300818.SZ	耐普矿机	70	601065.SH	江盐集团
13	001366.SZ	播恩集团	42	300906.SZ	日月明	71	601778.SH	晶科科技
14	001376.SZ	百通能源	43	300986.SZ	志特新材	72	603235.SH	天新药业
15	002036.SZ	联创电子	44	301083.SZ	百胜智能	73	603398.SH	沐邦高科
16	002068.SZ	黑猫股份	45	301132.SZ	满坤科技	74	603773.SH	沃格光电
17	002157.SZ	正邦科技	46	301176.SZ	逸豪新材	75	603977.SH	国泰集团
18	002176.SZ	江特电机	47	301190.SZ	善水科技	76	605090.SH	九丰能源
19	002343.SZ	慈文传媒	48	301219.SZ	腾远钴业	77	605188.SH	国光连锁
20	002378.SZ	章源钨业	49	301251.SZ	威尔高	78	605366.SH	宏柏新材
21	002460.SZ	赣锋锂业	50	301383.SZ	天键股份	79	605399.SH	晨光新材
22	002529.SZ	海源复材	51	301446.SZ	福事特	80	688057.SH	金达莱
23	002591.SZ	恒大高新	52	301511.SZ	德福科技	81	688223.SH	晶科能源
24	002670.SZ	国盛金控	53	600053.SH	九鼎投资	82	688543.SH	国科军工
25	002695.SZ	煌上煌	54	600071.SH	凤凰光学	83	688560.SH	明冠新材
26	002748.SZ	ST世龙	55	600228.SH	返利科技	84	688567.SH	孚能科技
27	002760.SZ	凤形股份	56	600269.SH	赣粤高速	85	688786.SH	悦安新材
28	002991.SZ	甘源食品	57	600316.SH	洪都航空	86	833427.BJ	华维设计
29	300066.SZ	三川智慧	58	600337.SH	美克家居	87	839719.BJ	宁新新材
						88	873167.BJ	新赣江

图表 江西境外上市公司一览

证券代码	证券名称	注册地所在国家或地区	交易所
0358. HK	江西铜业股份	中国	香港交易所
0743. HK	亚洲水泥（中国）	开曼群岛	香港交易所
1439. HK	移动互联（中国）	开曼群岛	香港交易所
1532. HK	中国派对文化	开曼群岛	香港交易所
1593. HK	辰林教育	开曼群岛	香港交易所
1663. HK	汉港控股	百慕大	香港交易所
1720. HK	普天通信集团	开曼群岛	香港交易所
1772. HK	赣锋锂业	中国	香港交易所
1916. HK	江西银行	中国	香港交易所
2127. HK	汇森股份	开曼群岛	香港交易所
2147. HK	正味集团	开曼群岛	香港交易所
3778. HK	中国织材控股	开曼群岛	香港交易所
3939. HK	万国国际矿业	开曼群岛	香港交易所
6190. HK	九江银行	中国	香港交易所
6680. HK	金力永磁	中国	香港交易所
JKS. N	晶科能源	开曼群岛	纽约证券交易所
UPC. O	大自然药业	开曼群岛	纳斯达克交易所
YIBO. O	星图国际	开曼群岛	纳斯达克交易所

数据来源：Wind

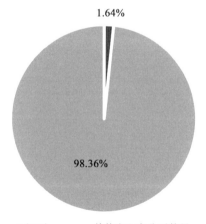

1.64%

98.36%

■ 江西　　■ 其他省上市公司数量

附表 江西A股上市公司占比

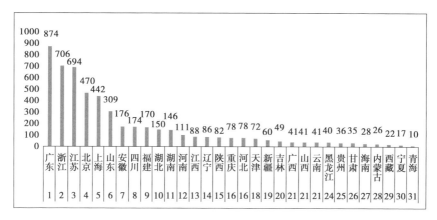

图表　全国 31 省市区 A 股上市公司家数排名

同期,A 股上市公司共 5361 家,江西 88 家 A 股上市公司数量的占比为 1.64%,该数据小于 2023 年度江西 GDP 占全国 GDP 的比例 2.57%。

从 A 股上市公司家数来看,江西在全国 31 个省市区中排名中位列 13 名,排名高于 2023 度江西 GDP 占全国 GDP 的排名(第 15 名)。

在"1+6"共 7 省中(江西一省+周边邻接的安徽、浙江、福建、广东、湖南、湖北 6 省),江西 A 股上市公司家数排名位列第 7 名,家数仅是排名第 1 的广东省的 10%。

图表　"1+6"省上市公司家数排名

排名	省份	A 股上市公司家数	占全国 A 股上市公司总数的比例
1	广东	874	16.30%
2	浙江	706	13.17%
3	安徽	176	3.28%
4	福建	170	3.17%
5	湖北	150	2.80%
6	湖南	146	2.72%
7	江西	88	1.64%

上市公司数量,对一个省(直辖市、省级自治区、行政特区)的经济发展,重要吗? 可从以下两方面来看:

一方面,上市公司是中国经济生态里那些质地比较好、运作比较规范、发展潜力比较好的一个企业群体。一省的上市公司家数比较少,折射出该省质地比较好、运作比较规范、发展潜力比较好的企业数量比较少。好企业比较少,该省经济的市场主体,动能和发展后劲就不如人。

另一方面,资本市场是一个分配资本的场所,无妨理解成是一个"资金池"。全社会的资金流向"池子",企业从池子里吸取资金。一省的企业陆续上市,无妨理解成是一省经济体陆续向资金池子里伸入吸水的"管道"。上市公司家数少,意味着该省经济体伸向资金池子里的"管道"少,进而的结果是池子里的资金,流向该省经济体的"水量"(资金量)会少。在融资和投资是经济增长的一架重要马车时代,区域与区域之间的经济赛跑、企业与企业之间的成长赛跑,有一种重要维度,那就是对资金的争夺。在争夺资本市场的资金上,上市公司(伸入资金池子里的吸水"管道")数量的多少,有着踏出一步"先手棋"的意义。

当然,我们也很清楚,"管道"伸进池子里,"水"不会自动流过来,还需要"吸水",江西上市公司的"吸水机能"表现如何,后文再表。

二、上市进程与速度

图表　江西Ａ股上市公司的上市年份分布

上市年份区间	深交所	上交所	北交所	总数	该年份区间上市数占比
1990—1994	1	0	0	1	1.1%
1995—1999	7	5	0	12	13.6%
2000—2004	2	12	0	14	15.9%
2005—2009	3	0	0	3	3.4%
2010—2014	12	0	0	12	13.6%
2015—2019	9	3	0	12	13.6%
2020—2024	18	13	3	34	38.6%

截止2024年4月30日,江西仍在Ａ股上市的公司中上市时间最早的是于1993年12月1日上市的江铃汽车。

以每五年为周期,仅与自身历史作纵向比较,江西企业上市的进程速度快于上个五年的年均上市速度。与 A 股整体上市速度相比较,江西企业最近两个五年周期上市加速度高于 A 股整体。说明江西企业在一定程度上政策窗口与资本市场注册制改革的红利。在未来,江西如何保持这种优势,值得江西的政府部门、企业界深思。

三、区域分布

从江西 A 股上市公司的区域分布看,江西的 88 家 A 股上市公司分布于省会南昌市及其余 10 个地市。其中南昌市共有 33 家,占全省 A 股上市公司家数的 37.50%,市值 2606.95 亿元,位列第 1。其次是赣州市 13 家,再次是上饶市 8 家、宜春市 6 家。从新增上市公司数量来看,南昌市、赣州市分别新增 3 家、1 家上市公司,占总体新增上市公司的近 6 成。

针对区域产业的特色优势和禀赋基础,江西提出打造“三大高地”的部署,即打造革命老区高质量发展高地、打造内陆地区改革开放高地、打造国家生态文明建设高地;并提出“五大战略”,即实施产业升级战略、项目带动战略、科教强省战略、省会引领战略、治理强基战略。

其中提到,要做优做强南昌都市圈,加快建设赣州省域副中心城市,着力打造赣东北、赣西两个城市群,分类推进县域发展,构建以省会为引领、省域副中心城市为带动、东西城市群为两翼、县域经济为支撑的“一主一副、两翼联动、多点支撑”区域发展新格局。

南昌作为长江中游城市群的三大中心城市之一,是江西推动长江经济带发展的重要城市,近几年南昌瞄准高端高新高质,重点打造汽车和新能源汽车、电子信息、生物医药、航空装备四大战略性新兴支柱产业;江西也正着力推动传统产业的改造升级,同时立足优势发展新兴产业。在有色金属和电子信息产业方面,江西拥有明显的资源优势,并计划打造成为万亿级产业。此外,江西也在积极发展数字经济,推动数字产业化和产业数字化转型,培育新质生产力。从上市公司的角度来看,南昌、赣州作为江西推动企业上市的重点区域,仍有很大提升空间。

从市值分布看,南昌市、赣州市、上饶市三地位列省内 A 股上市公

司市值三甲,三地共 54 家上市公司,占全省 A 股上市公司总数的
61.36%,合计市值 5148.07 亿元,占全省 A 股上市公司总市值的
61.05%。经济体量、人口和地域相对较小的上饶市,上市公司家数和
市值居前三甲。论上市家数,鹰潭垫底;论市值,吉安垫底。

我们提出的"区域经济市值化率"概念,是指区域内上市公司市值
总额与区域 GDP 总量的比率,即区域经济市值化率＝区域内上市公司
市值总额/区域 GDP 总值。从区域经济市值化率的角度来看,新余市
值化率达到 75%,经济体量小但上市市值较高,主要因为有赣锋锂业。
说明地方资本要发力,关键是要培育有全球竞争力的链主型上市公司,
小体量城市更应通过培育龙头企业牵引地方经济发展。

图表　江西各城市市值化率

城　　市	市值 (亿元)	数量 (家)	GDP (亿元)	市值化率
南昌市	2606.95	33	7324	36%
赣州市	1303.67	13	4606	28%
上饶市	1237.44	8	3402	36%
宜春市	364.29	6	3468	11%
景德镇市	360.77	6	1201	30%
吉安市	140.24	5	2735	5%
新余市	943.52	5	1262	75%
九江市	194.60	4	3733	5%
抚州市	193.76	3	2035	10%
萍乡市	145.83	3	1152	13%
鹰潭市	941.52	2	1282	73%

图表　江西 A 股上市公司区域分布

城　　市	A 股上市公司家数	家数占比	总市值 (亿元)	市值占比
南昌市	33	37.50%	2606.95	30.92%
赣州市	13	14.77%	1303.67	15.46%
上饶市	8	9.09%	1237.44	14.67%

（续表）

城　　市	A股上市公司家数	家数占比	总市值（亿元）	市值占比
宜春市	6	6.82％	364.29	4.32％
景德镇市	6	6.82％	360.77	4.28％
吉安市	5	5.68％	140.24	1.66％
新余市	5	5.68％	943.52	11.19％
九江市	4	4.55％	194.60	2.31％
抚州市	3	3.41％	193.76	2.30％
萍乡市	3	3.41％	145.83	1.73％
鹰潭市	2	2.27％	941.52	11.17％
总　　计	88		8432.60	

从江西A股上市公司的区县分布看,江西共计100个区/县(含县级市、自治州等,下同),有上市公司的区县共计40个,占江西区县总数的比例为40.00％,其余60个区县没有上市公司,占比60.00％。

我们凭专业经验判断,江西60个没有上市公司的区县,平均每个区县推出1至2家企业去实现上市,应该是不难做到的。倘若60个区县中有一半实现零的突破,每个区县1至2家企业实现上市,全省便可增加几十家上市公司。

假设60个县区各推出2家企业上市,参考江西2024年新增8家上市公司平均74.21亿的市值规模,江西将拥有208家A股上市公司,总市值达到17337.80亿元;在规模上将超过湖南(14591.53)、湖北(13056.84),在数量上将超过福建(170家)、安徽(176家)、湖南(146家)、湖北(150家)。

专业判断可以做到,过去为什么没有做到? 原因之一是这些区县的企业,资本市场意识淡薄,认识不足,在得失算账上对长期利益与短期利益、战略利益与策略成本权衡失察。这些区县的企业没能跟上全国企业竞相上市的历史进程,是不为也,非不能也。不为的主因是两个:一是认识问题;二是算账问题。

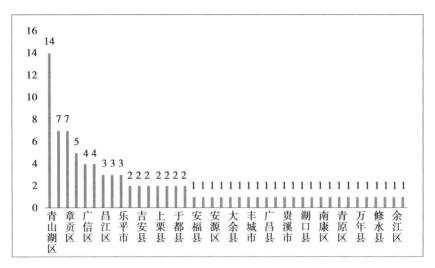

图　江西县/区上市公司分布图

四、产业特征和产业意味

从江西Ａ股上市公司数量的行业分布看,江西Ａ股上市公司的分布在10个行业,按上市公司家数自高向低排序为:原材料23家,工业22家,信息技术13家,医疗保健8家,日常消费品6家,非日常生活消费品6家,公用事业5家,金融2家,通讯服务2家,能源1家。

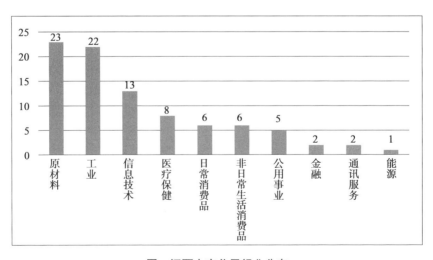

图　江西上市公司行业分布

论市值的行业分布,前三行业依次是原材料、工业和医疗保健。其中排名前三的行业依次是原材料、工业、医疗保健。其中,原材料行业的市值占比最高,达到36.02%。

江西上市公司的行业分布,反映出本省产业的几个特点:

1. 江西历史形成的产业结构现状:一产弱,二产强(江西以矿业采掘冶炼、原材料加工、制造业等为主要工业),三产待发展。2023年江西GDP中第二产业1.37万亿元,对经济增长贡献率为48.7%,对应制造业上市公司数量占江西上市公司总数量的41.51%;第三产业1.60万亿元,对经济增长贡献率为43.1%,但对应金融和能源(公用事业)上市公司占江西上市公司数量占江西上市公司总数量的3.41%,表明江西的产业结构整体较弱,根据其他区域的发展经验,二产发展到一定程度后,进一步转型升级需要生产性服务业的产业升级,三产与二产是相互加强关系。

2023年,江西提出制造业重点产业链现代化建设"1269"行动计划,即到2026年,力争电子信息、有色金属、装备制造、新能源、石化化工、建材、钢铁、航空、食品、纺织服装、医药、现代家具等12条制造业重点产业链现代化水平全面提升、总营业收入达到5.71万亿元;着力打造电子信息、铜基新材料、锂电和光伏新能源、钨和稀土金属新材料、航空、炼化一体化和化工新材料6个综合实力和竞争力强的先进制造业集群,实现全省规模以上工业营业收入年均增长9%左右,统筹制造业质的有效提升和量的合理增长取得明显成效。

目前看,电子信息、有色金属等产业已初步形成雏形,但航空、化工新材料等领域目前看没有形成明显的产业格局与上市公司竞争力。

我们经过调研发现,除制造业外,江西在农业、特色农产品(脐橙等赣品)、预制菜(如米粉、赣菜等)具备较好的产业基础,但尚未形成有竞争力的上市公司,属于"大品类、小企业"的状态。

2. 因矿而立:铜矿、锂矿、稀土、钨矿、钴矿等矿关联的上市公司,成为在全国范围内有竞争力的企业。江西市值前七公司,全部与矿产相关。江西资产规模最大的上市公司是铜业,截至2023年12月31日,江西铜业一家公司的总资产约占全省上市公司总资产的15.44%;

市值最大的上市公司是晶科能源是硅业,其一家公司的市值,约占全省上市公司总市值的 10.32%;市值第二大的上市公司赣锋锂业,全省市值排后的十家上市公司市值总和,只有晶科能源市值的 21.92%.江西没有钴矿,但腾远钴业通过海外设立子公司布局刚果(金)的大型钴矿,赣州为公司总部和制造基地,拥有钴业制造的领先竞争力和市值。

3. 新能源相关产业链(新能源车、锂电池、稀土永磁、太阳能)在龙头上市公司的带动下,持续快速崛起,锂电、光伏产业集聚效用日益凸显,2023 年江西提出到 2026 年,全省新能源产业链营业收入力争达到 7000 亿元。其中龙头企业赣锋锂业营业收入 329.72 亿元,收入贡献占比 2.84%,同时受益于宜春时代、国轩高科、吉利动力电池、抚州比亚迪等百亿投资项目的带动,江西新能源产业投资快速增长。

4. 新型服务业、新经济呈现积极发展态势:2023 年江西数字经济加速发展,2023 年江西电子信息产业的营收达到了 10269 亿元,成功实现了万亿级产业的突破,并在产业规模上达到了 2018 年的 3 倍,从全国第 10 位跃升至第 4 位。深入推动数字产业化和产业数字化,打造数字经济发展新高地。规模以上信息传输、软件和信息技术服务业实现营业收入 477.3 亿元,增长 7.2%,其中信息处理和存储支持服务、互联网安全服务、互联网数据服务分别增长 78.7%、37.7%和 26.9%。江西大力发展专业态片、电子元器件、智能终端等基础赛道,VR、元宇宙移动物联网、人工智能、云计算、区块链等新兴赛道智慧家居、数字文创等融合赛道,加快北斗卫星导航定位基准服务系统建设,推进工业互联网一体化进园区,培育数字经济领域"专精特新"企业、科技型中小企业各 100 家以上。

但从目前的上市公司行业分布的结构看,包括芯片、VR、元宇宙、云计算、智慧家居、数字文创等领域在内的新兴赛道,目前鲜有江西上市公司涉及。笔者认为,产业目标达成的背后,一定是产业竞争力的形成,而竞争力形成的关键,是如何培育出对应行业在国内甚至国际都具备显著竞争力的链主企业与上市公司;回看江西过去几年的发展,无论是新能源上游的锂、铜、钨等有色金属,还是电子信息产业,无一不是实现了产业周期与上市公司二者的共振与结合;上市公司兴,则产业兴。

5. 省内行业龙头公司跟全国行业龙头企业比较,差距显著。打造一家龙头企业,往往就能牵引一个行业的成长,进而辐射整个相关产业,实现资源聚集、规模效应;但除老牌的江铜在铜业中的行业龙头地位新入赣成立的央企中国稀土集团以及锂行业龙头赣锋锂业外,江西的产业链龙头公司和盟主型的领袖级企业还不够多,因此产业链条和产业集群的拉动力感召力、凝聚力和掌控力不强,大部分上市公司缺乏行业领先优势,同业竞争优势也不明显,比如万年青与海螺水泥、新钢股份与宝钢股份、江铃汽车与比亚迪、正邦与牧原、博雅生物与华兰生物、三鑫医疗与迈瑞医疗、沃格光电与蓝思科技、煌上煌与绝味食品、章源钨业与厦门钨业、联创光电与工业富联、甘源食品与洽洽食品等的比较。

五、市值特点

1. 江西 A 股上市公司市值总量在全部 A 股总市值中占比较小。截至 2024 年 4 月 30 日,全省 A 股上市公司的总市值为 8432.60 亿元,而全部 A 股上市公司总市值达到 893829.46 亿元,江西 A 股上市公司总市值仅占全部 A 股总市值的 0.94%。换言之,A 股资本市场的资金,只有 0.94% 配置在江西企业板块里。这个比例显著小于江西 GDP 在全国 GDP 中的占比 2.57%。

江西上市公司市值整体有所降低,一方面是 2023 年全球经济形势的复杂性,包括国际贸易紧张、供应链中断、原材料成本上升等因素,这些外部环境的变化可能对上市公司的业绩和投资者信心产生负面影响,从而导致市值下降;另一方面,江西的地区生产总值增长了 4.1%,但固定资产投资却下降了 5.9%,其中第二产业投资下降了 18.0%。这可能表明江西的工业增长放缓,对上市公司的市值产生影响;同时尽管晶科能源和赣锋锂业等公司的市值较高,但整体上市公司市值的增长可能受到了市场环境变化、行业发展趋势、公司业绩等因素的影响。表明江西仍主要通过产业经营推动经济发展,资本市场工作进展则相对落后。由于江西大部分上市公司为传统型企业,随着经济结构的变化江西需大力发展新兴行业,这样才会减少经济发展的不利影响。如何以前文所述产业发展规划为本,借助资本手段做强优势产业、培育新兴产业是江西开展资本市场工作的题中之义。

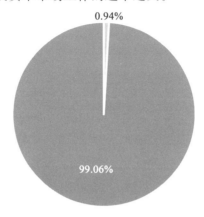

江西省上市公司　▪A股其余上市公司

图表　江西A股上市公司总市值在A股总是指中的占比

2. 在"1＋6"省A股上市公司的市值总额排名里,江西排名垫底。这意味着,资本市场的资金,在7省中配置在江西企业的资金最少。江西A股上市公司的市值总额仅为排名第1的广东的6.33％,排名第2的浙江的12.97％。

图表　"1＋6"省A股上市公司市值总额排名

排名	省份	A股上市公司家数	家数占比	总市值(亿元)	市值占比
1	广东	874	16.30％	133182.38	14.90％
2	浙江	706	13.17％	65007.16	7.27％
3	福建	170	3.17％	31665.17	3.54％
4	安徽	176	3.28％	18698.85	2.09％
5	湖南	146	2.72％	14591.53	1.63％
6	湖北	150	2.80％	13056.84	1.46％
7	江西	88	1.64％	8432.60	0.94％

3. 以中小市值公司居多:我们把江西A股上市公司市值分成五个梯队量级:截至2024年4月30日,市值在1000亿元以上的有0家,1000—500亿元之间的3家,500—300亿元之间的有0家,300—100

亿元之间的有 20 家,100—50 亿元之间的 16 家,50 亿元以下的 49 家。

根据我们的长期跟踪研究,300 亿市值,已经逐渐成为一家上市公司能否具备蓝筹潜力的一个经验指标。经过上百年的全球产业发展,能够长期稳定在 300 亿人民币市值规模的上市公司,全球有 3000 家左右,而 A 股只有 518 家。一家上市公司市值一旦超过 300 亿以上人民币,可以享受全球资金的流动性、各种指数基金的优先配置、资本品牌与口碑,可以有全球性人才招揽影响力。一个区域的产业竞争力到底有多强? 看看有多少 300 亿市值以上的企业。300 亿市值,可作为中小市值上市公司的阶段性市值目标,亦可以作为一个区域经济竞争力是否强大的重要标志。

值得注意的是,江西 300 亿市值以上上市公司仅有 3 家,占江西上市公司总数比仅 3.41%;而全国 300 亿市值以上上市公司有 422 家,占全国上市公司总数比为 7.87%江西的大市值公司比例,远低于全国平均水平。

就 300 亿市值企业数量而言,江西仅占全国的 0.71%小于江西上市公司数量占比 1.64%,也小于江西上市公司市值占比 1.03%,这是江西上市公司数量占比高于市值占比的主要原因。另外,300 亿市值群体,对比 1+6 省,江西在数量和占比上都垫底,广东有 61 家、占全省上市公司 6.98%,浙江有 40 家、占比 5.26%,福建有 8 家、占比 4.71%,湖南有 10 家、占比 14.6%,湖北有 6 家、占比 4%,安徽有 12 家、占比 6.82%。

图表　江西 A 股上市公司市值量级梯队表

市值区间	A 股上市公司家数	家数占比	总市值(亿元)	市值占比
1000 亿元以上	0	0.00%	0.00	0.00%
500—1000 亿元	3	3.41%	2373.46	28.15%
300—500 亿元	0	0.00%	0.00	0.00%
100—300 亿元	20	22.73%	3320.95	39.38%
50—100 亿元	16	18.18%	1275.26	15.12%
50 亿元以下	49	55.68%	1462.93	17.35%
总　计	88		8432.60	

4. 市值头部效应明显、二八分化现象突出：2024 年 4 月 30 日，晶科能源市值 757.39 亿元，占全省总市值的 9.31％；头部二家公司市值（晶科能源＋江西铜业）占全省总市值 18.47％；头部 10 强市值合计 3961.80 亿元，占全省总市值的 48.70％。

图表 江西 Ａ 股上市公司市值前十

排名	证券名称	城市	首发上市日	总市值（亿元）	所属行业	细分行业
1	江西铜业	鹰潭市	2002—01—11	904.81	原材料	铜
2	晶科能源	上饶市	2022—01—26	757.39	工业	电气部件与设备
3	赣锋锂业	新余市	2010—08—10	711.25	原材料	多种金属与采矿
4	中国稀土	赣州市	1998—09—11	297.46	原材料	多种金属与采矿
5	＊ST 正邦	南昌市	2007—08—17	266.85	日常消费品	农产品与服务
6	国盛金控	南昌市	2012—04—16	231.05	金融	投资银行业与经纪业
7	江铃汽车	南昌市	1993—12—01	225.90	非日常生活消费品	汽车制造商
8	金力永磁	赣州市	2018—09—21	200.24	原材料	贵重金属与矿石
9	中文传媒	上饶市	2002—03—04	199.06	通讯服务	出版
10	江中药业	南昌市	1996—09—23	167.78	医疗保健	制药
总计				3961.80		

图表 江西 Ａ 股上市公司市值后十

排名（倒数）	证券名称	城市	首发上市日	总市值（亿元）	所属行业	细分行业
1	新赣江	吉安市	2023—02—09	7.60	医疗保健	制药
2	宁新新材	宜春市	2023—05—26	8.03	原材料	特种化学制品
3	华维设计	南昌市	2021—02—05	11.18	工业	调查和咨询服务
4	江西长运	南昌市	2002—07—16	12.26	工业	地面客运
5	恒大高新	南昌市	2011—06—21	13.30	原材料	特种化学制品

（续表）

排名 (倒数)	证券名称	城市	首发上市日	总市值 (亿元)	所属行业	细分行业
6	新元科技	抚州市	2015—06—11	15.61	工业	工业机械、物料与部件
7	日月明	南昌市	2020—11—05	15.98	工业	铁路
8	凤形股份	南昌市	2015—06—11	17.28	工业	工业机械、物料与部件
9	国旅联合	南昌市	2000—09—22	17.37	非日常生活消费品	酒店、度假村与豪华游轮
10	海源复材	新余市	2010—12—24	17.89	工业	工业机械、物料与部件
总计				136.49		

江西88家A股上市公司平均市值是95.82亿元,新增上市公司平均市值为74.21亿元;全国A股上市公司的平均市值是166.73亿元。2023年以来江西新增上市企业中市值前三位分别为国盛金控(231.05亿元)、德福科技(91.04亿元)、百通能源(87.80亿元)。

江西上市公司平均市值在在31省中排第24名,在"1+6"省中排第5名,分别相比2022年下滑2名和保持持平。江西上市公司平均市值排名下滑,主要原因是新增上市公司多数为小市值公司(新上市企业市值中位数为59.84亿元),但如果考虑到江西整体上市公司情况,尤其是最近几年出现了几家高市值公司(赣锋锂业、晶科能源),拉高了江西上市公司市值的平均水平。

如果扣除前三家高市值公司,江西上市公司平均市值为70.34亿元,远低于当前全国平均的166.73亿水平,这样说明江西上市公司"腰部"力量不足,百亿市值的上市公司不够多;相比之下,苏州作为一个地级市,市值在100亿以上的上市公司就有37家,而江西全省仅有23家。我们认为,区域经济发展不但要有千亿级龙头上市公司,更要有区域上市公司的"集群",腰部上市公司数量,更加直接的决定了一个区域的发展后劲强不强。

图表 "1+6"七省与全国A股上市公司平均市值比较

省份	A股上市公司家数	总市值(亿元)	平均市值(亿元)
福建	170	31665.17	186.27
广东	874	133182.38	152.38
安徽	176	18698.85	106.24
湖南	146	14591.53	99.94
江西	88	8432.60	95.82
浙江	706	65007.16	92.08
湖北	150	13056.84	87.05
全国	5361	893829.46	166.73

市盈率(TTM):截至2024年4月30日,江西上市公司市盈率50倍以上的有19家,市盈率20—50倍的有27家,市盈率在20倍以下的有42家。

图表 江西A股上市公司市盈率区间及数量

市盈率区间	A股上市公司家数
50倍以上	19
20—50倍	27
20倍以下	42

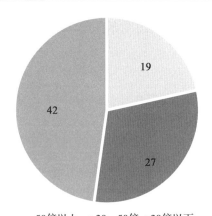

50倍以上 ▪20—50倍 ▪20倍以下

图表 江西A股上市公司市盈率区间及数量

我们原创性地提出一个叫"区域经济市值化率"的概念,用以反映一个区域经济体与资本市场的相关性,以及它对资本市场的利用程度。

所谓区域经济市值化率是指区域内上市公司市值总额与区域 GDP 总量的比率,即区域经济市值化率＝区域内上市公司市值总额/区域 GDP 总值。该指标越高,意味着该区域经济对资本市场的参与度越高、利用得越好反之则意味着参与度低、利用不力。这个指标,也从一个侧面反映了一个区域总体的企业资产证券化程度、资产质量高低和流动性强弱。

　　从这个指标看,江西的区域经济市值化率为 26.19％,排名 25 位,相比 2022 年排名仅提升 1 位,区域经济市值化率最高的前四区域为北京市(512.13％)、上海市(151.39％)、贵州省(116.67％)、广东(98.16％)。北京市超高,是因为央企多;贵州省高,是因为茅台酒;上海市、广东省、浙江省高,是因为经济发达、上市公司多;西藏(91.43％)、青海(56.65％)居前,是因为 GDP 基数较少。最低的区域为广西(10.18％),跟江西经济市值化率相近的区域为云南(26.24％)和河南(25.13％)

图表　全国各省、直辖市、自治区区域市值化率排名

省份	A股上市公司家数	总市值(亿元)	平均市值(亿元)	2023年GDP(亿元)	区域经济市值化率
北京	470	224109.61	476.83	43760.70	512.13％
上海	442	71484.83	161.73	47218.70	151.39％
贵州	36	24400.01	677.78	20913.30	116.67％
广东	874	133182.38	152.38	135673.20	98.16％
西藏	22	2187.56	99.43	2392.70	91.43％
浙江	706	65007.16	92.08	82553.20	78.75％
天津	72	12355.56	171.60	16737.30	73.82％
福建	170	31665.17	186.27	54355.10	58.26％
青海	10	2152.08	215.21	3799.10	56.65％
江苏	694	59105.70	85.17	128222.20	46.10％
四川	174	26533.19	152.49	60132.90	44.12％
山东	309	37948.13	122.81	92068.70	41.22％
新疆	60	7700.48	128.34	19125.90	40.26％

（续表）

省份	A股上市公司家数	总市值（亿元）	平均市值（亿元）	2023年GDP（亿元）	区域经济市值化率
安徽	176	18698.85	106.24	47050.60	39.74%
海南	28	2971.87	106.14	7551.20	39.36%
陕西	82	12570.50	153.30	33786.10	37.21%
山西	41	9337.22	227.74	25698.20	36.33%
宁夏	17	1872.75	110.16	5315.00	35.24%
重庆	78	9929.46	127.30	30145.80	32.94%
湖南	146	14591.53	99.94	50012.90	29.18%
内蒙古	26	7058.00	271.46	24627.00	28.66%
辽宁	86	8182.15	95.14	30209.40	27.08%
吉林	49	3602.22	73.51	13531.20	26.62%
云南	41	7878.27	192.15	30021.10	26.24%
江西	88	8432.60	95.82	32200.10	26.19%
河南	111	14857.34	133.85	59132.40	25.13%
河北	78	10922.40	140.03	43944.10	24.86%
甘肃	35	2795.06	79.86	11863.80	23.56%
湖北	150	13056.84	87.05	55803.60	23.40%
黑龙江	40	3267.16	81.68	15883.90	20.57%
广西	41	2770.02	67.56	27202.40	10.18%

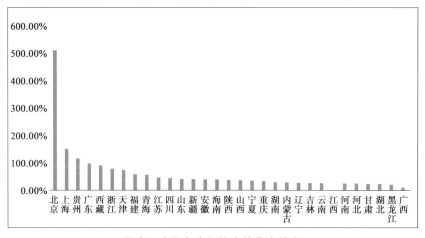

图表　全国各省经济市值化率排名

六、实际控制人和所有制性质

从 A 股上市公司实际控制人和所有制类型来看,江西 A 股上市公司有七种类型的企业:其中民营企业最多,共计 58 家;地方国有企业 21 家;中央国有企业 6 家;外资企业 1 家;无实控人 2 家。其中,民营企业家数占比 65.91%,市值占比 56.67%。

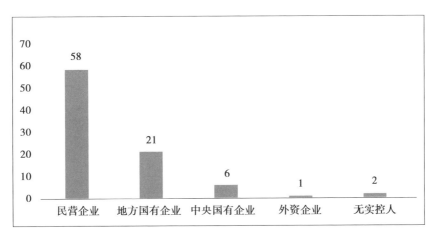

图表 江西 A 股上市公司按实控人和所有制性质分类的数量分布

图表 江西 A 股上市公司最终控制方和实际控制人属性一览表

证券名称	实际控制人名称 2023 年报披露日	实际控制人类型 2023 年报披露日
长虹华意	绵阳市国有资产监督管理委员会	地方国有企业
江铃汽车	江铃汽车集团公司,重庆长安汽车股份有限公司	地方国有企业
仁和药业	杨文龙	民营企业
万年青	江西省建材集团有限公司	地方国有企业
神雾节能	吴道洪	民营
天音控股	深圳市投资控股有限公司	地方国有企业
中国稀土	中国稀土集团有限公司	其它
赣能股份	江西省国有资产监督管理委员会	地方国有企业
诚志股份	青岛西海岸新区国有资产管理局	地方国有企业
欧克科技	胡甫晟,胡坚晟,李燕梅	民营企业

（续表）

证券名称	实际控制人名称 2023 年报披露日	实际控制人类型 2023 年报披露日
阳光乳业	胡霄云	民营企业
南矿集团	李顺山	民营企业
播恩集团	邹新华	民营企业
百通能源	张春龙	民营企业
联创电子	韩盛龙	民营企业
黑猫股份	景德镇市国有资产监督管理委员会	地方国有企业
*ST 正邦	鲍洪星,鲍华悦,华涛	民营企业
江特电机	卢顺民,朱军	民营企业
慈文传媒	江西省人民政府	地方国有企业
章源钨业	黄泽兰	民营企业
赣锋锂业	黄闻,李华彪,李良彬,李良学,罗顺香,熊剑浪	民营企业
海源复材	甘胜泉	民营企业
恒大高新	胡恩雪,朱星河	民营企业
国盛金控	江西省交通运输厅	地方国有企业
煌上煌	褚建庚,褚剑,褚浚,徐桂芬	民营企业
世龙实业	无	无实控人
凤形股份	徐茂华	民营企业
甘源食品	严斌生	民营企业
三川智慧	李建林,李强祖	民营企业
华伍股份	聂景华	民营企业
星星科技	罗雪琴,应光捷	民营企业
博雅生物	中国华润有限公司	中央国有企业
天利科技	上饶市国有资产监督管理委员会	地方国有企业
三鑫医疗	雷凤连,彭义兴	民营企业
新元科技	曾维斌,姜承法,朱业胜	民营企业
富祥药业	包建华	民营企业
同和药业	梁忠诚,庞正伟	民营企业
新余国科	江西省国有资产监督管理委员会	地方国有企业
金力永磁	蔡报贵,胡志滨,李忻农	民营企业
海能实业	周洪亮	民营企业
耐普矿机	郑昊	民营企业

（续表）

证券名称	实际控制人名称 2023 年报披露日	实际控制人类型 2023 年报披露日
日月明	谭晓云,陶捷	民营企业
志特新材	高渭泉,刘莉琴	民营企业
百胜智能	龚卫宁,刘润根,刘子尧	民营企业
满坤科技	洪耿奇,洪耿宇,洪记英,洪俊城,洪丽冰,洪丽旋,洪娜珊	民营企业
逸豪新材	张剑萌,张信宸	民营企业
善水科技	黄国荣,吴新艳	民营企业
腾远钴业	罗洁,吴阳红,谢福标	民营企业
威尔高	陈星,邓艳群	民营企业
天键股份	冯砚儒	民营企业
福事特	彭玮,彭香安	民营企业
德福科技	马科	民营企业
九鼎投资	蔡蕾,黄晓捷,覃正宇,吴刚,吴强	民营企业
凤凰光学	中国电子科技集团有限公司	中央国有企业
返利科技	葛永昌	民营企业
赣粤高速	江西省交通运输厅	地方国有企业
洪都航空	中国航空工业集团有限公司	中央国有企业
美克家居	冯东明	民营企业
国旅联合	江西省国有资产监督管理委员会	地方国有企业
江西铜业	江西省国有资产监督管理委员会	地方国有企业
联创光电	伍锐	民营企业
中文传媒	江西省人民政府	地方国有企业
安源煤业	江西省国有资产监督管理委员会	地方国有企业
洪城环境	南昌市国有资产监督管理委员会	地方国有企业
方大特钢	方威	民营企业
江西长运	南昌市国有资产监督管理委员会	地方国有企业
泰豪科技	无	无实控人
江中药业	中国华润有限公司	中央国有企业
新钢股份	中国宝武钢铁集团有限公司	中央国有企业
江盐集团	江西省国有资产监督管理委员会	地方国有企业
晶科科技	陈康平,李仙德,李仙华	民营企业
天新药业	许江南,许晶	民营企业

（续表）

证券名称	实际控制人名称 2023 年报披露日	实际控制人类型 2023 年报披露日
沐邦高科	廖志远	民营企业
沃格光电	易伟华	民营企业
国泰集团	江西省国有资产监督管理委员会	地方国有企业
九丰能源	蔡丽红,张建国	民营企业
国光连锁	胡春香,胡金根,胡志超,胡智敏,蒋淑兰	民营企业
宏柏新材	纪金树,林庆松,杨荣坤	民营企业
晨光新材	丁冰,丁建峰,丁洁,梁秋鸿,虞丹鹤	民营企业
金达莱	廖志民	民营企业
晶科能源	陈康平,李仙德,李仙华	民营企业
国科军工	江西省国有资产监督管理委员会	地方国有企业
明冠新材	闫洪嘉,闫勇	民营企业
孚能科技	KeithD. Kepler,YUWANG（王瑀）	民营企业
悦安新材	李博,李上奎	民营企业
华维设计	廖宜强,廖宜勤	民营企业
宁新新材	邓达琴,李海航,李江标	民营企业
新赣江	严棋鹏,张爱江,张佳,张咪,张明	民营企业

从区域国有上市公司的市值看,江西国企上市公司平均市值为
96.35 亿元,与福建(208.47 亿元)、安徽(157.51 亿元)等省有较大
差距,在 1+6 省份中排名第七位;江西国企在全省上市公司的总市
值为 40.73%,但其平均市值相对较低,这从一个侧面反映了江西的
国有上市公司不大不强,未能在江西经济中发挥支柱和引领的作
用。广东省和浙江省的国有上市公司市值占比,比江西更低(广东
17.94%,浙江 19.16%),主要原因是这两省的民营经济超强。我们
注意到,江西 1 个省会加 10 个地级市,只有省会南昌市和 6 个地级
市(景德镇、新余、萍乡、上饶、抚州、鹰潭)有地方政府实际控制的上
市公司,部分地级市没有地方政府实际控制的上市公司。这意味
着,在经济发达省份越来越多地方政府重用和擅用资本市场的今
天,江西的近半数地级政府缺乏一个自己可以控制的资本市场运作
平台。

图表　"1+6"省国企上市数量占比、市值占比及平均市值

排名	省份	国企数量占比	国企市值占比	国企平均市值
1	福建	27.49%	31.09%	208.47
2	安徽	34.09%	51.43%	157.51
3	广东	17.79%	17.94%	149.89
4	浙江	12.32%	19.16%	142.78
5	湖北	30%	40.94%	117.53
6	湖南	32.19%	32.21%	98.78
7	江西	30.68%	40.73%	96.35

七、上市公司股东财富和高管薪酬

根据 2023 年年报披露的信息，江西 A 股上市公司高管薪酬前百强如下（统计范围为薪酬信息披露完整的四个岗位：董事长、总经理、董秘、财务总监［董事长兼任总经理者，按董事长计；财务总监兼任董秘者，按财务总监计］），总体上平均薪酬为 124.28 万元。千万以上年薪者 0 人，500 万以上年薪者 2 人，300 万以上年薪者 11 人。

2023 年薪酬居前三位的是沐邦高科总经理、天音控股总经理、天音控股董事长，分别为 877.48 万元、538.88 万元、496.32 万元。2023 年薪酬百富榜垫底的后三位是晨光新材副总经理、星星科技董事会秘书，联创电子高级副总裁，分别为 138.73 万元、138.58 万元，138.00 万元。

图表　2023 年度江西 A 股上市公司董事长薪酬前 10 名

排名	证券名称	职务	2023 年度薪酬
1	天音控股	董事长	496.32
2	诚志股份	董事长	382.31
3	长虹华意	董事长	352.19
4	联创光电	董事长	328.84
5	德福科技	董事长	267.03
6	世龙实业	董事长	264.08

（续表）

排名	证券名称	职务	2023 年度薪酬
7	宏柏新材	董事长	252.74
8	晶科科技	董事长	252.0
9	九丰能源	董事长	246.47
10	孚能科技	董事长	242.07

图表　2023 年度江西 A 股上市公司总经理薪酬前 10 名

排名	证券名称	职务	2023 年度薪酬
1	沐邦高科	总经理	877.48
2	天音控股	总经理	538.88
3	晶科能源	总经理	431.64
4	长虹华意	总经理	430.86
5	博雅生物	总经理	401.74
6	诚志股份	总经理	323.5
7	联创光电	总经理	313.64
8	世龙实业	总经理	264.08
9	宏柏新材	总经理	252.74
10	晶科科技	总经理	249.94

图表　2023 年度江西 A 股上市公司董事会秘书薪酬前 10 名

排名	证券名称	职务	2023 年度薪酬
1	诚志股份	董事会秘书	290.47
2	博雅生物	董事会秘书	235.0
3	晶科能源	董事会秘书	232.57
4	百通能源	董事会秘书	196.88
5	九丰能源	董事会秘书	175.75
6	孚能科技	董事会秘书	168.28
7	长虹华意	董事会秘书	167.03
8	天音控股	董事会秘书	158.44
9	金力永磁	董事会秘书	147.4
10	江铃汽车	董事会秘书	145.0

图表 2023 年度江西 A 股上市公司财务总监薪酬前 10 名

排名	证券名称	职务	2023 年度薪酬
1	晶科能源	财务总监	224.46
2	＊ST 正邦	财务总监	220.05
3	晶科科技	财务总监	199.19
4	百通能源	财务总监	196.88
5	诚志股份	财务总监	196.46
6	九丰能源	财务总监	170.75
7	博雅生物	财务总监	169.17
8	长虹华意	财务总监	155.74
9	天音控股	财务总监	154.92
10	德福科技	财务总监	153.57

江西上市公司平均高管薪酬为 124.28 万元,略低于全部 A 股公司平均高管薪酬的 137.79 万元。江西上市公司平均高管薪酬在 31 省中排第 16 名,在"1+6"省中排第 5 名,次于广东、福建、湖北、浙江。

图表 全国各省高管薪酬总额及平均薪酬

省份	高管人数 2023 年 12 月 31 日	高管 2023 年度薪酬总额 (万元)	高管 2023 年度平均薪酬 (万元)
境外	38	16277.97	428.37
西藏	147	27072.35	184.17
上海	2725	464251.73	170.37
广东	5498	917904.55	166.95
内蒙古	180	29941.51	166.34
香港	16	2642.35	165.15
北京	3226	486442.81	150.79
天津	457	67611.14	147.95
福建	1102	152729.57	138.59
重庆	533	71654.04	134.44
江苏	4345	568414.39	130.82
海南	188	24474.68	130.18
湖北	1026	133028.74	129.66

（续表）

省份	高管人数 2023 年 12 月 31 日	高管 2023 年度薪酬总额 （万元）	高管 2023 年度平均薪酬 （万元）
新疆	421	54058.91	128.41
浙江	4516	577462.38	127.87
云南	295	37579.41	127.39
四川	1212	151325.63	124.86
江西	584	72582.13	124.28
辽宁	539	66501.26	123.38
安徽	1212	148738.56	122.72
山东	2121	251502.33	118.58
湖南	974	113999.25	117.04
吉林	314	36524.81	116.32
黑龙江	240	27225.77	113.44
广西	255	28554.59	111.98
贵州	245	27160.40	110.86
甘肃	237	25385.66	107.11
陕西	574	60753.35	105.84
河南	796	83507.30	104.91
河北	552	56427.62	102.22
青海	72	7270.21	100.98
山西	288	28455.48	98.80
宁夏	124	12211.90	98.48
全国	35052	4829672.76	137.79

图表　"1＋6"七省上市公司高管平均薪酬

排名	省份	高管 2023 年度平均薪酬 （万元）
1	广东	166.95
2	福建	138.59
3	湖北	129.66
4	浙江	127.87

（续表）

排名	省份	高管 2023 年度平均薪酬 （万元）
5	江西	124.28
6	安徽	122.72
7	湖南	117.04

八、资产负债情况

1. 总资产:根据 2023 年年报数据统计,江西 88 家 A 股上市公司总资产累计为 10892.67 亿元,同比增长 11.70%。有色金属、钢铁、养殖等三个行业的上市公司资产规模居前。江西铜业总资产达到 1681.51 亿元,位列第一位;晶科能源总资产 1321.17 亿元,位列第二;赣锋锂业总资产 916.98 亿元位列第三;新钢股份总资产 529.35 亿元,位列第四。

图表 2023 年度江西上市公司总资产排名前十

排名	证券名称	总资产(亿元) 2023 年末	净资产(亿元) 2023 年末	资产负债率 2023 年末
1	江西铜业	1681.51	767.49	54.36%
2	晶科能源	1321.17	343.60	73.99%
3	赣锋锂业	916.98	523.16	42.95%
4	新钢股份	529.35	273.03	48.42%
5	晶科科技	410.45	156.89	61.78%
6	赣粤高速	358.69	195.24	45.57%
7	国盛金控	325.05	109.31	66.37%
8	孚能科技	301.45	103.85	65.55%
9	中文传媒	292.90	186.19	36.43%
10	江铃汽车	291.41	99.85	65.74%

全国 31 个省份 A 股上市公司总资产总规模为 4180932.82 亿元,

江西占 0.26%;外省 A 股上市公司总资产总规模为 3848642.35 亿元,
占 99.74%。

江西上市公司平均每家总资产为 123.78 亿元,全部 A 股公司平均每家总资产为 779.88 亿元;江西上市公司平均总资产在 31 省中排第 28 名,在"1+6"省中排第 7 名。

图表 全国 A 股上市公司总资产排名

排名	省份	总资产总和(亿元) 2023 年末	平均总资产(亿元) 2023 年末
1	北京	2415364.39	5150.03
2	上海	423643.32	958.47
3	福建	140745.22	827.91
4	广东	480637.87	551.82
5	新疆	32950.49	549.17
6	重庆	36540.30	468.47
7	贵州	13130.48	364.74
8	山西	11862.13	289.32
9	内蒙古	7379.66	283.83
10	河北	21755.67	282.54
11	陕西	20224.10	246.64
12	甘肃	8290.75	236.88
13	黑龙江	9260.38	231.51
14	天津	15883.79	220.61
15	浙江	150061.78	212.55
16	江苏	146503.91	211.41
17	河南	23158.43	208.63
18	山东	61856.20	200.18
19	云南	8172.23	199.32
20	四川	33856.79	194.58
21	湖南	27799.01	190.40
22	辽宁	15972.60	185.73
23	青海	1614.35	161.43

（续表）

排名	省份	总资产总和(亿元) 2023年末	平均总资产(亿元) 2023年末
24	湖北	21891.28	145.94
25	海南	3745.78	138.73
26	广西	5579.75	136.09
27	安徽	23416.84	133.05
28	江西	10892.67	123.78
29	吉林	5899.87	120.41
30	宁夏	1500.34	88.26
31	西藏	1342.44	61.02

2. 净资产:根据 2023 年年报数据统计,江西 88 家 A 股上市公司净资产总额为 5101.78 亿元,同比增长 14.51%。A 股上市公司净资产总额为 689598.48 亿元,江西占 1.88%。外省 A 股上市公司净资产总规模为 684496.70 亿元,占 99.36%。

江西上市公司平均每家净资产为 57.97 亿元,全部 A 股公司平均每家净资产为 128.63 亿元。江西上市公司平均净资产在 31 省中排第 23 名,在"1+6"省中排第 5 名。

图表 全国 A 股上市公司净资产排名

排名	省份	净资产总和(亿元) 2023年末	平均净资产(亿元) 2023年末
1	北京	284820.59	607.29
2	上海	66149.43	149.66
3	内蒙古	3800.84	146.19
4	新疆	8724.96	145.42
5	山西	5961.85	145.41
6	贵州	4493.47	124.82
7	福建	20966.87	123.33
8	天津	8380.06	116.39
9	广东	96977.50	111.34

（续表）

排名	省份	净资产总和(亿元) 2023年末	平均净资产(亿元) 2023年末
10	云南	3996.62	97.48
11	河北	7503.13	97.44
12	青海	873.53	87.35
13	重庆	6757.02	86.63
14	陕西	6674.09	81.39
15	辽宁	6244.29	72.61
16	山东	21258.44	68.80
17	河南	7633.43	68.77
18	四川	11510.15	66.15
19	安徽	10783.96	61.27
20	黑龙江	2403.78	60.09
21	甘肃	2090.54	59.73
22	湖南	8614.20	59.00
23	江西	5101.78	57.97
24	湖北	8487.82	56.59
25	广西	2190.46	53.43
26	浙江	37711.36	53.42
27	吉林	2454.64	50.09
28	江苏	34439.42	49.70
29	宁夏	774.51	45.56
30	海南	1100.90	40.77
31	西藏	718.84	32.67

3. 负债：2023年，江西88家A股上市公司负债总额为5790.89亿元，同比增长9.49%。A股上市公司负债总额为3491334.30亿元，江西占0.17%。外省A股上市公司负债总额为3485543.41亿元，占99.83%。江西上市公司平均每家负债65.81亿元，全部A股公司平均每家负债651.25亿元。江西上市公司平均负债在31省中排第29名，在"1+6"省中排第7名。

272

图表　全国 A 股上市公司总负债排名

排名	省份	负债总和（亿元） 2023 年末	平均负债（亿元） 2023 年末
1	北京	2130543.80	4542.74
2	上海	357493.89	808.81
3	福建	119778.35	704.58
4	广东	383660.36	440.48
5	新疆	24225.53	403.76
6	重庆	29783.27	381.84
7	贵州	8637.01	239.92
8	河北	14252.53	185.10
9	甘肃	6200.20	177.15
10	黑龙江	6856.60	171.41
11	陕西	13550.01	165.24
12	江苏	112064.49	161.71
13	浙江	112350.43	159.14
14	山西	5900.28	143.91
15	河南	15525.00	139.86
16	内蒙古	3578.82	137.65
17	湖南	19184.81	131.40
18	山东	40597.76	131.38
19	四川	22346.65	128.43
20	辽宁	9728.30	113.12
21	天津	7503.72	104.22
22	云南	4175.61	101.84
23	海南	2644.87	97.96
24	湖北	13403.46	89.36
25	广西	3389.29	82.67
26	青海	740.82	74.08
27	安徽	12632.89	71.78
28	吉林	3445.23	70.31
29	江西	5790.89	65.81
30	宁夏	725.83	42.70
31	西藏	623.60	28.35

4. 资产负债率：根据 2023 年年报数据统计，江西 88 家 A 股上市公司资产负债率平均为 53.16％，全国 A 股公司平均资产负债率为 83.51％。在全国 31 省上市公司平均资产负债率从高到低排名中，江西居第 24 位。在"1＋6"七省中，江西上市公司的总体资产负债率为倒数第一低。这一方面反映出江西企业相对稳健和保守、债务风险相对较低，另一方面折射出江西企业可能不太擅长于运用金融杠杆，经营风格相对温和，不那么进取。

图表　全国 A 股上市公司总负债排名

排名	省份	负债总和(亿元) 2023 年末	总资产总和(亿元) 2023 年末	加权平均资产负债率 2023 年末
1	北京	2130543.80	2415364.39	88.21％
2	福建	119778.35	140745.22	85.10％
3	上海	357493.89	423643.32	84.39％
4	重庆	29783.27	36540.30	81.51％
5	广东	383660.36	480637.87	79.82％
6	江苏	112064.49	146503.91	76.49％
7	浙江	112350.43	150061.78	74.87％
8	甘肃	6200.20	8290.75	74.78％
9	黑龙江	6856.60	9260.38	74.04％
10	新疆	24225.53	32950.49	73.52％
11	海南	2644.87	3745.78	70.61％
12	湖南	19184.81	27799.01	69.01％
13	河南	15525.00	23158.43	67.04％
14	陕西	13550.01	20224.10	67.00％
15	四川	22346.65	33856.79	66.00％
16	贵州	8637.01	13130.48	65.78％
17	山东	40597.76	61856.20	65.63％
18	河北	14252.53	21755.67	65.51％
19	湖北	13403.46	21891.28	61.23％
20	辽宁	9728.30	15972.60	60.91％
21	广西	3389.29	5579.75	60.74％

（续表）

排名	省份	负债总和(亿元) 2023年末	总资产总和(亿元) 2023年末	加权平均资产负债率 2023年末
22	吉林	3445.23	5899.87	58.40%
23	安徽	12632.89	23416.84	53.95%
24	江西	5790.89	10892.67	53.16%
25	云南	4175.61	8172.23	51.10%
26	山西	5900.28	11862.13	49.74%
27	内蒙古	3578.82	7379.66	48.50%
28	宁夏	725.83	1500.34	48.38%
29	天津	7503.72	15883.79	47.24%
30	西藏	623.60	1342.44	46.45%
31	青海	740.82	1614.35	45.89%

图表　"1＋6"七省的平均资产负债率排名

排名	省份	负债总和(亿元) 2023年末	总资产总和(亿元) 2023年末	加权平均资产负债率 2023年末
2	福建	119778.35	140745.22	85.10%
5	广东	383660.36	480637.87	79.82%
7	浙江	112350.43	150061.78	74.87%
12	湖南	19184.81	27799.01	69.01%
19	湖北	13403.46	21891.28	61.23%
23	安徽	12632.89	23416.84	53.95%
24	江西	5790.89	10892.67	53.16%

九、创收和盈利能力

1. 收入规模：2023年江西88家A股上市公司营业收入总额11616.98亿元，同比增长6.22%，占A股全体上市公司营业收入总额为725494.52亿元的1.60%。同年，江西GDP为3.22万亿元，全国GDP为126.06万亿元，江西GDP占全国GDP比例为2.55%，江西上市公司收入占省GDP的36.07%。

两个值得注意的现象是,2023 年度江西铜业的收入规模 5218.93
亿元,占江西所有 A 股上市公司收入总和的 44.93％;收入过千亿元的
公司,只有 2 家:江西铜业、晶科能源。江西 88 家 A 股公司,2023 年度
平均营业收入为 132.01 亿元。去掉江西铜业收入规模的单极影响,江
西 87 家 A 股公司 2023 年度平均营业收入为 73.54 亿元。全部 A 股
公司营业收入平均每家为 253.42 亿元。江西上市公司平均营业收入
在 31 省中排第 8 名,在"1＋6"省中排第 2 名。若剔除江西铜业,江西
上市公司平均营业收入在 31 省中排名第 20,在"1＋6"省中排第 4 名。

江西提出:力争主营业务收入 5000 亿级企业实现突破,千亿级企
业达到 4—5 户,百亿级企业达到 40 户左右,每个设区市至少各打造 1
户百亿级企业。全省规模以上工业企业数超过 15000 户。从江西上市
公司的营收规模看,达成这个目标还有一段不小的差距。

图表　2023 年度江西上市公司营业收入排名前十

排名	证券名称	营业收入(亿元) 2023 年度	净利润(亿元) 2023 年度	净利率 2023 年度
1	江西铜业	5218.93	69.75	1.34％
2	晶科能源	1186.82	74.40	6.27％
3	天音控股	948.25	1.03	0.11％
4	新钢股份	711.43	5.17	0.73％
5	江铃汽车	331.67	10.64	3.21％
6	赣锋锂业	329.72	45.75	13.88％
7	九丰能源	265.66	13.15	4.95％
8	方大特钢	265.07	6.83	2.58％
9	孚能科技	164.36	－18.68	－11.36％
10	长虹华意	128.89	5.31	4.12％

图表　2023 年度全国上市公司营业收入排名

排名	省份	营业收入总和(亿元) 2023 年度	平均营业收入(亿元) 2023 年度
1	北京	248139.82	529.08
2	福建	34552.99	203.25
3	内蒙古	4160.70	160.03

（续表）

排名	省份	营业收入总和(亿元) 2023 年度	平均营业收入(亿元) 2023 年度
4	山西	6001.93	146.39
5	云南	5644.74	137.68
6	河北	10558.02	137.12
7	上海	60435.08	136.73
8	江西	11616.98	132.01
9	辽宁	11297.05	131.36
10	新疆	7218.73	120.31
11	广东	100383.11	115.25
12	天津	7430.07	103.20
13	青海	1029.17	102.92
14	重庆	7998.79	102.55
15	陕西	8101.78	98.80
16	山东	28135.96	91.05
17	贵州	3195.74	88.77
18	河南	9777.97	88.09
19	广西	3566.95	87.00
20	安徽	14747.60	83.79
21	海南	2034.63	75.36
22	浙江	50306.56	71.26
23	四川	12013.77	69.44
24	湖北	10022.40	66.82
25	甘肃	2332.44	66.64
26	湖南	9249.45	63.35
27	江苏	34770.74	50.17
28	吉林	2376.32	48.50
29	黑龙江	1919.71	47.99
30	宁夏	602.13	35.42
31	西藏	579.28	26.33
—	全国	710200.60	265.40

2.净利润:根据 2023 年报数据统计,江西 88 家上市公司净利润累计总额为 396.96 亿元,同比增长 117.74%;同年 A 股上市公司净利润总额 54503.35 亿元,江西占比为 0.73%,相比 2022 年提升 0.08 个百分点;省外 A 股上市公司净利润总额为 54106.39 亿元,占 99.27%。这数据显示江西上市公司总体的盈利能力有提升,但具体来看,江西上市公司整体净利润的增长主要依赖于一些公司尤其是 *ST 正邦与晶科能源的业绩提升(2022 年 *ST 正邦净利润-143.46 亿元,2023 年增长高达 221.22 亿元;2022 年晶科能源净利润 29.36 亿元,2023 年增长 45.04 亿元)。

盈利最多的 10 家公司,有 4 家都是上游初级资源加工制造业(2家有色金属、2 家钢铁),前 10 家公司累计净利润 343.22 亿元,占 2023年江西 A 股上市公司总利润的 86.46%。江西 A 股上市公司的总体利润,主要源自于利润排行榜中的前 10 公司,可见传统行业、资源型企业是江西上市公司利润的支柱。2023 年度亏损公司 20 家,占江西的上市总家数的 22.73%,累计负净利润 56.49 亿元。

88 家 A 股上市公司,2023 年度平均每家净利润为 4.51 亿元。A股所有上市公司平均净利润为 20.37 亿元。江西上市公司平均净利润在 31 省中排第 18 名,在"1+6"省中排第 4 名。

图表　2023 年度江西上市公司净利润排名前十

排名	证券名称	营业收入(亿元) 2023 年度	净利润(亿元) 2023 年度	净利率 2023 年度
1	*ST 正邦	69.92	77.76	111.22%
2	晶科能源	1186.82	74.40	6.27%
3	江西铜业	5218.93	69.75	1.34%
4	赣锋锂业	329.72	45.75	13.88%
5	中文传媒	100.84	19.54	19.38%
6	九丰能源	265.66	13.15	4.95%
7	洪城环境	80.48	12.40	15.40%
8	赣粤高速	74.92	12.16	16.23%
9	江铃汽车	331.67	10.64	3.21%
10	江中药业	43.90	7.67	17.46%

图表　2023 年度全国上市公司净利润排名

排名	省份	净利润总和(亿元) 2023 年度	平均净利润(亿元) 2023 年度
1	北京	24073.74	51.33
2	贵州	894.41	24.84
3	青海	176.79	17.68
4	山西	651.79	15.90
5	内蒙古	372.25	14.32
6	福建	1918.20	11.28
7	天津	641.43	8.91
8	陕西	725.12	8.84
9	四川	1534.94	8.82
10	广东	7459.27	8.56
11	新疆	513.76	8.56
12	上海	3639.04	8.23
13	云南	336.47	8.21
14	河北	531.07	6.90
15	山东	1810.79	5.86
16	河南	583.40	5.26
17	安徽	809.72	4.60
18	江西	396.96	4.51
19	重庆	333.39	4.27
20	浙江	2978.38	4.22
21	江苏	2568.37	3.71
22	湖南	521.84	3.57
23	宁夏	59.91	3.52
24	辽宁	234.80	2.73
25	湖北	401.34	2.68
26	西藏	54.54	2.48
27	海南	52.95	1.96
28	甘肃	60.39	1.73
29	吉林	72.57	1.48
30	广西	59.26	1.45
31	黑龙江	36.45	0.91
	全国	54503.35	20.37

3. 根据 2023 年报数据统计,江西上市公司毛利率前十企业中工业企业 4 家、医疗保健 3 家、非日常生活消费品 1 家、信息技术 1 家、金融 1 家。毛利率排后十位的企业中,工业企业 4 家、原材料 3 家、信息技术 1 家、非日常生活消费品 1 家、日常消费品 1 家。

图表　2023 年度江西上市公司毛利率排名前十

排名	证券名称	营业收入(亿元)2023 年度	毛利(亿元)2023 年度	毛利率 2023 年度	营业收入(亿元)2022 年度	毛利(亿元)2022 年度	毛利率 2022 年度
1	九鼎投资	2.81	2.79	99.55%	4.32	4.26	98.60%
2	返利科技	3.02	2.04	67.32%	5.11	3.73	73.06%
3	江中药业	43.90	28.67	65.31%	38.12	24.72	64.84%
4	金达莱	5.05	3.24	64.20%	7.91	5.31	67.15%
5	日月明	1.54	0.88	57.28%	1.14	0.71	62.10%
6	博雅生物	26.52	13.99	52.76%	27.59	15.08	54.66%
7	华维设计	1.25	0.60	48.19%	1.45	0.72	49.61%
8	新余国科	3.89	1.83	47.19%	3.41	1.59	46.57%
9	新赣江	2.16	1.02	47.15%	2.11	0.97	46.07%
10	美克家居	41.82	17.90	42.80%	44.96	18.98	42.21%

图表　2023 年度江西上市公司毛利率排名后十

排名(倒数)	证券名称	营业收入(亿元)2023 年度	毛利(亿元)2023 年度	毛利率 2023 年度	营业收入(亿元)2022 年度	毛利(亿元)2022 年度	毛利率 2022 年度
1	＊ST 正邦	69.92	−10.01	−14.32%	144.15	−39.71	−27.55%
2	江西长运	15.41	−0.81	−5.23%	14.52	−2.48	−17.06%
3	新钢股份	711.43	13.49	1.90%	990.01	31.75	3.21%
4	黑猫股份	94.51	2.48	2.62%	98.93	4.18	4.22%
5	江西铜业	5218.93	139.93	2.68%	4799.38	143.29	2.99%
6	天音控股	948.25	26.71	2.82%	764.27	27.15	3.55%
7	逸豪新材	12.77	0.37	2.89%	13.35	1.48	11.08%
8	洪都航空	37.27	1.29	3.47%	72.51	1.95	2.69%
9	江特电机	27.99	1.25	4.46%	65.72	34.74	52.86%
10	天利科技	4.44	0.20	4.55%	4.50	0.32	7.19%

江西上市公司平均毛利率 8.05%,全部 A 股平均毛利率

15.15％；江西上市公司在 31 省中排第 31 名，在"1＋6"省中排第 7 名。

图表　2023 年度全国上市公司毛利率排名

排名	省份	毛利率 2023 年度	毛利率 2022 年度
1	贵州	54.31％	50.67％
2	西藏	35.52％	38.86％
3	四川	27.27％	29.69％
4	青海	25.98％	37.81％
5	山西	25.49％	28.41％
6	内蒙古	24.84％	25.25％
7	宁夏	23.65％	26.25％
8	陕西	20.87％	21.09％
9	吉林	20.55％	21.62％
10	湖南	19.94％	20.03％
11	山东	19.79％	19.61％
12	黑龙江	19.62％	20.03％
13	江苏	18.53％	18.24％
14	河北	18.34％	17.71％
15	湖北	17.67％	19.51％
16	新疆	17.54％	21.32％
17	安徽	17.44％	17.79％
18	天津	17.37％	28.79％
19	河南	16.56％	17.97％
20	重庆	16.50％	17.36％
21	云南	16.12％	17.31％
22	广东	15.88％	15.25％
23	浙江	15.48％	15.46％
24	海南	13.96％	5.23％
25	甘肃	13.45％	13.33％

（续表）

排名	省份	毛利率 2023 年度	毛利率 2022 年度
26	北京	13.10%	12.45%
27	上海	12.34%	11.19%
28	辽宁	10.94%	10.20%
29	福建	10.11%	8.86%
30	广西	9.99%	8.61%
31	江西	8.05%	9.45%
—	全国	15.15%	14.96%

4. 净利率：根据 2023 年报数据统计，江西上市公司净利率前十的企业中，工业企业 3 家、医疗保健 2 家、原材料企业 2 家、日常消费品 2 家、通讯服务 1 家；净利率排后十位的企业中，工业企业 5 家、信息技术 2 家、原材料 1 家、医疗保健 1 家、非日常生活消费品 1 家。从结构来看，受益于新能源行业的景气度发展，行业龙头公司的盈利质量加速提升。

图表　2023 年度江西上市公司净利率排名前十

排名	证券名称	营业收入 （亿元） 2023 年度	净利润 （亿元） 2023 年度	净利率 2023 年度	营业收入 （亿元） 2022 年度	净利润 （亿元） 2022 年度	净利率 2022 年度
1	＊ST 正邦	69.92	77.76	111.22%	144.15	−143.46	−99.52%
2	日月明	1.54	0.61	39.32%	1.14	0.31	26.86%
3	金达莱	5.05	1.80	35.65%	7.91	3.01	38.05%
4	欧克科技	3.32	1.14	34.29%	5.17	1.83	35.45%
5	天新药业	18.82	4.76	25.28%	23.05	6.22	26.99%
6	华维设计	1.25	0.29	23.61%	1.45	0.32	22.34%
7	悦安新材	3.68	0.79	21.38%	4.28	0.99	23.23%
8	新赣江	2.16	0.45	20.56%	2.11	0.46	21.86%
9	阳光乳业	5.70	1.13	19.87%	5.70	1.08	19.02%
10	中文传媒	100.84	19.54	19.38%	102.36	19.17	18.72%

图表 2023 年度江西上市公司净利率排名后十

排名(倒数)	证券名称	营业收入(亿元)2023 年度	净利润(亿元)2023 年度	净利率2023 年度	营业收入(亿元)2022 年度	净利润(亿元)2022 年度	净利率2022 年度
1	新元科技	2.34	−2.17	−92.86%	5.67	−0.98	−17.32%
2	星星科技	6.97	−5.05	−72.51%	6.26	1.42	22.75%
3	海源复材	3.17	−1.45	−45.81%	3.64	−1.50	−41.11%
4	江特电机	27.99	−3.93	−14.04%	65.72	23.28	35.42%
5	富祥药业	16.10	−2.23	−13.87%	16.47	−1.64	−9.97%
6	孚能科技	164.36	−18.68	−11.36%	115.88	−9.27	−8.00%
7	美克家居	41.82	−4.63	−11.06%	44.96	−2.95	−6.56%
8	联创电子	98.48	−10.60	−10.76%	109.35	0.65	0.59%
9	恒大高新	4.04	−0.41	−10.24%	3.74	−0.63	−16.97%
10	神雾节能	1.57	−0.15	−9.66%	1.57	−0.21	−13.32%

江西上市公司平均净利率 3.42%,相比 2022 年提升 0.23 个百分点,全部 A 股平均净利率 7.67%。这表明江西上市公司的盈利能力虽然有所改善,但主要受部分行业景气度影响带动相关上市公司盈利提升,新增上市公司反而拉低了整体上市公司的平均盈利水平,江西上市公司整体的盈利能力水平相比全国以及周围"1+6"省仍然有较大差距。江西上市公司在 31 省中排第 25 名,在"1+6"省中排第 7 名。

图表 2023 年度全国上市公司净利率排名

排名	省份	净利率2023 年度	净利率2022 年度
1	贵州	27.99%	27.28%
2	青海	17.18%	25.65%
3	四川	12.78%	15.25%
4	山西	10.86%	13.50%
5	宁夏	9.95%	13.00%
6	北京	9.70%	9.20%
7	西藏	9.42%	14.54%
8	陕西	8.95%	11.63%

（续表）

排名	省份	净利率 2023年度	净利率 2022年度
9	内蒙古	8.95%	10.11%
10	天津	8.63%	18.06%
11	广东	7.43%	7.49%
12	江苏	7.39%	7.37%
13	新疆	7.12%	10.45%
14	山东	6.44%	6.26%
15	上海	6.02%	6.12%
16	河南	5.97%	7.86%
17	云南	5.96%	6.38%
18	浙江	5.92%	6.32%
19	湖南	5.64%	5.97%
20	福建	5.55%	5.70%
21	安徽	5.49%	5.81%
22	河北	5.03%	4.16%
23	重庆	4.17%	2.88%
24	湖北	4.00%	5.01%
25	江西	3.42%	3.19%
26	吉林	3.05%	3.71%
27	海南	2.60%	−14.11%
28	甘肃	2.59%	3.42%
29	辽宁	2.08%	1.06%
30	黑龙江	1.90%	4.04%
31	广西	1.66%	0.68%
—	全国	7.67%	7.82%

5. ROE：2023年报数据统计，江西上市公司ROE水平前十的企业中，公用事业3家、日常消费品2家、医疗保健2家、工业企业1家、原材料1家、非日常生活消费品1家；ROE水平排后十位的企业中，工业企业5家、信息技术3家、非日常生活消费品1家、能源1家。

图表 2023 年度江西上市公司 ROE 排名前十

排名	证券名称	ROE(%) 2023 年度	ROE(%) 2022 年度
1	＊ST 正邦	1345.84	nan
2	晶科能源	24.37	14.59
3	甘源食品	20.63	10.73
4	江中药业	18.34	15.10
5	三鑫医疗	17.79	18.63
6	九丰能源	17.75	17.19
7	江盐集团	15.89	22.17
8	百通能源	15.24	16.28
9	江铃汽车	15.06	10.28
10	洪城环境	14.39	14.55

图表 2023 年度江西上市公司 ROE 排名后十

排名 (倒数)	证券名称	ROE(%) 2023 年度	ROE(%) 2022 年度
1	联创电子	−30.04	2.46
2	星星科技	−28.64	12.49
3	新元科技	−28.25	−8.93
4	海源复材	−27.77	−22.28
5	神雾节能	−22.38	−20.40
6	安源煤业	−21.71	−12.15
7	凤凰光学	−17.54	0.92
8	孚能科技	−16.68	−8.71
9	美克家居	−11.80	−6.95
10	江特电机	−9.82	74.82

江西上市公司平均 ROE 为 8.14％,全部 A 股平均 ROE 为 8.18％。江西上市公司在 31 省中排第 12 名,在"1＋6"省中排第 3 名。

图表 2023 年度全国上市公司 ROE 排名

排名	省份	ROE 2023 年度	ROE 2022 年度
1	青海	21.92%	45.10%
2	贵州	20.78%	21.03%
3	四川	13.76%	18.64%
4	山西	11.29%	16.32%
5	陕西	11.22%	15.74%
6	内蒙古	10.10%	12.73%
7	福建	9.56%	11.62%
8	山东	8.86%	9.33%
9	北京	8.76%	8.86%
10	云南	8.70%	10.29%
11	浙江	8.28%	9.42%
12	江西	8.14%	8.16%
13	宁夏	8.11%	11.01%
14	广东	7.94%	8.48%
15	天津	7.84%	24.74%
16	河南	7.83%	11.10%
17	安徽	7.79%	8.22%
18	江苏	7.77%	8.18%
19	西藏	7.70%	12.86%
20	河北	7.16%	5.99%
21	湖南	6.27%	7.06%
22	新疆	6.00%	10.11%
23	上海	5.64%	6.15%
24	重庆	5.04%	3.32%
25	海南	5.03%	−18.68%
26	湖北	4.88%	6.61%
27	辽宁	3.82%	2.02%
28	吉林	2.98%	3.17%
29	甘肃	2.98%	4.15%
30	广西	2.76%	1.20%
31	黑龙江	1.52%	3.40%
—	全国	8.18%	8.94%

6.ROIC:2023 年报数据统计,江西上市公司 ROIC 前十的企业中,医疗保健3家、日常消费品2家、公用事业2家、工业2家、原材料1家;ROIC 排后十位的企业中,工业企业6家、信息技术3家、医疗保健1家。

江西 A 股上市公司 ROIC 为 4.41%,全部 A 股 ROIC 为 3.08%。江西上市公司在 31 省中排第 11 名,在"1+6"省中排第 3 名。

图表　2023 年度江西上市公司 ROIC 排名前十

排名 (倒数)	证券名称	ROIC(%) 2023 年度	ROIC(%) 2022 年度
1	*ST 正邦	74.76	−58.09
2	甘源食品	19.61	9.91
3	晶科能源	16.54	10.56
4	江中药业	15.73	13.57
5	三鑫医疗	15.70	17.15
6	江盐集团	14.11	16.34
7	新余国科	12.91	12.27
8	九丰能源	12.18	13.14
9	百通能源	12.07	12.05
10	新赣江	11.36	17.42

图表　2023 年度江西上市公司 ROIC 排名后十

排名	证券名称	ROIC(%) 2023 年度	ROIC(%) 2022 年度
1	星星科技	−29.63	17.14
2	新元科技	−21.84	−8.60
3	海源复材	−18.30	−17.86
4	神雾节能	−12.00	−16.27
5	孚能科技	−10.68	−5.55
6	江特电机	−7.92	54.80
7	联创电子	−7.48	3.21
8	凤凰光学	−4.94	1.65
9	凤形股份	−4.64	6.05
10	富祥药业	−4.57	−3.55

图表　2023 年度全国上市公司 ROIC 排名

排名	省份	ROIC（%）2023 年度	ROIC（%）2022 年度
1	内蒙古	8.81	9.38
2	河南	5.77	7.51
3	西藏	5.47	6.75
4	山西	5.33	8.52
5	北京	5.20	2.40
6	浙江	5.03	6.88
7	安徽	4.85	7.15
8	山东	4.65	3.85
9	江苏	4.65	7.13
10	四川	4.45	8.03
11	江西	4.41	7.36
12	河北	4.36	6.52
13	青海	4.16	11.11
14	新疆	4.05	3.34
15	重庆	3.88	5.51
16	天津	3.75	6.94
17	陕西	3.62	6.26
18	上海	3.33	4.77
19	海南	3.19	−1.59
20	云南	2.97	4.69
21	广西	2.94	1.46
22	广东	2.60	4.45
23	福建	2.44	5.64
24	黑龙江	2.06	3.96
25	甘肃	0.21	2.37
26	辽宁	0.10	1.23
27	吉林	−0.36	2.04
28	湖北	−0.46	−16.60
29	湖南	−1.39	4.52
30	宁夏	−1.49	3.97
31	贵州	−3.02	6.69
—	全国	3.08	4.59

7. 分红:2023 年报数据统计,江西上市公司共有 56 家公司实施了分红,累计分红金额 114.89 亿元,其中赣锋锂业分红金额最高(20.17 亿元)。以 56 家分红公司为分母,平均每家公司分红 2.05 亿元;以 88 家 A 股公司为分母,平均每家公司分红 1.31 亿元。2023 年分红金额前十的企业中,原材料 3 家、公用事业 2 家、医疗保健 2 家、工业 1 家、非日常生活消费品 1 家以及通讯服务 1 家。

江西上市公司分红总额 114.89 亿元,平均每家分红 2.05 亿元,占 A 股上市公司分红额的 0.59%;全部 A 股分红额 19579.49 亿元,平均每家分红 3.66 亿元。江西上市公司平均分红额在 31 省中排第 23 名,在"1+6"省中排第 5 名。

从分红前十和后十的公司看,有一个有趣的现象,也符合当前 A 股的整体趋势。高分红的公司,有 8 家是相对传统的行业(钢铁、出版等),估值相对低,这类公司的股东回报模式,以分红为主要手段。而分红后十的公司,信息技术行业占据最多,这些公司普遍都有估值高的特点,这类公司市值波动大,股东财富增减的关键是市值波动,而非坐等分红。

图表 2023 年度江西上市公司现金分红排名前十

排名	证券名称	现金分红金额(亿元) 2023 年度	所属行业
1	赣锋锂业	20.17	原材料
2	江西铜业	17.31	原材料
3	中文传媒	10.16	通讯服务
4	晶科能源	8.90	工业
5	江中药业	7.87	医疗保健
6	洪城环境	4.75	公用事业
7	九丰能源	3.71	公用事业
8	江铃汽车	3.66	非日常生活消费品
9	新钢股份	3.13	原材料
10	天新药业	3.11	医疗保健

图表 2023年度全国上市公司现金分红排名

排名	省份	现金分红金额总和(亿元) 2023年度	平均现金分红金额(亿元) 2023年度
1	北京	7647.82	27.22
2	贵州	613.70	26.68
3	青海	61.29	20.43
4	山西	358.49	17.07
5	新疆	265.55	9.16
6	天津	425.08	8.68
7	内蒙古	161.94	7.71
8	陕西	350.27	6.74
9	四川	640.45	5.82
10	福建	607.28	5.28
11	云南	120.54	4.82
12	广东	2628.36	4.74
13	上海	1257.26	4.32
14	河南	310.37	4.14
15	河北	191.02	3.35
16	重庆	166.76	3.34
17	山东	736.40	3.33
18	西藏	31.81	2.89
19	安徽	329.46	2.68
20	湖南	198.88	2.23
21	宁夏	15.62	2.23
22	广西	40.35	2.12
23	江西	114.89	2.05
24	浙江	1036.71	2.00
25	江苏	924.04	1.90
26	辽宁	80.49	1.83
27	甘肃	28.31	1.77
28	吉林	38.46	1.67
29	湖北	153.45	1.62
30	海南	13.38	1.49
31	黑龙江	31.07	1.35
—	全国	19579.49	3.66

8.股息率:根据 2023 年报数据统计,江西 A 股上市公司平均股息率为 1.65%,排名前十的企业主要行业分布为:工业 4 家、原材料 3 家、医疗保健 1 家、通讯服务 1 家、公用事业 1 家。股息率为 0 的企业共有 25 家。企业主要行业分布为:工业 7 家、信息技术 5 家、非日常消费品 4 家、原材料 3 家、金融 2 家、能源 1 家、日常消费品 1 家、通讯服务 1 家、医疗保健 1 家。

江西上市公司股息率 1.65%,全部 A 股股息率 1.74%。江西上市公司股息率在 31 省中排第 13 名,在"1+6"省中排第 5 名。

图表　2023 年度江西上市公司股息率排名前十

排名	证券名称	股息率(%) 2023 年度	所属行业
1	中文传媒	5.31	通讯服务
2	洪城环境	4.69	公用事业
3	金达莱	4.43	工业
4	新钢股份	3.88	原材料
5	长虹华意	3.56	工业
6	江盐集团	3.47	原材料
7	赣粤高速	3.45	工业
8	腾远钴业	3.24	原材料
9	仁和药业	3.06	医疗保健
10	晶科能源	2.96	工业

图表　2023 年度江西上市公司股息率为 0 企业

排名(倒数) (并列)	证券名称	股息率(%) 2023 年度	所属行业
1	凤凰光学	0.00	信息技术
1	黑猫股份	0.00	原材料
1	沐邦高科	0.00	非日常生活消费品
1	美克家居	0.00	非日常生活消费品
1	返利科技	0.00	信息技术
1	联创电子	0.00	信息技术
1	国盛金控	0.00	金融

（续表）

排名（倒数）（并列）	证券名称	股息率（%）2023 年度	所属行业
1	泰豪科技	0.00	工业
1	星星科技	0.00	信息技术
1	孚能科技	0.00	工业
1	九鼎投资	0.00	金融
1	明冠新材	0.00	非日常生活消费品
1	江特电机	0.00	工业
1	安源煤业	0.00	能源
1	逸豪新材	0.00	信息技术
1	慈文传媒	0.00	通讯服务
1	神雾节能	0.00	工业
1	富祥药业	0.00	医疗保健
1	世龙实业	0.00	原材料
1	海源复材	0.00	工业
1	国旅联合	0.00	非日常生活消费品
1	＊ST 正邦	0.00	日常消费品
1	新元科技	0.00	工业
1	恒大高新	0.00	原材料
1	江西长运	0.00	工业

图表　2023 年度全国上市公司股息率排名

排名	省份	平均股息率（%）2023 年度	平均股息率（%）2022 年度
1	山西	2.91	4.04
2	内蒙古	2.71	2.07
3	新疆	2.51	2.29
4	河南	2.21	1.94
5	青海	2.03	5.09
6	重庆	1.91	1.91

（续表）

排名	省份	平均股息率(%) 2023年度	平均股息率(%) 2022年度
7	河北	1.87	1.83
8	浙江	1.82	2.25
9	甘肃	1.79	1.53
10	安徽	1.71	1.69
11	湖南	1.69	1.54
12	福建	1.65	1.53
13	江西	1.65	1.62
14	山东	1.63	1.48
15	吉林	1.62	1.63
16	云南	1.61	1.25
17	广东	1.61	1.42
18	黑龙江	1.60	1.25
19	广西	1.60	1.29
20	宁夏	1.60	2.04
21	贵州	1.59	1.67
22	江苏	1.57	1.45
23	四川	1.54	1.56
24	陕西	1.49	1.58
25	天津	1.48	1.76
26	湖北	1.46	1.37
27	北京	1.44	1.38
28	西藏	1.42	2.22
29	上海	1.40	1.34
30	海南	1.38	1.03
31	辽宁	1.34	1.31
—	全国	1.74	1.82

十、研发投入（创新投资）

1. 研发投入：江西 2023 年报披露研发费用的公司有 83 家，占比 94.32％，研发投入合计 260.19 亿元，同比增长 6.42％。研发营收比（研发投入总额与营业收入总额之比）为 2.24％，和上年持平（因部分企业的营业收入基数较大，导致整体研发营收比显得不高），研发利润比（研发投入总额与净利润之比）为 65.54％，较上年的 72.52％有所下降。晶科能源、江西铜业研发投入位居前二，因江西铜业营业收入基数较大，导致企业研发营收比较低。晶科能源研发投入 68.99 亿元，约占江西全部上市公司研发投入的 26.51％。研发投入超过 5 亿元的企业共 9 家；研发投入超过 1 亿元的企业共 29 家。有的上市公司虽然净利润为负，但仍保持较高的研发投入水平，如孚能科技等公司。

2022 年，江西研发投入 558.15 亿元，由于 2023 年江西全省研发投入暂未披露，以江西前三年研发投入增速的平均值（13.26％）预测，2023 年江西全省研发投入约 632.16 亿元，2023 年江西上市公司研发投入相当于江西全省研发投入的 41.16％。

全部 A 股研发投入 1.76 万亿元，平均每家公司 0.02 亿元，研发收入比 2.48％，研发利润比 32.27％。江西上市公司平均研发投入在 31 省中排第 12 名，在"1＋6"省中排第 2 名。

图表 2023 年度江西上市公司研发投入排名前十

排名	证券名称	研发支出(亿元) 2023 年度	研发收入比 2023 年度	研发利润比 2023 年度
1	晶科能源	68.99	5.81％	92.72％
2	江西铜业	54.42	1.04％	78.02％
3	江铃汽车	18.46	5.57％	173.45％
4	新钢股份	17.98	2.53％	347.78％
5	赣锋锂业	12.51	3.79％	27.34％
6	联创电子	10.53	10.69％	−99.33％

（续表）

排名	证券名称	研发支出(亿元) 2023 年度	研发收入比 2023 年度	研发利润比 2023 年度
7	孚能科技	7.49	4.56%	−40.12%
8	泰豪科技	6.04	14.10%	454.82%
9	黑猫股份	5.15	5.45%	−199.88%
10	长虹华意	4.77	3.70%	89.77%

图表　2023 年度全国上市公司研发投入排名

排名	省份	研发支出合计 (亿元) 2023 年度	平均研发支出 (亿元) 2023 年度	研发收入比 2023 年度	研发利润比 2023 年度
1	北京	4600.96	10.68	1.85%	19.11%
2	河北	363.22	4.91	3.44%	68.39%
3	新疆	191.45	4.16	2.65%	37.27%
4	上海	1657.14	4.11	2.74%	45.54%
5	天津	253.04	3.78	3.41%	39.45%
6	广东	3111.31	3.71	3.10%	41.71%
7	重庆	245.48	3.61	3.07%	73.63%
8	内蒙古	81.83	3.56	1.97%	21.98%
9	山东	923.74	3.17	3.28%	51.01%
10	云南	107.12	3.15	1.90%	31.84%
11	福建	495.83	3.14	1.43%	25.85%
12	江西	260.19	3.13	2.24%	65.54%
13	安徽	477.51	2.81	3.24%	58.97%
14	山西	108.21	2.77	1.80%	16.60%
15	湖北	373.22	2.70	3.72%	92.99%
16	陕西	190.56	2.61	2.35%	26.28%
17	湖南	343.93	2.53	3.72%	65.91%
18	河南	255.35	2.39	2.61%	43.77%
19	吉林	102.82	2.34	4.33%	141.68%

（续表）

排名	省份	研发支出合计（亿元）2023年度	平均研发支出（亿元）2023年度	研发收入比2023年度	研发利润比2023年度
20	辽宁	170.00	2.30	1.50%	72.40%
21	浙江	1433.45	2.10	2.85%	48.13%
22	四川	332.20	2.08	2.77%	21.64%
23	贵州	62.77	1.85	1.96%	7.02%
24	江苏	1214.62	1.83	3.49%	47.29%
25	西藏	32.19	1.79	5.56%	59.01%
26	青海	17.50	1.75	1.70%	9.90%
27	甘肃	49.45	1.65	2.12%	81.89%
28	广西	57.94	1.61	1.62%	97.77%
29	黑龙江	48.88	1.29	2.55%	134.11%
30	海南	19.35	0.88	0.95%	36.55%
31	宁夏	8.02	0.53	1.33%	13.39%
—	全国	17589.29	0.02	2.48%	32.27%

2. 专利持有情况：江西上市公司主体共持有各项专利技术 19577 项，平均每家上市公司持有专利技术 222.47 项。

图表 2023 年度江西上市公司专利总持有量前十

排名	证券名称	专利数量2023年末	专利数量2022年末	专利数量净增加2023年度	发明专利2023年末	发明专利2022年末	发明专利净增加2023年度	所属行业
1	泰豪科技	3659	1005	2654	1605	324	1281	工业
2	江铃汽车	2635	2287	348	1134	906	228	非日常生活消费品
3	美克家居	2347	2224	123	454	437	17	非日常生活消费品
4	神雾节能	1571	2	1569	951	2	949	工业
5	江西铜业	1176	886	290	334	281	53	原材料
6	晶科能源	925	925	0	874	874	0	工业

（续表）

排名	证券名称	专利数量 2023年末	专利数量 2022年末	专利数量净增加 2023年度	发明专利 2023年末	发明专利 2022年末	发明专利净增加 2023年度	所属行业
7	长虹华意	894	195	699	235	41	194	工业
8	诚志股份	864	0	864	387	0	387	原材料
9	联创光电	750	109	641	206	37	169	信息技术
10	华伍股份	580	80	500	195	21	174	工业

数据来源:iFinD

十一、资本运作

1. 股票融资:2023 年,江西共有 11 家公司通过 IPO 实现股本金融资 99.99 亿元;共有 4 家公司通过定向再融资,实现股本金募集资金合计 63.44 亿元。IPO＋再融资累计 163.43 亿元,同比 2022 年下降 1.90％。

同时,全国上市公司股票融资(IPO＋定增)0.94 万亿元,江西占比 0.17％,相比 2022 年下滑 1.16 个百分点。这个指标明确地告诉人们:从资本市场争取资金方面,江西上市公司争得的份额很小。某一个年份或某一段时间如此,这是无关大体的。但如果历来如此、长期如此,就可以推断:全省的经济发展和产业升级,资金"燃料"不足,这就事关大体了。

2023 年,江西上市公司中有 11 家公司进行 IPO,股票融资金额 163.42 亿元,仅占全国融资额的 1.84％,在 1＋6 省中排名倒数第二,意味着江西的经济总量和企业规模相对较小,在资本市场的参与度和影响力较低。

股本融资,在企业融资结构中,有着关键的意义。股本金的扩大,可以增强企业的信用等级、举债能力和抗风险能力,通过金融杠杆的应用可以实现企业融资的几何级放大。反推过来,股本融资不力,也将几何级地缩小企业融资的能级和量级,出现"一步小则步步小"的融资收缩效应。结合上文已经显示的江西上市公司举债水平较低、金融杠杆利用不足(跟全国比和跟周边六省比),以及下文将要提到的江西上市公司债券融资不力等问题,可以推断:无论是宏观上看的全省经济,还是微观上看的企业经营,资金燃料"不足致使经济动能不足的问题,都值得引起江西重视。

图表 2023 年度江西内 IPO 企业

证券名称	证券代码	所在地	上市日期	交易所	首发募集资金(亿元)	所属行业
新赣江	873167.BJ	吉安市吉州区	2023—02—0900;00;00	北京证券交易所	1.855625625	医疗保健
宁新新材	839719.BJ	宜春市奉新县	2023—05—2600;00;00	北京证券交易所	3.41653512	原材料
福事特	301446.SZ	上饶市广信区	2023—07—2500;00;00	深圳证券交易所	6.378	工业
播恩集团	001366.SZ	赣州市章贡区	2023—03—0700;00;00	深圳证券交易所	3.76062	日常消费品
南矿集团	001360.SZ	南昌市新建区	2023—04—1000;00;00	深圳证券交易所	7.8438	原材料
威尔高	301251.SZ	吉安市吉安县	2023—09—0600;00;00	深圳证券交易所	9.719691	信息技术
天键股份	301383.SZ	赣州市于都县	2023—06—0900;00;00	深圳证券交易所	13.414096	信息技术
江盐集团	601065.SH	南昌市红谷滩区	2023—04—1000;00;00	上海证券交易所	16.576	原材料
国科军工	688543.SH	南昌市青山湖区	2023—06—2100;00;00	上海证券交易所	16.013789	工业
百通能源	001376.SZ	南昌市青山湖区	2023—11—0300;00;00	深圳证券交易所	2.101704	公用事业
德福科技	301511.SZ	九江市浔阳区	2023—08—1700;00;00	深圳证券交易所	18.908461	信息技术

图表 2023 年度江西上市公司增发融资情况

证券名称	增发实施次数2023 年度	增发数量(万股)2023 年度	增发募资金额(亿元)2023 年度	投资者
晶科科技	1	67650.11	29.97	不超过 35 名符合中国证监会规定条件的特定对象
中国稀土	1	8033.18	20.97	包括符合中国证监会规定的证券投资基金管理公司、证券公司、信托投资公司、财务公司、保险机构投资者、合格境外机构投资者、其他符合法律法规规定的法人、自然人或其他机构投资者等不超过 35 名的特定投资者

（续表）

证券名称	增发实施次数 2023 年度	增发数量 （万股） 2023 年度	增发募资金额 （亿元） 2023 年度	投资者
同和药业	1	7292.62	8.00	符合中国证监会及其他有关法律、法规规定的证券投资基金管理公司、证券公司、信托公司、财务公司、保险机构投资者、合格境外机构投资者以及符合中国证监会规定的其他境内法人、自然人或其他合格的投资者不超过 35 名
煌上煌	1	4464.29	4.50	新余煌上煌投资管理中心（有限合伙）

图表 "1＋6"省 A 股上市公司股票融资排名

排名	省份	IPO 募资 金额合计 （亿元） 2023 年度	IPO 家数 2023 年度	增发募资 金额合计 （亿元） 2023 年度	增发实 施次数 2023 年度	股票融资 金额合计 （亿元） 2023 年度	股票融 资次数 2023 年度	占全国融 资额比例 2023 年度
1	广东	574.84	51	780.67	56	1355.51	107	15.24%
2	浙江	441.63	47	574.65	41	1016.28	88	11.42%
3	安徽	239.25	13	99.46	8	338.71	21	3.81%
4	湖南	93.26	7	216.24	18	309.49	25	3.48%
5	湖北	84.00	8	123.09	10	207.10	18	2.33%
6	江西	99.99	11	63.44	4	163.42	15	1.84%
7	福建	38.07	5	15.80	4	53.87	9	0.61%

2. 债券融资(包括可转债):2023 年,共有 12 家江西上市公司有应付债券(指企业为筹集长期资金而实际发行的债券及应付的利息,包含当年新增发债金额和历史发债金额中未偿还部分),合计 249.58 亿元,占全国上市公司应付债券总额的 0.10%,其中晶科能源排名第一,应付债券金额达 91.82 亿元。排名第二的江西铜业应付债券金额为 50.50 亿元。晶科科技位居第三,应付债券金额 27.56 亿元。

图表　2023 年末江西上市公司应付债券金额

排名	证券名称	应付债券（亿元）2023 年末	总市值（亿元）2024—04—30
1	晶科能源	91.82	757.39
2	江西铜业	50.50	904.81
3	晶科科技	27.56	106.77
4	九丰能源	20.24	166.32
5	万年青	15.50	44.42
6	洪城环境	14.06	125.23
7	中文传媒	10.00	199.06
8	赣粤高速	5.00	108.36
9	海能实业	4.48	28.78
10	志特新材	4.28	19.51
11	耐普矿机	3.30	42.03
12	联创电子	2.85	80.36
—	全省	249.58	2583.04

图表　2023 年末全国 31 省上市公司应付债券排名

排名	省份	应付债券公司家数	应付债券合计（亿元）2023 年末	占全国应付债券总数的比例 2023 年末
1	北京	79	124183.03	52.19%
2	上海	77	27707.98	11.64%
3	广东	145	27693.39	11.64%
4	福建	24	12689.91	5.33%
5	浙江	106	12121.86	5.09%
6	江苏	111	11261.00	4.73%
7	山东	52	3633.82	1.53%
8	重庆	19	3113.48	1.31%
9	新疆	12	2458.08	1.03%
10	四川	23	2097.30	0.88%
11	湖南	13	1885.53	0.79%
12	河南	18	1397.64	0.59%

（续表）

排名	省份	应付债券公司家数	应付债券合计(亿元)2023年末	占全国应付债券总数的比例2023年末
13	湖北	29	1359.65	0.57%
14	河北	21	1261.05	0.53%
15	贵州	8	925.30	0.39%
16	陕西	11	907.44	0.38%
17	安徽	25	589.76	0.25%
18	黑龙江	6	549.96	0.23%
19	山西	11	533.44	0.22%
20	天津	10	327.82	0.14%
21	江西	12	249.58	0.10%
22	广西	8	220.83	0.09%
23	甘肃	6	204.45	0.09%
24	辽宁	9	178.21	0.07%
25	吉林	5	161.44	0.07%
26	云南	4	97.86	0.04%
27	内蒙古	6	77.01	0.03%
28	西藏	7	55.89	0.02%
29	海南	4	17.77	0.01%
30	宁夏	2	5.19	0.00%
31	青海	1	0.00	0.00%
—	全国	864	237965.68	100.00%

图表　"1+6"省A股上市公司应付债券金额排行榜

地区	应付债券公司家数	应付债券合计(亿元)2023年末	占全国应付债券总数的比例2023年末
广东	145	27693.39	11.64%
福建	24	12689.91	5.33%
浙江	106	12121.86	5.09%
湖南	13	1885.53	0.79%
湖北	29	1359.65	0.57%
安徽	25	589.76	0.25%
江西	12	249.58	0.10%

　　至 2023 年底，共有 9 家江西上市公司存在未清偿可转债。未清偿 189.34 亿元，其中规模最大的是晶科能源，为 100.00 亿元；其次晶科科技，为 22.96 亿元。从行业上看，发行可转债的企业中，新能源、环境治理、信息技术、生物医药等战略性新兴产业的企业占比较高。

图表　2023 年末江西上市公司未清偿可转债

排名	证券名称	未清偿可转债总量（亿元）2023 年末	总市值（亿元）2024—04—30
1	晶科能源	100.00	757.39
2	晶科科技	22.96	106.77
3	九丰能源	21.95	166.32
4	洪城环境	15.30	125.23
5	万年青	10.00	44.42
6	志特新材	6.14	19.51
7	海能实业	6.00	28.78
8	耐普矿机	4.00	42.03
9	联创电子	2.99	80.36

　　3. 收购兼并：2023 年，江西上市公司共披露并购完成事件 54 起，其中 33 起披露了金额，总金额 91.05 亿元，平均 2.76 亿元。2023 年披露了并购交易事件共 15 起，总金额 41.27 亿元。

　　在"1＋6"省比较中，在并购交易次数和并购金额的排行上，江西都垫底。这也从一个侧面反映了两个特点：一是江西上市公司的经营风格较为稳健和保守，进取心和进攻性不及周边省份。二是江西上市公司不擅长并购扩张、外延式增长、跨越式发展；好处是风险较小，坏处是发展较慢。

图表　"1＋6"省 A 股上市公司完成并购交易次数及金额

排名	省份	并购次数	并购金额（亿元）
1	广东	536	2947.07
2	浙江	403	2444.4
3	福建	110	657.69

(续表)

排名	省份	并购次数	并购金额(亿元)
4	安徽	107	598.36
5	湖北	95	459.06
6	湖南	98	270.09
7	江西	54	91.05

4. 股权激励:2023 年,江西上市公司中有 7 家公司实施了共计 10 次股权激励,其中限制性股票 7 次、期权 3 次;激励总份数数 8628.64 万份,占当时总股本的比例共 19.15%。其余"1+6 省"平均发放股权激励的公司数为 44.67 家,江西股权激励的次数和公司数量都远少于其他六省,整体呈现"次数少、数量小、频次低"的特点。

我们认为,一个成熟的上市公司,应当利用上市公司资本平台,搭建长期持续的股权激励体系,而股权激励体系的核心目标,是围绕上市公司长期业绩提升和市值增长,从激励机制上保障上市公司的组织能够持续有效的运转,推动上市公司可持续发展。

图表 江西 A 股上市公司股权激励情况一览

排名	股权名称	激励数量(万股)
1	新钢股份	4450.00
2	煌上煌	1500.00
3	新元科技	872.50
4	沃格光电	1040.00
5	满坤科技	434.94
6	海能实业	210.00
7	天键股份	121.20

图表 "1+6"省 A 股上市公司股权激励次数

排名	省份	股权激励次数
1	广东	197
2	浙江	112
3	福建	28
4	湖南	26
5	湖北	20
6	安徽	17
7	江西	10

5. 上市公司引进产业战略投资者：2023 年，江西没有上市公司通过定增引入产业战略投资者。相对于财务投资者，产业战略投资者通常更注重产业协同效应，更注重长期投资，也可以带来更多的产业资源和能力。在实现融资的同时兼顾产业资源和产业能力的链接，是好现象。江西上市公司在此方面应该发力引入更多的产业战略投资者。

6. 对外进行产业投资（参股）：2023 年，江西上市公司共披露对外的产业投资 56 起，总金额 32.04 亿元。有 8 家上市公司对外进行了产业投资并披露了金额，第一名为赣粤高速，金额 12.11 亿元；第二名万年青资，金额 6.45 亿元；第三名中文传媒，金额 6.41 亿元。大部分上市公司没有开展产业投资，说明整体上比较谨慎。

在"1＋6"省比较中，对外投资次数及金额都处于居中位置。我们认为，当前很多上市公司面临的战略命题是，传统业务增长乏力，应对市场挑战甚至颠覆时显得办法不多甚至手足无措，而想要获得下一轮的增长，通过投资、并购等手段孵化和培育第二增长曲线是一个重要走向，而在这个过程中，产业基金是最重要的资本应用工具之一。

图表　2023 年江西 A 股上市公司对外产业投资交易金额

排名	证券名称	对外产业投资交易金额（亿元）
1	赣粤高速	12.11
2	万年青	6.45
3	中文传媒	6.41
4	孚能科技	4.21
5	赣锋锂业	1.65
6	洪都航空	1.18
7	方大特钢	0.01
8	仁和药业	0.01

图表　"1＋6"省 A 股上市公司对外投资次数及金额

排名	省份	对外投资次数	对外投资金额（亿元）
1	福建	170	540.5
2	浙江	333	263.59
3	安徽	77	147.19

排名	省份	对外投资次数	对外投资金额（亿元）
4	江西	56	32.04
5	湖北	75	28.37
6	湖南	55	13.47
7	广东	4	1.55

　　7. 股票回购::2023 年,江西 A 股上市公司共 23 家进行了回购,共计实施了 24 次,占全国回购次数的的 1.24%,累计金额 10.42 亿元,占全国累计回购金额的 1.40%。对比"1＋6"省,无论回购次数还是回购金额,江西上市公司均处于末位。这表明江西上市公司在市值逆周期的回购问题上,显得比较保守和被动,比较安于现状。

图表　江西 A 股上市公司股票回购情况

排名	省份	对外投资次数	对外产业投资交易金额（亿元）
1	江西铜业	1	2.59
2	九丰能源	1	1.00
3	海能实业	1	1.00
4	国科军工	1	0.72
5	明冠新材	1	0.58
6	天新药业	1	0.51
7	联创光电	1	0.51
8	中文传媒	1	0.50
9	三鑫医疗	1	0.43
10	华伍股份	1	0.41
11	方大特钢	2	0.38
12	逸豪新材	1	0.36
13	耐普矿机	1	0.30
14	南矿集团	1	0.30
15	凤形股份	1	0.25
16	志特新材	1	0.16
17	黑猫股份	1	0.15

（续表）

排名	省份	对外投资次数	对外产业投资交易金额（亿元）
18	同和药业	1	0.13
19	善水科技	1	0.07
20	宁新新材	1	0.04
21	江中药业	1	0.01
22	美克家居	1	0.00
23	返利科技	1	0.00

图表　"1＋6"省Ａ股上市公司股票回购次数及金额

排名	省份	股票回购次数	股票回购金额（亿元）
1	浙江	314	123.91
2	广东	343	121.72
3	湖北	52	25.32
4	福建	71	20.29
5	安徽	50	14.26
6	湖南	49	11.26
7	江西	24	10.42

8. 大股东增减持：2023年，江西上市公司有2家进行了共计4次增持，占比1.18%；有15家公司进行了60次减持，占比32.14%。对比"1＋6"省，江西上市公司的活跃度处于末位。

我们将增减持与回购统称为上市公司的股权吞吐行动，这意味着一家上市公司主动管理自己的股权。一家优秀的上市公司不能一味增持，否则流动性减弱，无法发挥公开市场的流通功能；一家优秀的上市公司也不能一味减持，一旦上市公司大股东减持达到某个阈值，可能会导致公司控制权出现松动，甚至出现大股东的负面影响。对于上市公司的增减持，我们认为：应该建立以合规为前提、可分步实施的系统规划，搭建助力上市公司长期可持续成长的股权吞吐策略体系，这是上市公司大股东的必修课，从这个角度看，江西上市公司还有大量工作要做，需要更加主动的管理。

图表 2023 年度江西上市公司大股东增持情况

证券名称	大股东增持次数	大股东增持数量合计 （万股）	大股东增持比例合计
沐邦高科	3	358.44	1.05%
明冠新材	1	26.77	0.13%

图表 2023 年度江西上市公司大股东减持情况

证券名称	大股东减持次数	大股东减持数量合计 （万股）	大股东减持比例合计
沃格光电	6	1680.23	9.80%
日月明	20	459.92	5.75%
返利科技	2	1837.82	3.03%
海能实业	4	548.96	2.39%
海源复材	1	520.00	2.00%
晶科科技	4	6054.51	1.70%
三川智慧	3	1524.30	1.47%
章源钨业	2	1505.35	1.25%
九丰能源	2	610.00	0.97%
国泰集团	2	466.27	0.75%
金力永磁	2	821.86	0.72%
慈文传媒	1	326.88	0.69%
悦安新材	5	58.03	0.68%
晨光新材	3	159.00	0.51%
华伍股份	3	182.26	0.43%

图表 "1+6"省 A 股上市公司大股东股票增减持情况

省份	大股东增持次数	大股东减持次数
浙江	72	513
广东	50	904
湖北	28	146
福建	13	115
安徽	8	142
湖南	6	110
江西	4	60

9. 大股东股权质押融资:截至 2024 年 4 月 30 日,江西上市公司有 27 家质押股权融资,其中神雾节能质押比例为 100%,股权质押对应 4.80 亿元市值,占总市值的 25.53%。

图表　2023 年度江西上市公司大股东股票质押情况

证券名称	大股东累计质押市值(亿元)	大股东累计质押数占持股数比例
神雾节能	4.80	100.00%
新元科技	1.22	93.23%
联创光电	23.19	79.46%
国旅联合	2.53	74.45%
沐邦高科	13.41	69.99%
美克家居	7.67	66.79%
联创电子	4.37	63.00%
沃格光电	9.24	58.93%
晶科科技	12.83	50.29%
天利科技	2.95	50.00%
华伍股份	1.92	49.86%
章源钨业	24.52	48.76%
海能实业	6.92	48.68%
江特电机	9.88	42.18%
富祥药业	4.63	38.65%
九鼎投资	13.23	38.44%
洪城环境	13.54	33.47%
新钢股份	17.41	25.39%
同和药业	1.69	23.86%
海源复材	0.69	21.20%
方大特钢	5.82	19.26%
耐普矿机	3.70	16.52%
煌上煌	1.93	11.87%
三鑫医疗	0.60	11.67%
黑猫股份	2.24	9.39%
金力永磁	2.38	4.13%
江中药业	1.50	3.11%

图表　"1＋6"省A股上市公司大股东股票质押情况比较

省份	大股东累计质押市值(亿元)
广东	3053.77
浙江	2014.59
安徽	524.65
湖北	465.03
福建	440.00
湖南	384.08
江西	194.82

10. 重组:2023年江西有2家公司进行重组动作,为九丰能源和国旅联合,但都以失败告终。

关于重组,有两种意味,一种是公司业务不行了,需要重置新的业务,需要完成上市公司业务动力的切换,对于新老业务实现腾笼换鸟,尤其对于盈利能力弱化的老业务,从长期成熟资本市场看,重组是一种上市公司发展的必然手段。另一方面,对于主业很强的公司,也有重组问题,尤其是经过长时间的上市后,往往容易出现资产结构杂糅,新老业务交织错配的问题,这个时候也需要对上市公司新老业务进行重组,尤其是有培育潜力的新公司,是否有可能置入其他上市公司。相比之下,湖南、福建和安徽已经在经历这个过程,江西上市公司对重组问题关注较少,一定程度也说明资本动作较少,背后可能体现的是资本运作视角与思考没有打开。

排名	省份	重组完成次数
1	湖南	1
2	福建	1
3	安徽	1
4	江西	0
5	广东	0
6	浙江	0
7	湖北	0

11. 剥离:根据江西88家上市公司2023年报披露,共有17家企业进行剥离动作,其中晶科科技通过剥离取得的金额最多,为55091.94

万元;中文传媒最低,为 15.94 万元;中位数为 1983.35 万元;17 家公司平均取得 7797.17 万元。

图表　2023 年度江西上市公司资产剥离情况一览

证券代码	证券名称	处置子公司及其他营业单位收到的现金净额 (万元)
601778.SH	晶科科技	55091.94
300294.SZ	博雅生物	26899.82
000789.SZ	万年青	12264.72
600590.SH	泰豪科技	11914.91
300066.SZ	三川智慧	7023.80
600782.SH	新钢股份	6099.89
000550.SZ	江铃汽车	6090.00
603398.SH	沐邦高科	2008.45
688560.SH	明冠新材	1983.35
000990.SZ	诚志股份	1350.00
600316.SH	洪都航空	702.00
600362.SH	江西铜业	486.07
002460.SZ	赣锋锂业	356.48
600461.SH	洪城环境	136.94
603977.SH	国泰集团	77.52
002695.SZ	煌上煌	50.00
600373.SH	中文传媒	15.94

12. 分拆:江西 A 股上市公司 2023 年有 1 家公司拟分拆上市其子公司新华金属制品有限责任公司(现名:江西新华新材料科技股份有限公司,简称"新华新材")至上海证券交易所上市。然而,最终公司决定终止这一分拆上市计划。

2023 年 10 月 27 日,新钢股份终止新华新材的分拆上市计划。根据 2022 年 1 月修订后的《上市公司分拆规则(试行)》,拟分拆子公司主要业务或资产是上市公司首次公开发行股票并上市时的主要业务和资产的,不得分拆。由于新华新材属于新钢股份首次公开发行股票并上市时的主要业务和资产,因此公司决定终止分拆计划。新钢股份在终止分拆上市计划之后,明确了其新的发展战略。公司决定坚持聚焦主业、创新发展的经营方针,致力于绿色钢铁和智慧制造,以提升经营质量。

　　新规的实施有助于促进上市公司更加聚焦其核心业务,避免过度分拆导致的主业空心化。这对于江西上市公司来说,意味着需要更加注重主业的发展和创新,提升核心竞争力。由于 A 股上市政策的变化,上市公司的资本运作正在变得有更多的空间和方式。如何推动子公司分拆上市? 子公司如何在北交所上市? 如何增发其他市场交易的股份(如增发 H 股)? A 股上市公司如何控股 A 股上市公司? A 股上市公司如何参股 A 股上市公司? 这些空间和方式,已经成为一些上市公司利用市值优势,获取资源、卡位竞争、联手战略合作方的重要手段。在这方面,江西上市公司反应速度慢、思维前瞻性不足,显得意识淡薄、行动落后。

图表　2023 年度江西上市公司分拆情况一览

证券代码	证券名称	分拆子公司名称	分拆子公司证券简称	子公司拟上市板块	分拆子公司上市进度
600782.SH	新钢股份	江西新华新材料科技股份有限公司	—	—	终止分拆

　　13. 控制权或控股权变动:2023 年,江西上市公司控制权变动有 4家,分别是 * ST 正邦、凤形股份、新钢股份、国科军工,占比 4.55%。

图表　2023 年度江西上市公司实控人变动情况一览

证券代码	证券名称	实际控制人 2023 年末	实际控制人 2022 年末
002157.SZ	* ST 正邦	鲍洪星,鲍华悦,华涛	林印孙
002760.SZ	凤形股份	徐茂华	黄代放
600782.SH	新钢股份	中国宝武钢铁集团有限公司	国务院国有资产监督管理委员会
688543.SH	国科军工	江西省国有资产监督管理委员会	江西省国资委

　　14. 转板、转市、跨市、退市和私有化。2023 年,江西共有 2 家 ST公司,包括 * ST 正邦和 * ST 奇信,两家公司均为过去几年新引入的上市公司。2024 年 6 月 8 日,正邦科技宣布,公司股票交易将于 2024

年6月11日停牌一天,并于2024年6月12日开市起复牌。自复牌之日起,公司股票交易撤销退市风险警示,股票简称由"＊ST正邦"变更为"正邦科技",这是由于公司2023年度的财务报告符合了撤销退市风险警示的条件。2023年7月4日,奇信股份发布《关于股票终止上市暨摘牌的公告》,公司被强制退市。此前,2020年7月新余市国资委旗下新余市投资控股集团有限公司通过股权转让的方式,以10.94亿元收购奇信股份29.99%的股权,成为奇信股份的大股东和实际控制人。

奇信股份2015年上市,2023年收到证监会的《立案告知书》,奇信股份是江西出现的第一家A股退市公司,主要原因是涉嫌重大违法导致强制退市。2012年至2019年8年时间,奇信股份虚增利润总额合计达28.11亿元,追溯后2015—2019年连续五年净利润为负。

注册制环境下,企业的上市和退市都将进入常态化发展,意味着资本市场优胜劣汰的生态正在逐步建立,对于上市公司来说,退市不仅仅意味着失去了资本平台,失去了一条重要的融资通道,更意味着公众对公司的信任度降低,甚至可能会影响区域内一个产业的发展,因而对于区域而言,如何密切关注上市公司的经营情况,建立退市的风险防范机制,如何通过推动区域内上市公司高质量发展,推动区域经济高质量发展,也是一个需要思考的命题。

资本运作的16个维度里,还有二个纬度未分析,包括"ABS(资产证券化)"与"收购上市公司,A控A,A控北,A控H,A控境外",鲜见江西上市公司2022年度的信息披露。

在"1＋6"省的比较中,江西上市公司的发股融资金额排名第6,发债融资金额排名第7,对外投资次数排名第4,上市公司股权激励次数排名第7,上市公司回购金额排名第7,大股东增持排名第7,减持排名第7,股权质押排名第7。

总体而言,2023年江西在"1＋6"省资本运作相关大部分项目中均保持在尾部,表明在如何利用资本市场、开展资本运作、实现企业增长上,江西上市公司不够活跃。资本运作是双刃剑,比如融资、举债、并购、重组、分拆等,运作的好就是跨越式发展,运作的不好就反遭其累甚至踏入陷阱。江西上市公司的资本运作不活跃、不擅长,正如上文述及的,好处是风险小,坏处是发展慢。如果从企业竞争和与时俱进的角度来说,发展慢,也可能是企业的大风险之一,是熟视无睹的风险灰犀牛。

十二、国际化程度

境外销售情况:2023 年报有 50 家上市公司披露了境外收入情况,占比 56.82%,较上年增加 5 家。境外收入比重达到 20%以上的企业有 19 家,与上年比增加 4 家,其中海能实业境外收入比重高达近90%,同和药业、天键股份、天新药业、耐普矿机、腾远钴业、晶科能源境外收入占比均超过 50%。境外收入占比较高的公司中绝大多数是医药行业或家居材料类上市公司,反映出江西在医药行业、家居材料类领域拥有较强的全球竞争力。31.82%企业境外收入超过 10%,说明江西的外向型经济正在加速。

2023 年,江西内陆开放型经济试验区上升为国家战略,江西在引进外资企业方面取得了显著成效,累计引进外商投资企业 2.1 万家,实际利用外资金额达到 369 亿美元,江西产业链进一步融入全球供应链,境外收入占比提高的背后,与江西整体的经济战略走向是分不开的,如何进一步提升国际化水平,尤其是在生产型服务业中对接国际水平,是江西产业链未来升级的关键。

江西上市公司境外收入 1389.33 亿元,平均每家 27.24 亿元,同比2022 年上升 1.42%,境外收入占总收入比为 11.96%,占 A 股境外收入的 1.63%。全部 A 股境外收入 8.53 万亿元,平均每家 15.91 亿元,同比提升 2.53%,境外收入占总收入比为 11.76%。

江西上市公司平均境外收入在 31 省中排第 10 名,在"1+6"省中排第 2 名,表明外向型经济已经融入江西上市公司体系之中,这种全球供应链的融入,增强了企业的供应链稳定性和可靠性,为江西企业的国际化发展提供了良好的内部环境。

2023 年,江西对外贸易总值 5698 亿元,同比降低 15.12%,表明上市公司并未充分利用好区域经济转型升级的政策和布局,以助力上市公司的发展。江西的外贸结构也在发生变化,其中"新三样"产品(太阳能电池、电动载人汽车、锂电池)成为拉动外贸增长的新引擎,总量居全国第六位。2023 年,江西"新三样"产品出口额分别为 344.2 亿元、67.1 亿元和 43.9 亿元,各自增长 42.7%、17.4 倍和 1.5 倍。此外,江西在农产品出口方面也取得了显著成绩。2023 年,江西全年出口食品农产品 52.2 万吨、51.4 亿元,同比分别增长 28.7% 和 10.1%,创历史新高总体来看,尽管江西的外贸总值有所下降,但其在某些领域的出口表现依然强劲,显示出江西在提升外贸竞争力和优化外贸结构方面取得了一定成效。

图表 2023 年度江西上市公司境外营业收入占比排名

排名	证券名称	境外营收(亿元)2023 年度	营业收入(亿元)2023 年度	营业收入境外占比2023 年度	所属行业
1	海能实业	17.07	19.03	89.70%	信息技术
2	同和药业	5.75	7.22	79.64%	医疗保健
3	天键股份	13.91	17.56	79.21%	信息技术
4	天新药业	10.94	18.82	58.14%	医疗保健
5	耐普矿机	5.19	9.38	55.35%	工业
6	腾远钴业	29.13	55.43	52.55%	原材料
7	晶科能源	617.38	1186.82	52.02%	工业
8	星星科技	3.05	6.97	43.72%	信息技术
9	九丰能源	115.58	265.66	43.51%	公用事业
10	美克家居	17.49	41.82	41.82%	非日常生活消费品
11	富祥药业	6.59	16.10	40.91%	医疗保健
12	长虹华意	47.75	128.89	37.04%	工业
13	赣锋锂业	117.23	329.72	35.55%	原材料
14	威尔高	2.87	8.23	34.92%	信息技术
15	明冠新材	4.83	13.96	34.58%	非日常生活消费品
16	宏柏新材	4.25	13.85	30.67%	原材料
17	悦安新材	1.06	3.68	28.89%	原材料
18	章源钨业	7.25	34.00	21.32%	原材料
19	联创电子	19.78	98.48	20.08%	信息技术
20	金力永磁	12.49	66.88	18.68%	原材料
21	满坤科技	2.27	12.17	18.67%	信息技术

（续表）

排名	证券名称	境外营收（亿元）2023年度	营业收入（亿元）2023年度	营业收入境外占比 2023年度	所属行业
22	晨光新材	2.03	11.65	17.47%	原材料
23	志特新材	3.67	22.38	16.38%	原材料
24	世龙实业	3.30	20.91	15.79%	原材料
25	三鑫医疗	1.96	13.00	15.09%	医疗保健
26	百胜智能	0.58	3.88	14.84%	工业
27	凤凰光学	2.51	17.91	14.00%	信息技术
28	黑猫股份	10.10	94.51	10.68%	原材料
29	欧克科技	0.33	3.32	9.84%	原材料
30	华伍股份	1.29	13.47	9.54%	工业
31	南矿集团	0.86	9.19	9.33%	原材料
32	凤形股份	0.63	6.91	9.18%	工业
33	九鼎投资	0.24	2.81	8.52%	金融
34	沃格光电	1.52	18.14	8.40%	信息技术
35	三川智慧	1.32	22.85	5.79%	信息技术
36	国科军工	0.52	10.40	5.02%	工业
37	晶科科技	2.17	43.70	4.96%	公用事业
38	江西铜业	257.81	5218.93	4.94%	原材料
39	逸豪新材	0.61	12.77	4.77%	信息技术
40	海源复材	0.14	3.17	4.28%	工业
41	新钢股份	19.10	711.43	2.68%	原材料
42	江特电机	0.64	27.99	2.28%	工业
43	泰豪科技	0.93	42.83	2.18%	工业
44	新元科技	0.04	2.34	1.90%	工业
45	天音控股	12.23	948.25	1.29%	非日常生活消费品
46	中国稀土	0.41	39.88	1.03%	原材料
47	方大特钢	2.49	265.07	0.94%	原材料
48	新赣江	0.01	2.16	0.47%	医疗保健
49	慈文传媒	0.01	4.61	0.24%	通讯服务
50	沐邦高科	0.02	16.54	0.13%	非日常生活消费品

图表　2023 年度江西上市公司境外营业收入占比排名前十

排名	证券名称	境外营收(亿元) 2023 年度	营业收入(亿元) 2023 年度	营业收入境外占比 2023 年度	所属行业
1	海能实业	17.07	19.03	89.70%	信息技术
2	同和药业	5.75	7.22	79.64%	医疗保健
3	天键股份	13.91	17.56	79.21%	信息技术
4	天新药业	10.94	18.82	58.14%	医疗保健
5	耐普矿机	5.19	9.38	55.35%	工业
6	腾远钴业	29.13	55.43	52.55%	原材料
7	晶科能源	617.38	1186.82	52.02%	工业
8	星星科技	3.05	6.97	43.72%	信息技术
9	九丰能源	115.58	265.66	43.51%	公用事业
10	美克家居	17.49	41.82	41.82%	非日常生活消费品

图表　2023 年度全国 A 股上市公司境外营业收入占比排名

排名	省份	境外营收总和(亿元) 2023 年度	平均境外营收(亿元) 2023 年度	营业收入境外占比 2023 年度
1	天津	2053.24	39.49	27.63%
2	山东	7582.87	34.16	26.95%
3	河南	2375.89	33.00	24.30%
4	江苏	7309.21	13.87	21.02%
5	西藏	116.27	14.53	20.07%
6	广西	661.39	34.81	18.54%
7	浙江	8599.55	16.07	17.09%
8	福建	5813.46	51.00	16.82%
9	湖北	1664.59	18.92	16.61%
10	湖南	1514.35	19.41	16.37%
11	广东	16285.27	25.65	16.22%
12	新疆	1155.84	48.16	16.01%
13	海南	310.14	28.19	15.24%
14	河北	1502.79	29.47	14.23%
15	江西	1389.33	27.24	11.96%
16	安徽	1681.87	14.88	11.40%
17	陕西	785.55	14.82	9.70%

（续表）

排名	省份	境外营收总和(亿元) 2023年度	平均境外营收(亿元) 2023年度	营业收入境外占比 2023年度
18	上海	5827.52	20.89	9.64%
19	四川	1035.66	11.64	8.62%
20	贵州	252.72	14.87	7.91%
21	重庆	592.80	16.02	7.41%
22	吉林	157.60	9.85	6.63%
23	云南	371.32	18.57	6.58%
24	北京	15087.15	61.08	6.08%
25	内蒙古	245.55	17.54	5.90%
26	辽宁	572.75	11.93	5.07%
27	黑龙江	94.98	5.59	4.95%
28	甘肃	106.48	6.66	4.57%
29	青海	31.83	7.96	3.09%
30	山西	124.41	7.32	2.07%
31	宁夏	5.74	1.15	0.95%
—	全国	85308.12	31.88	24.02%

十三、就业贡献

1. 就业人数:截至 2023 年 12 月 31 日,江西上市公司员工总数达到 33.48 万人,较上年增加 2.51 万人,同比增加 8.10%。员工超过 1 万人的上市公司达到 8 家,较上年增加 1 家。员工数量最多的上市公司为晶科能源,达到 57375 人;其次为江西铜业,达到 26066 人;赣锋锂业位居第三,为 14481 人。员工人数前十位的企业中,2023 年员工人数出现下降的有 3 家,分别是新钢股份（-1056 人）、江西长运（-961 人）和江铃汽车（-720 人）。2023 年,员工人数排名前十中员工人数增加的有 7 家,增加人数最多的是晶科能源（10881 人）。上市公司就业人数的增减,跟这些公司的经营周期、发展态势密切相关。

江西上市公司就业人数 33.48 万人,平均 3804 人/家,占 A 股就业人数的 1.10%。全部 A 股就业人数 3054.62 万人,平均 5798 人/

家。江西上市公司平均就业人数在 31 省中排第 21 名，在"1＋6"省中排第 6 名。

图表　2023 年度江西上市公司员工人数排名前十

排名	证券名称	员工总数 2023 年度	员工总数 2022 年度	员工总数净增长 2022 至 2023
1	晶科能源	57375	46494	10881
2	江西铜业	26066	25051	1015
3	赣锋锂业	14481	10201	4280
4	江铃汽车	11619	12339	−720
5	新钢股份	11529	12585	−1056
6	江西长运	10475	11436	−961
7	联创电子	10375	8903	1472
8	美克家居	10170	10095	75
9	安源煤业	8277	7884	393
10	长虹华意	7797	7483	314

图表　2023 年度全国上市公司员工人数排名

排名	省份	A 股上市公司家数	员工总数 2023 年度	平均员工数 2023 年度
1	北京	470	7397872	15774
2	山西	41	364527	8891
3	内蒙古	26	196813	7570
4	广东	874	6179592	7095
5	河北	78	533769	6932
6	河南	111	657677	5925
7	福建	170	983773	5787
8	云南	41	217945	5316
9	贵州	36	185341	5148
10	新疆	60	296135	4936
11	安徽	176	868525	4935
12	上海	442	2168055	4916
13	甘肃	35	171410	4897

（续表）

排名	省份	A股上市公司家数	员工总数2023年度	平均员工数2023年度
14	海南	28	126732	4694
15	重庆	78	365817	4690
16	陕西	82	377629	4605
17	湖南	146	671437	4599
18	辽宁	86	384641	4473
19	山东	309	1376012	4468
20	湖北	150	585985	3907
21	江西	88	334759	3804
22	黑龙江	40	143470	3587
23	四川	174	589663	3389
24	浙江	706	2280044	3230
25	天津	72	230779	3205
26	广西	41	128752	3140
27	青海	10	31095	3110
28	吉林	49	149748	3056
29	江苏	694	1927987	2786
30	宁夏	17	44353	2609
31	西藏	22	47801	2173
—	全国	5361	30546199	5698

2.薪酬总额:2023年年报显示,江西所有上市公司员工总数334759人,员工总薪酬为502.72亿元,员工薪酬/公司收入比为4.33%。工资薪酬总额较2022年(444.67亿元)增长13.05%。其中晶科能源(84.59亿元)、江西铜业(59.16亿元)、新钢股份(29.99亿元)薪酬总额位居前三位。2023年薪酬总额前10位的上市公司中,7家实现正增长,增幅位居前三的公司分别是晶科能源(19.43%)、安源煤业(12.85%)、孚能科技(11.97%)。

江西上市公司薪酬总额444.67亿元,平均每家5.49亿元,占A股薪酬总颜的0.74%,全部A股薪酬总额59801.06亿元,平均每家

11.58 亿元。江西上市公司薪酬总额在 31 省中排第 25 名,在"1+6"省中排第 7 名。

　　总体说明,江西上市公司员工的整体收入水平偏弱,体现江西产业链高质量发展还需进一步提高。结合前文所述,江西关键高管岗位薪酬已经与部分发达省份相比有所提高,但整体薪酬还有差距,好的方面是说明江西目前在用工成本上依然有优势,可以进一步承接发达区域的产业转移,但不好的方面是说明江西在产业附加值上,依旧还偏弱。

图表　2023 年度江西上市公司薪酬总额排名前十

排名	证券名称	应付职工薪酬本期增加（亿元）2023 年度	员工人均薪酬（万元）2023 年度	应付职工薪酬本期增加（亿元）2022 年度	员工人均薪酬（万元）2022 年度	员工人均薪酬变动幅度 2022 至 2023
1	晶科能源	84.59	14.74	57.40	12.34	19.43%
2	江西铜业	59.16	22.69	54.98	21.95	3.41%
3	新钢股份	29.99	26.01	31.06	24.68	5.40%
4	中文传媒	19.96	30.01	19.16	28.89	3.86%
5	赣锋锂业	18.57	8.88	13.74	9.68	−8.27%
6	美克家居	13.78	13.55	14.21	14.08	−3.75%
7	孚能科技	12.21	18.63	11.83	16.64	11.97%
8	洪城环境	11.05	18.33	10.77	17.26	6.20%
9	安源煤业	10.29	12.44	8.69	11.02	12.85%
10	方大特钢	10.29	15.27	12.50	17.67	−13.62%

图表　2023 年度全国 A 股上市公司薪酬总额排名（按上市公司家数平均）

排名	省份	应付职工薪酬增加值总和（亿元）2023 年度	员工人均薪酬（万元）2023 年度
1	北京	21253.22	28.73
2	天津	655.43	28.40
3	上海	5171.56	23.85
4	新疆	694.49	23.45
5	山西	813.17	22.31
6	贵州	399.38	21.55
7	陕西	793.72	21.02
8	内蒙古	412.45	20.96

（续表）

排名	省份	应付职工薪酬增加值总和(亿元)2023年度	员工人均薪酬(万元)2023年度
9	山东	2782.26	20.22
10	福建	1858.65	18.89
11	辽宁	717.75	18.66
12	西藏	87.95	18.40
13	浙江	4158.76	18.24
14	海南	230.77	18.21
15	江苏	3448.68	17.89
16	云南	385.30	17.68
17	四川	1003.98	17.03
18	河北	908.69	17.02
19	广东	10261.04	16.60
20	青海	51.39	16.53
21	吉林	245.29	16.38
22	湖北	930.49	15.88
23	重庆	580.18	15.86
24	湖南	1047.06	15.59
25	广西	200.28	15.56
26	安徽	1321.47	15.22
27	黑龙江	216.81	15.11
28	江西	502.72	15.02
29	甘肃	251.93	14.70
30	河南	962.10	14.63
31	宁夏	64.66	14.58
—	全国	62637.83	0.00

3. 社保总额:根据 2023 年年报数据,江西 88 家上市公司社保总额为 20.78 亿元,比 2022 年(48.36 亿元)减少 57.03%。其中江西铜业(3.76 亿元)、晶科能源(2.45 亿元)、新钢股份(1.80 亿元)社保费用位居前三位。2023 年社保费用本期增加额前 10 位的上市公司 6 家实现增长;增幅位居前三的公司分别是晶科能源(62.17%)、赣锋锂业(55.33%)、美克家居(34.03%)。

2023 年江西上市公司社保费用 20.78 亿元,平均每家 0.24 亿元,占 A 股社保费用本期总额的 0.63％。2023 年全部 A 股社保费用 3300.92 亿元，平均每家 0.62 亿元。江西上市公司平均社保费用在 31 省中排第 26 名，在"1＋6"省中排第 6 名。

图表　2023 年度江西上市公司社保费用排名前十

排名	证券名称	社会保险费本期增加（万元）2023 年度	社会保险费本期增加（万元）2022 年度	基本养老保险本期增加（万元）2023 年度	基本养老保险本期增加（万元）2022 年度	失业保险费本期增加（万元）2023 年度	失业保险费本期增加（万元）2022 年度
1	江西铜业	37608.23	39780.74	56447.34	62354.12	1814.04	1399.86
2	晶科能源	24542.62	15134.21	38819.94	28912.58	1347.92	2295.93
3	新钢股份	18000.09	23850.12	27986.98	31996.04	431.63	987.38
4	江铃汽车	11389.23	13144.01	10395.17	27837.55	355.38	836.19
5	中文传媒	8463.47	9240.99	13028.48	11839.15	448.86	380.14
6	美克家居	6929.13	5169.66	11089.18	8987.48	340.99	326.10
7	万年青	6812.52	6670.95	7681.21	7357.25	230.27	151.44
8	赣锋锂业	5628.90	3623.83	9004.66	10394.49	299.44	174.31
9	安源煤业	4991.72	4384.81	9360.52	8796.70	270.93	237.06
10	洪城环境	4594.66	3895.64	6803.82	6434.94	209.54	199.93

图表　2023 年度全国 A 股上市公司上市公司平均社保
费用排名(按上市公司家数平均)

排名	省份	社会保险增加值总和(亿元)2023 年度	社会保险平均增加值(万元)2023 年度
1	北京	1194.71	25859.53
2	山西	48.60	12462.32
3	内蒙古	19.45	7482.39
4	上海	307.14	7044.56
5	贵州	22.74	6315.60
6	河北	47.06	6191.47
7	广东	501.03	5819.13
8	新疆	33.27	5639.19
9	福建	88.55	5302.52
10	辽宁	41.74	5028.47
11	天津	34.99	4928.87

(续表)

排名	省份	社会保险增加值总和(亿元) 2023年度	社会保险平均增加值(万元) 2023年度
12	陕西	39.68	4898.39
13	云南	18.81	4588.67
14	山东	138.12	4588.65
15	河南	48.62	4502.18
16	重庆	34.57	4432.39
17	海南	10.55	3907.71
18	黑龙江	14.22	3842.13
19	甘肃	12.11	3562.80
20	安徽	56.84	3266.94
21	湖南	46.33	3195.52
22	湖北	43.47	2956.91
23	吉林	13.08	2843.09
24	四川	43.89	2566.70
25	青海	2.51	2512.83
26	江西	20.78	2361.81
27	浙江	163.60	2350.51
28	广西	9.02	2312.01
29	江苏	137.08	2007.03
30	宁夏	2.62	1539.86
31	西藏	3.14	1427.81
—	全国	3300.92	6157.28

十四、税收贡献

根据2023年报数据统计,江西上市企业所得税总额58.01亿元。参考统计局公布的2023年数据江西企业所得税财政收入255.7亿元,上市公司所得税占比22.69%。88家公司中,排名前12家公司缴纳所得税金额超过1亿元,前3家公司占了所有企业所得税总额的57.58%,显示了江西上市公司为纳税主力,而纳税主体主要集中在前几名纳税大户。

2023 年江西上市公司税收贡献总额 298.26 亿元,较 2022 年(283.88 亿元)提升 5.07%。税收贡献超过 10 亿元的上市公司 4 家,超过 1 亿元的 41 家。其中,江西铜业(61.68 亿元)位列第一,赣锋锂业(52.32 亿元)排名第二,晶科能源(31.16 亿元)位居第三,这三家税收贡献总额 119.42 亿元,占全省上市公司税收贡献总额的 48.67%。

图表　2023 年度江西上市公司所得税排名

排名	证券名称	所得税(亿元)2023 年度	所得税(亿元)2022 年度	所属行业
1	江西铜业	14.04	14.03	原材料
2	晶科能源	12.53	1.91	工业
3	赣锋锂业	6.83	23.18	原材料
4	赣粤高速	4.66	3.34	工业
5	方大特钢	2.83	2.52	原材料
6	仁和药业	2.69	2.42	医疗保健
7	洪城环境	2.38	2.08	公用事业
8	万年青	1.94	2.18	原材料
9	九丰能源	1.72	1.78	公用事业
10	江中药业	1.30	1.07	医疗保健
11	中国稀土	1.10	2.04	原材料
12	博雅生物	1.06	0.87	医疗保健
13	天新药业	0.89	1.04	医疗保健
14	腾远钴业	0.84	0.72	原材料
15	晶科科技	0.77	0.63	公用事业
16	江盐集团	0.77	0.63	原材料
17	甘源食品	0.74	0.50	日常消费品
18	诚志股份	0.73	0.10	原材料
19	天音控股	0.58	0.75	非日常生活消费品
20	百通能源	0.54	0.36	公用事业
21	泰豪科技	0.53	0.28	工业
22	国泰集团	0.51	0.35	原材料
23	金力永磁	0.50	0.62	原材料
24	国盛金控	0.49	0.09	金融
25	长虹华意	0.49	0.43	工业
26	新钢股份	0.42	1.63	原材料

（续表）

排名	证券名称	所得税（亿元）2023年度	所得税（亿元）2022年度	所属行业
27	三川智慧	0.36	0.15	信息技术
28	江西长运	0.34	0.38	工业
29	三鑫医疗	0.30	0.27	医疗保健
30	章源钨业	0.29	0.19	原材料
31	黑猫股份	0.27	0.45	原材料
32	＊ST正邦	0.22	0.08	日常消费品
33	国科军工	0.20	0.16	工业
34	耐普矿机	0.18	0.22	工业
35	新元科技	0.17	−0.11	工业
36	满坤科技	0.17	0.09	信息技术
37	安源煤业	0.16	0.05	能源
38	华伍股份	0.16	0.24	工业
39	世龙实业	0.16	0.37	原材料
40	南矿集团	0.14	0.16	原材料
41	欧克科技	0.14	0.31	原材料
42	德福科技	0.13	0.79	信息技术
43	江特电机	0.12	4.30	工业
44	悦安新材	0.12	0.09	原材料
45	慈文传媒	0.12	0.19	通讯服务
46	福事特	0.11	0.27	工业
47	金达莱	0.11	0.20	工业
48	威尔高	0.11	0.12	信息技术
49	日月明	0.10	0.04	工业
50	晨光新材	0.10	0.89	原材料
51	新余国科	0.09	0.08	工业
52	善水科技	0.09	0.21	原材料
53	海源复材	0.09	−0.03	工业
54	新赣江	0.08	0.07	医疗保健
55	煌上煌	0.08	0.09	日常消费品
56	阳光乳业	0.08	0.09	日常消费品
57	海能实业	0.08	0.50	信息技术

（续表）

排名	证券名称	所得税（亿元）2023 年度	所得税（亿元）2022 年度	所属行业
58	国光连锁	0.07	0.08	日常消费品
59	播恩集团	0.07	0.11	日常消费品
60	天利科技	0.07	0.03	工业
61	宁新新材	0.07	0.13	原材料
62	联创光电	0.07	−0.06	信息技术
63	同和药业	0.07	0.05	医疗保健
64	返利科技	0.06	0.05	信息技术
65	明冠新材	0.06	0.13	非日常生活消费品
66	天键股份	0.05	0.04	信息技术
67	沃格光电	0.05	0.21	信息技术
68	百胜智能	0.04	0.07	工业
69	沐邦高科	0.03	0.16	非日常生活消费品
70	华维设计	0.03	0.04	工业
71	恒大高新	0.02	−0.01	原材料
72	国旅联合	0.02	0.05	非日常生活消费品
73	神雾节能	0.02	0.03	工业
74	赣能股份	0.01	0.05	公用事业
75	洪都航空	0.01	0.11	工业
76	志特新材	−0.01	0.32	原材料
77	凤形股份	−0.04	0.04	工业
78	凤凰光学	−0.07	−0.06	信息技术
79	九鼎投资	−0.08	0.64	金融
80	富祥药业	−0.10	0.21	医疗保健
81	逸豪新材	−0.13	−0.09	信息技术
82	宏柏新材	−0.14	0.52	原材料
83	联创电子	−0.14	0.03	信息技术
84	星星科技	−0.21	0.78	信息技术
85	美克家居	−0.85	−0.93	非日常生活消费品
86	中文传媒	−2.46	0.43	通讯服务
87	江铃汽车	−2.66	0.37	非日常生活消费品
88	孚能科技	−2.66	−2.22	工业

图表 2023 年度江西上市公司税收贡献排名

排名	证券名称	支付的各项税费(亿元) 2023 年度	支付的各项税费(亿元) 2022 年度	税费净增加额(亿元) 2022 至 2023
1	江西铜业	61.68	68.88	−7.20
2	赣锋锂业	52.32	28.45	23.87
3	晶科能源	31.16	15.14	16.02
4	江铃汽车	22.53	22.09	0.44
5	新钢股份	9.06	20.75	−11.69
6	万年青	7.59	12.30	−4.72
7	江特电机	6.62	5.78	0.85
8	仁和药业	6.42	5.46	0.96
9	赣粤高速	6.38	6.73	−0.35
10	方大特钢	5.77	11.77	−6.00
11	江中药业	5.02	4.23	0.79
12	诚志股份	4.52	4.41	0.10
13	晶科科技	4.41	4.05	0.36
14	洪城环境	4.32	4.39	−0.07
15	中国稀土	4.12	6.04	−1.92
16	天音控股	3.51	3.73	−0.22
17	联创电子	3.33	4.68	−1.35
18	腾远钴业	3.06	3.85	−0.79
19	九丰能源	2.99	3.37	−0.37
20	博雅生物	2.50	2.42	0.08
21	中文传媒	2.45	3.56	−1.11
22	江盐集团	2.43	2.59	−0.16
23	安源煤业	2.30	2.31	−0.01
24	甘源食品	2.21	1.55	0.66
25	美克家居	2.21	3.11	−0.90
26	国泰集团	2.15	1.48	0.66
27	泰豪科技	2.08	1.57	0.51
28	志特新材	1.57	1.15	0.42
29	黑猫股份	1.56	1.93	−0.38

（续表）

排名	证券名称	支付的各项税费（亿元）2023 年度	支付的各项税费（亿元）2022 年度	税费净增加额（亿元）2022 至 2023
30	长虹华意	1.49	0.89	0.60
31	赣能股份	1.48	0.84	0.64
32	金力永磁	1.39	1.58	−0.19
33	国盛金控	1.34	1.03	0.31
34	煌上煌	1.33	1.20	0.13
35	天新药业	1.26	1.93	−0.66
36	章源钨业	1.22	1.46	−0.24
37	孚能科技	1.15	0.37	0.78
38	联创光电	1.11	0.84	0.28
39	三川智慧	1.11	0.73	0.39
40	江西长运	1.10	0.96	0.14
41	沃格光电	1.01	1.21	−0.20
42	华伍股份	0.99	0.96	0.03
43	德福科技	0.97	2.25	−1.28
44	福事特	0.87	0.27	0.59
45	百通能源	0.83	0.54	0.29
46	金达莱	0.74	0.80	−0.07
47	三鑫医疗	0.66	0.63	0.03
48	南矿集团	0.64	0.82	−0.17
49	天键股份	0.59	0.49	0.10
50	国光连锁	0.59	0.50	0.09
51	＊ST 正邦	0.57	0.63	−0.06
52	九鼎投资	0.52	0.40	0.12
53	凤形股份	0.51	0.38	0.13
54	世龙实业	0.48	1.51	−1.03
55	新余国科	0.47	0.25	0.22
56	晨光新材	0.41	1.89	−1.49
57	阳光乳业	0.39	0.36	0.03
58	富祥药业	0.38	0.58	−0.20

（续表）

排名	证券名称	支付的各项税费（亿元）2023 年度	支付的各项税费（亿元）2022 年度	税费净增加额（亿元）2022 至 2023
59	耐普矿机	0.38	0.53	−0.15
60	欧克科技	0.37	1.01	−0.64
61	凤凰光学	0.37	0.34	0.02
62	新元科技	0.36	0.43	−0.07
63	新赣江	0.34	0.19	0.15
64	星星科技	0.34	0.19	0.15
65	国科军工	0.32	0.12	0.21
66	明冠新材	0.32	0.51	−0.18
67	悦安新材	0.32	0.21	0.10
68	沐邦高科	0.31	0.25	0.06
69	宁新新材	0.26	0.06	0.20
70	威尔高	0.26	0.23	0.02
71	日月明	0.25	0.15	0.10
72	善水科技	0.22	0.59	−0.37
73	宏柏新材	0.22	1.30	−1.07
74	满坤科技	0.22	0.21	0.01
75	洪都航空	0.22	0.11	0.11
76	百胜智能	0.18	0.20	−0.02
77	华维设计	0.15	0.13	0.03
78	返利科技	0.14	0.19	−0.05
79	海源复材	0.13	0.04	0.08
80	播恩集团	0.12	0.21	−0.09
81	海能实业	0.12	0.18	−0.06
82	慈文传媒	0.10	0.24	−0.14
83	国旅联合	0.09	0.06	0.03
84	恒大高新	0.09	0.10	−0.01
85	同和药业	0.07	0.03	0.04
86	神雾节能	0.06	0.12	−0.06
87	逸豪新材	0.04	0.25	−0.22
88	天利科技	0.02	0.06	−0.04

图表 2023 年度江西上市公司税收贡献排名前十

排名	证券名称	支付的各项税费(亿元) 2023 年度	支付的各项税费(亿元) 2022 年度	税费净增加额(亿元) 2022 至 2023
1	江西铜业	61.68	68.88	-7.20
2	赣锋锂业	52.32	28.45	23.87
3	晶科能源	31.16	15.14	16.02
4	江铃汽车	22.53	22.09	0.44
5	新钢股份	9.06	20.75	-11.69
6	万年青	7.59	12.30	-4.72
7	江特电机	6.62	5.78	0.85
8	仁和药业	6.42	5.46	0.96
9	赣粤高速	6.38	6.73	-0.35
10	方大特钢	5.77	11.77	-6.00

图表 2023 年度江西上市公司所得税收入比例排名

排名	证券名称	所得税/收入比例 2023 年度	所得税/收入比例 2022 年度
1	新元科技	7.26%	-1.96%
2	日月明	6.47%	3.40%
3	赣粤高速	6.22%	4.94%
4	仁和药业	5.35%	4.70%
5	百通能源	4.99%	3.34%
6	天新药业	4.75%	4.50%
7	欧克科技	4.23%	6.05%
8	甘源食品	3.99%	3.43%
9	博雅生物	3.98%	3.14%
10	新赣江	3.85%	3.49%
11	悦安新材	3.16%	2.10%
12	江中药业	2.97%	2.80%
13	洪城环境	2.95%	2.67%
14	中国稀土	2.76%	4.85%
15	海源复材	2.72%	-0.82%
16	江盐集团	2.65%	2.13%
17	福事特	2.63%	5.79%

（续表）

排名	证券名称	所得税/收入比例 2023 年度	所得税/收入比例 2022 年度
18	国盛金控	2.63%	0.49%
19	慈文传媒	2.51%	4.00%
20	新余国科	2.38%	2.39%
21	万年青	2.36%	1.93%
22	华维设计	2.28%	2.61%
23	三鑫医疗	2.27%	1.98%
24	江西长运	2.20%	2.63%
25	金达莱	2.16%	2.49%
26	赣锋锂业	2.07%	5.54%
27	返利科技	2.05%	1.04%
28	国泰集团	2.00%	1.63%
29	国科军工	1.90%	1.96%
30	耐普矿机	1.89%	2.90%
31	善水科技	1.83%	5.17%
32	晶科科技	1.76%	1.97%
33	天利科技	1.62%	0.70%
34	三川智慧	1.57%	1.13%
35	南矿集团	1.55%	1.88%
36	腾远钴业	1.51%	1.50%
37	阳光乳业	1.41%	1.53%
38	满坤科技	1.36%	0.82%
39	威尔高	1.29%	1.41%
40	泰豪科技	1.25%	0.45%
41	华伍股份	1.19%	1.64%
42	神雾节能	1.15%	2.03%
43	百胜智能	1.12%	1.69%
44	方大特钢	1.07%	0.80%
45	晶科能源	1.06%	0.23%
46	宁新新材	0.99%	2.35%
47	同和药业	0.90%	0.76%
48	章源钨业	0.85%	0.60%

（续表）

排名	证券名称	所得税/收入比例 2023 年度	所得税/收入比例 2022 年度
49	晨光新材	0.82%	4.57%
50	金力永磁	0.75%	0.87%
51	世龙实业	0.75%	1.43%
52	九丰能源	0.65%	0.74%
53	诚志股份	0.59%	0.09%
54	恒大高新	0.57%	−0.35%
55	播恩集团	0.51%	0.63%
56	江特电机	0.44%	6.55%
57	煌上煌	0.43%	0.45%
58	明冠新材	0.42%	0.77%
59	海能实业	0.42%	2.08%
60	长虹华意	0.38%	0.33%
61	国旅联合	0.37%	0.94%
62	＊ST 正邦	0.31%	0.05%
63	国光连锁	0.31%	0.35%
64	天键股份	0.31%	0.32%
65	黑猫股份	0.29%	0.45%
66	沃格光电	0.29%	1.50%
67	江西铜业	0.27%	0.29%
68	安源煤业	0.23%	0.06%
69	联创光电	0.20%	−0.20%
70	沐邦高科	0.19%	1.67%
71	德福科技	0.19%	1.24%
72	天音控股	0.06%	0.10%
73	新钢股份	0.06%	0.16%
74	洪都航空	0.02%	0.15%
75	赣能股份	0.02%	0.12%
76	志特新材	−0.03%	1.65%
77	联创电子	−0.15%	0.03%
78	凤凰光学	−0.39%	−0.33%
79	凤形股份	−0.51%	0.52%

（续表）

排名	证券名称	所得税/收入比例 2023年度	所得税/收入比例 2022年度
80	富祥药业	−0.62%	1.30%
81	江铃汽车	−0.80%	0.12%
82	逸豪新材	−1.00%	−0.64%
83	宏柏新材	−1.01%	3.07%
84	孚能科技	−1.62%	−1.92%
85	美克家居	−2.04%	−2.07%
86	中文传媒	−2.44%	0.42%
87	九鼎投资	−2.84%	14.85%
88	星星科技	−2.95%	12.39%

截至 2023 年,江西上市公司所得税 58.01 亿元,平均每家 0.66 亿元,占 A 股所得税的 0.49%;全部 A 股所得税 11895.85 亿元,平均 2.22 亿元。江西上市公司平均所得税在 31 省中排第 25 名,在"1+6"省中排第 5 名。

江西上市公司税收贡献 298.26 亿元,平均 3.39 亿元,占 A 股税收贡献的 0.65%。全部 A 股税收贡献 46120.91 亿元,平均 8.60 亿元。江西上市公司平均税收贡献在 31 省中排第 21 名,在"1+6"省中排第 4 名。

图表 2023 年度全国 A 股上市公司平均支付各项税费金额排名

排名	省份	支付的各项税费总和(亿元) 2023年度	支付的各项税费平均金额(亿元) 2023年度
1	北京	19380.01	41.41
2	贵州	782.27	21.73
3	山西	798.34	19.47
4	内蒙古	310.40	11.94
5	青海	89.73	8.97
6	新疆	500.78	8.35
7	河北	586.62	7.62
8	陕西	600.80	7.33
9	福建	1229.99	7.24

（续表）

排名	省份	支付的各项税费总和(亿元) 2023年度	支付的各项税费平均金额(亿元) 2023年度
10	广东	6125.19	7.03
11	上海	3075.24	6.96
12	四川	1154.52	6.64
13	云南	256.59	6.26
14	重庆	463.82	5.95
15	辽宁	510.28	5.93
16	天津	393.93	5.47
17	河南	543.66	4.90
18	山东	1401.09	4.53
19	安徽	693.30	3.94
20	黑龙江	144.37	3.61
21	江西	298.26	3.39
22	甘肃	111.94	3.20
23	海南	84.02	3.11
24	浙江	2150.69	3.05
25	湖北	452.42	3.02
26	湖南	429.93	2.94
27	江苏	1781.29	2.57
28	广西	93.79	2.29
29	吉林	111.52	2.28
30	西藏	46.32	2.11
31	宁夏	31.83	1.87
—	全国	46120.91	8.60

图表　2023年度全国A股上市公司平均所得税排名

排名	省份	所得税总和(亿元) 2023年度	平均所得税(亿元) 2023年度
1	北京	4426.47	9.50
2	贵州	280.60	7.79
3	山西	231.31	5.64
4	内蒙古	70.18	2.70

（续表）

排名	省份	所得税总和(亿元) 2023年度	平均所得税(亿元) 2023年度
5	四川	414.19	2.38
6	青海	23.71	2.37
7	新疆	141.76	2.36
8	福建	319.43	1.89
9	广东	1625.99	1.88
10	上海	733.44	1.68
11	云南	63.75	1.59
12	天津	113.87	1.58
13	河北	120.88	1.57
14	陕西	126.60	1.56
15	重庆	111.56	1.47
16	河南	144.66	1.30
17	山东	355.21	1.16
18	安徽	189.07	1.09
19	辽宁	89.28	1.04
20	江苏	538.91	0.78
21	浙江	531.23	0.76
22	黑龙江	28.24	0.72
23	宁夏	11.35	0.71
24	海南	18.99	0.70
25	江西	58.01	0.66
26	甘肃	22.16	0.65
27	湖北	95.81	0.64
28	湖南	75.09	0.51
29	西藏	9.88	0.45
30	吉林	20.53	0.43
31	广西	13.50	0.33
—	全国	11895.85	2.22

十五、合规性

1. 对财务报表的会计师意见:江西上市公司会计师审计意见无保留意见比率在近五年内的平均值为98％。

图表　江西上市公司2014—2023年度报告审计师意见统计

审计意见类别	审计意见数量2023年年报	审计意见数量2022年年报	审计意见数量2021年年报	审计意见数量2020年年报	审计意见数量2019年年报	审计意见数量2018年年报	审计意见数量2017年年报	审计意见数量2016年年报	审计意见数量2015年年报	审计意见数量2014年年报
未出具审计报告	0	0	0	0	0	4	12	14	22	26
保留意见	1	0	0	0	3	0	1	0	0	0
带强调事项段的无保留意见	0	1	2	1	0	1	0	1	2	1
无法表示意见	0	0	0	0	0	1	0	0	0	0
标准无保留意见	87	87	86	87	85	82	75	73	64	61

2. 处罚情况:近几年江西A股上市公司平均违规次数逐步提升,至2023年出现下降,2023年江西A股上市公司平均处罚次数为0.30次,低于全国平均水平(0.34次),在"1＋6省"中排名第6。

图表　江西上市公司2014—2023年度违规情况统计

排名	省份	平均违规次数2023年度	平均违规次数2022年度	平均违规次数2021年度	平均违规次数2020年度	平均违规次数2019年度	平均违规次数2018年度	平均违规次数2017年度	平均违规次数2016年度	平均违规次数2015年度	平均违规次数2014年度
1	西藏	0.73	1.00	0.55	0.45	0.23	0.18	0.18	0.23	0.23	0.18
2	青海	0.70	0.50	0.50	0.10	0.60	0.00	0.20	0.60	0.30	0.70
3	湖北	0.65	0.34	0.17	0.33	0.24	0.23	0.17	0.25	0.17	0.07
4	宁夏	0.65	0.24	0.29	0.00	0.35	0.35	0.24	0.47	0.35	0.00
5	海南	0.61	0.57	0.43	0.71	0.96	0.46	0.29	0.29	0.11	0.14
6	新疆	0.60	0.67	0.43	0.20	0.17	0.28	0.22	0.27	0.12	0.03
7	辽宁	0.56	0.51	0.35	0.29	0.22	0.19	0.10	0.15	0.15	0.03
8	陕西	0.52	0.38	0.20	0.27	0.12	0.17	0.07	0.04	0.05	0.01
9	吉林	0.51	0.45	0.33	0.37	0.20	0.12	0.18	0.14	0.14	0.10
10	河南	0.48	0.37	0.22	0.17	0.08	0.14	0.16	0.13	0.22	0.05

（续表）

排名	省份	平均违规次数 2023年度	平均违规次数 2022年度	平均违规次数 2021年度	平均违规次数 2020年度	平均违规次数 2019年度	平均违规次数 2018年度	平均违规次数 2017年度	平均违规次数 2016年度	平均违规次数 2015年度	平均违规次数 2014年度
11	黑龙江	0.45	0.42	0.42	0.25	0.25	0.30	0.35	0.33	0.12	0.07
12	湖南	0.39	0.41	0.21	0.23	0.25	0.18	0.21	0.10	0.08	0.04
13	贵州	0.39	0.42	0.31	0.39	0.53	0.36	0.11	0.17	0.03	0.00
14	福建	0.38	0.34	0.33	0.26	0.14	0.16	0.16	0.18	0.04	0.05
15	广东	0.35	0.41	0.23	0.22	0.14	0.14	0.09	0.11	0.08	0.03
16	北京	0.31	0.36	0.23	0.14	0.10	0.13	0.11	0.09	0.05	0.03
17	上海	0.31	0.31	0.16	0.17	0.13	0.13	0.12	0.14	0.14	0.04
18	重庆	0.31	0.53	0.23	0.18	0.27	0.14	0.23	0.12	0.17	0.06
18	河北	0.31	0.40	0.18	0.21	0.12	0.15	0.10	0.10	0.06	0.03
18	内蒙古	0.31	0.31	0.27	0.15	0.35	0.35	0.27	0.15	0.12	0.00
21	浙江	0.30	0.35	0.27	0.26	0.16	0.13	0.11	0.08	0.04	0.03
22	江西	0.30	0.39	0.33	0.27	0.10	0.15	0.16	0.11	0.08	0.06
23	江苏	0.29	0.29	0.24	0.15	0.10	0.13	0.07	0.07	0.03	0.03
24	安徽	0.28	0.24	0.22	0.15	0.15	0.10	0.12	0.10	0.07	0.02
25	山东	0.28	0.32	0.19	0.23	0.14	0.14	0.15	0.14	0.06	0.04
26	云南	0.27	0.71	0.22	0.15	0.24	0.39	0.02	0.10	0.02	0.00
26	广西	0.27	0.68	0.41	0.20	0.22	0.22	0.44	0.44	0.37	0.10
28	四川	0.26	0.30	0.28	0.22	0.15	0.04	0.09	0.08	0.13	0.04
29	山西	0.24	0.59	0.29	0.22	0.24	0.41	0.46	0.61	0.54	0.12
30	甘肃	0.14	0.54	0.34	0.34	0.31	0.54	0.37	0.31	0.14	0.03
31	天津	0.12	0.22	0.18	0.17	0.08	0.12	0.07	0.11	0.12	0.12
—	全国	0.34	0.37	0.24	0.21	0.16	0.15	0.13	0.13	0.09	0.04

十六、市场关注度和参与度

1. 分析师发表研究报告:2023年,江西A股上市公司获得分析师发表研究报告的平均数量有所上升,但相比全国及周边六省处于落后水平,表明资本市场对于江西上市公司的关注度很低,这与江西上市公司的市值规模、产业结构等都相关。

说明三个方面的问题,一是江西上市公司在拥抱资本市场这个问题上不主动;二是相比发达省份,江西地处中部,投资机构调研路途容易不方便;三是江西本身的资本市场功能尚未发挥,没有在全国有足够影响力的金融机构。

资本市场的关注度,是资本市场资金流入的前提,只有资本市场关注了、调研了、跟踪了,才有可能会买入。尤其是在注册制环境下的中国资本市场,酒好也怕巷子深。如何做好资本市场的宣传工作,也是江西上市公司群体需要思考的系统工程。

图表　全国A股上市公司2014—2023年度平均研究报告数量统计

排名	省份	平均研究报告数量2023年度	平均研究报告数量2022年度	平均研究报告数量2021年度	平均研究报告数量2020年度	平均研究报告数量2019年度	平均研究报告数量2018年度	平均研究报告数量2017年度	平均研究报告数量2016年度	平均研究报告数量2015年度	平均研究报告数量2014年度
1	贵州	26.89	28.56	19.25	13.58	12.97	8.75	10.78	10.28	6.69	9.64
2	云南	24.56	23.46	17.85	13.12	11.61	9.71	10.80	9.20	6.76	7.24
3	北京	22.86	21.69	16.57	15.45	14.85	13.96	15.08	12.67	10.91	11.80
4	内蒙古	21.81	22.04	13.81	16.42	17.85	13.54	18.38	13.35	9.96	16.23
5	重庆	20.09	16.55	13.71	13.49	8.90	6.85	8.03	6.54	5.87	8.85
6	山西	20.05	17.80	12.93	10.85	11.61	15.05	16.27	9.10	6.51	9.56
7	安徽	19.14	17.59	13.88	13.99	11.83	10.35	11.53	9.48	7.16	6.84
8	湖南	19.01	17.38	14.70	12.21	8.80	8.62	10.35	8.77	6.36	6.97
9	福建	18.49	16.91	14.01	14.46	12.35	12.70	12.21	8.00	6.86	7.10
10	山东	18.22	15.39	12.86	11.93	10.32	9.72	10.39	8.77	6.40	7.73
11	浙江	17.84	16.84	12.07	10.75	9.02	9.56	10.05	7.91	6.24	6.04
12	上海	17.74	16.93	13.35	11.55	9.62	8.86	8.38	6.49	6.72	6.75
13	广东	17.68	17.07	14.25	13.32	11.97	10.95	11.36	8.94	6.88	7.43
14	四川	17.17	18.33	13.89	12.98	10.40	9.20	9.76	9.03	7.33	6.11
15	河南	17.05	15.46	12.15	11.32	10.05	10.92	14.38	11.67	9.28	10.77
16	天津	16.61	14.93	10.06	10.96	9.18	8.57	8.35	6.04	5.47	8.67
17	江苏	16.40	15.01	10.01	9.19	7.62	7.59	8.00	6.20	4.58	4.87

（续表）

排名	省份	平均研究报告数量 2023年度	平均研究报告数量 2022年度	平均研究报告数量 2021年度	平均研究报告数量 2020年度	平均研究报告数量 2019年度	平均研究报告数量 2018年度	平均研究报告数量 2017年度	平均研究报告数量 2016年度	平均研究报告数量 2015年度	平均研究报告数量 2014年度
18	河北	15.31	14.08	11.22	12.19	11.04	9.99	11.96	10.21	10.24	13.85
19	陕西	13.78	12.68	9.79	7.93	8.05	6.98	6.66	5.94	3.89	5.07
20	湖北	11.89	11.17	8.56	8.19	9.88	10.54	11.84	9.53	6.67	7.42
21	辽宁	11.24	12.28	7.27	7.42	7.10	8.06	9.22	7.17	5.24	5.12
22	青海	11.20	11.30	5.90	3.00	1.30	5.00	6.10	6.30	8.40	7.50
23	海南	11.11	6.07	2.50	2.25	2.71	3.07	5.32	7.75	5.71	4.68
24	江西	10.32	9.12	6.33	6.19	5.85	6.12	8.66	7.77	6.32	5.39
25	吉林	9.67	6.47	6.16	4.76	5.63	6.92	10.86	7.20	6.86	6.57
26	宁夏	8.59	8.06	7.41	6.18	2.29	0.88	2.24	1.76	1.82	3.06
27	新疆	8.28	7.35	4.92	5.03	5.70	6.55	9.28	6.08	4.47	6.33
28	甘肃	6.80	5.91	5.49	5.74	4.49	3.51	7.74	7.14	5.63	8.34
29	西藏	6.77	5.14	5.27	3.41	3.55	3.18	5.09	5.32	6.68	3.09
30	黑龙江	6.28	3.00	1.95	2.98	5.20	5.08	6.42	5.88	6.05	4.30
31	广西	5.59	5.12	3.90	5.24	6.02	9.46	9.39	8.51	6.51	4.78
—	全国	17.25	16.11	12.33	11.39	10.04	9.67	10.44	8.37	6.74	7.24

2023年,江西88家上市公司研报数量908份,平均每家10.32份,占A股研报数量的0.98%;全部A股研报数量92325份,平均每家17.25份。江西上市公司平均研报数量在31省中排第24名,在"1+6"省中排第7名。

图表　2023年度全国A股上市公司平均研究报告数量排名

排名	省份	研究报告数量总和 2023年度	平均研究报告数量 2023年度
1	贵州	968	26.89
2	云南	1007	24.56
3	北京	10745	22.86
4	内蒙古	567	21.81

（续表）

排名	省份	研究报告数量总和 2023年度	平均研究报告数量 2023年度
5	重庆	1567	20.09
6	山西	822	20.05
7	安徽	3368	19.14
8	湖南	2776	19.01
9	福建	3143	18.49
10	山东	5629	18.22
11	浙江	12597	17.84
12	上海	7841	17.74
13	广东	15451	17.68
14	四川	2987	17.17
15	河南	1892	17.05
16	天津	1196	16.61
17	江苏	11380	16.40
18	河北	1194	15.31
19	陕西	1130	13.78
20	湖北	1783	11.89
21	辽宁	967	11.24
22	青海	112	11.20
23	海南	311	11.11
24	江西	908	10.32
25	吉林	474	9.67
26	宁夏	146	8.59
27	新疆	497	8.28
28	甘肃	238	6.80
29	西藏	149	6.77
30	黑龙江	251	6.28
31	广西	229	5.59
—	全国	92325	17.25

2. 机构投资者参与：2023 年平均机构股东家数 143.18 家,低于全国水平,在"1+6"省排名第3。

从机构持股比例来看,近几年江西 A 股上市公司机构平均持股比例处于上升趋势,2023 年平均机构持股比例为 31.93%,略高于全国

30.82%的水平,在"1+6"省中处于第2名。

图表　全国A股上市公司2014—2023年度平均机构股东家数统计

排名	省份	平均持股机构家数2023年年报	平均持股机构家数2022年年报	平均持股机构家数2021年年报	平均持股机构家数2020年年报	平均持股机构家数2019年年报	平均持股机构家数2018年年报	平均持股机构家数2017年年报	平均持股机构家数2016年年报	平均持股机构家数2015年年报	平均持股机构家数2014年年报
1	内蒙古	187.12	167.23	253.85	110.85	108.38	88.58	108.42	65.04	47.54	46.92
2	陕西	182.27	175.15	104.52	84.82	40.94	29.35	31.82	24.73	22.89	17.23
3	上海	175.66	106.13	127.57	83.02	53.58	39.37	41.16	36.35	25.17	19.60
4	北京	172.78	151.66	117.16	106.02	89.50	65.80	66.17	52.31	43.18	32.75
5	贵州	171.97	186.31	167.58	177.56	80.51	55.92	63.75	92.67	31.69	26.47
6	重庆	170.73	97.78	117.54	56.95	85.42	35.44	31.26	29.14	26.24	19.69
7	安徽	170.09	96.62	112.49	88.30	43.55	33.82	31.12	32.61	21.05	15.72
8	广东	164.75	133.28	134.93	94.16	62.31	42.07	49.96	37.48	25.00	18.28
9	江苏	147.75	97.71	140.44	62.69	34.26	28.90	31.09	27.28	15.96	10.06
10	山西	144.05	103.78	86.83	60.17	52.56	51.22	65.39	52.27	40.05	33.56
11	江西	143.18	108.08	118.75	47.16	32.42	30.59	32.31	28.36	24.73	15.86
12	湖南	141.03	89.27	143.47	59.45	37.58	30.25	40.66	27.51	22.10	13.70
13	山东	139.96	89.40	133.19	63.66	45.55	33.85	33.39	40.06	23.15	16.40
14	天津	139.18	94.76	70.86	53.92	48.44	39.43	29.21	34.64	29.44	21.56
15	浙江	137.85	112.56	139.28	94.59	39.36	29.53	32.08	38.82	18.36	11.82
16	四川	132.97	122.50	108.58	67.87	45.97	33.37	45.42	28.98	26.02	17.30
17	云南	130.07	162.71	118.32	72.68	61.05	44.39	46.76	43.41	34.54	27.10
18	福建	125.55	131.46	120.34	103.67	55.91	45.35	38.12	30.75	27.34	17.78
19	吉林	125.49	57.00	65.39	114.43	43.31	38.78	38.78	45.41	32.96	27.71
20	河北	123.38	152.32	122.09	135.23	46.35	46.27	39.21	38.77	35.54	27.95
21	辽宁	122.72	102.64	90.52	35.30	35.12	28.87	28.77	29.07	25.45	16.52
22	宁夏	118.41	42.53	42.71	20.82	14.71	8.59	9.24	10.12	8.94	7.76
23	河南	118.36	126.91	120.30	95.55	47.15	39.57	39.41	45.96	28.06	18.72
24	青海	117.40	86.00	89.40	36.10	29.20	36.50	35.10	42.30	33.60	31.60
25	黑龙江	111.92	89.12	42.40	70.50	35.38	36.52	39.92	41.83	33.55	23.18
26	湖北	101.09	80.33	121.67	55.91	54.11	37.95	37.29	34.08	30.03	19.08
27	西藏	91.36	63.82	48.00	109.27	29.68	26.73	21.82	47.05	21.77	18.68
28	新疆	85.30	116.77	54.37	38.92	38.07	41.75	66.85	69.77	26.28	20.05

（续表）

排名	省份	平均持股机构家数2023年年报	平均持股机构家数2022年年报	平均持股机构家数2021年年报	平均持股机构家数2020年年报	平均持股机构家数2019年年报	平均持股机构家数2018年年报	平均持股机构家数2017年年报	平均持股机构家数2016年年报	平均持股机构家数2015年年报	平均持股机构家数2014年年报
29	海南	53.68	58.36	40.64	26.29	27.93	23.32	35.57	42.07	42.43	27.79
30	广西	52.34	64.34	98.24	25.61	25.12	28.93	30.56	27.56	27.20	18.59
31	甘肃	51.23	35.89	33.31	20.14	29.77	26.77	35.77	28.29	28.94	19.49
—	全国	147.42	114.41	124.60	81.38	51.03	38.34	41.20	37.21	25.34	18.11

2023年，江西上市公司机构股东数12600个，平均143.18个/家，同比2022年上升33.96%，占A股机构股东数的1.60%；全部A股机构股东数789000个，平均147.42个/家。江西上市公司平均机构股东数在31省中排第11名，在"1+6"省中排第3名。

2023年，江西上市公司机构持股比例31.93%，全部A股机构持股比例30.82%。2023年，江西上市公司机构持股比例在31省中排第21名，在"1+6"省中排第2名。

图表　2023年度全国A股上市公司平均机构股东家数排名

排名	省份	持股机构家数合计2023年年报	平均持股机构家数2023年年报
1	内蒙古	4865	187.12
2	陕西	14946	182.27
3	上海	77643	175.66
4	北京	81205	172.78
5	贵州	6191	171.97
6	重庆	13317	170.73
7	安徽	29936	170.09
8	广东	143994	164.75
9	江苏	102538	147.75
10	山西	5906	144.05
11	江西	12600	143.18
12	湖南	20591	141.03
13	山东	43249	139.96
14	天津	10021	139.18

（续表）

排名	省份	持股机构家数合计 2023 年年报	平均持股机构家数 2023 年年报
15	浙江	97323	137.85
16	四川	23136	132.97
17	云南	5333	130.07
18	福建	21343	125.55
19	吉林	6149	125.49
20	河北	9624	123.38
21	辽宁	10554	122.72
22	宁夏	2013	118.41
23	河南	13138	118.36
24	青海	1174	117.40
25	黑龙江	4477	111.92
26	湖北	15164	101.09
27	西藏	2010	91.36
28	新疆	5118	85.30
29	海南	1503	53.68
30	广西	2146	52.34
31	甘肃	1793	51.23
—	全国	789000	147.42

图表　全国 A 股上市公司 2014—2023 年度平均机构持股比例统计（算术平均法）

排名	省份	平均机构持股比例（%）2023 年年报	平均机构持股比例（%）2022 年年报	平均机构持股比例（%）2021 年年报	平均机构持股比例（%）2020 年年报	平均机构持股比例（%）2019 年年报	平均机构持股比例（%）2018 年年报	平均机构持股比例（%）2017 年年报	平均机构持股比例（%）2016 年年报	平均机构持股比例（%）2015 年年报	平均机构持股比例（%）2014 年年报
1	青海	47.04	46.68	45.21	48.90	48.94	45.97	36.54	36.45	40.75	40.74
2	云南	43.11	41.73	36.70	35.70	32.74	32.52	28.52	30.55	27.47	31.44
3	山西	41.79	39.17	38.52	39.34	38.60	37.02	34.41	34.27	33.15	30.46
4	西藏	40.73	40.31	35.96	32.53	29.98	23.61	19.17	15.92	15.37	16.86
5	海南	40.68	40.76	42.10	38.16	38.02	33.70	31.76	28.36	30.65	26.38
6	贵州	39.21	37.91	36.32	32.86	25.86	22.67	21.70	20.57	21.00	21.08
7	黑龙江	37.83	37.68	37.45	36.79	35.30	34.26	32.24	31.80	32.51	28.25

（续表）

排名	省份	平均机构持股比例（%）2023年年报	平均机构持股比例（%）2022年年报	平均机构持股比例（%）2021年年报	平均机构持股比例（%）2020年年报	平均机构持股比例（%）2019年年报	平均机构持股比例（%）2018年年报	平均机构持股比例（%）2017年年报	平均机构持股比例（%）2016年年报	平均机构持股比例（%）2015年年报	平均机构持股比例（%）2014年年报
8	内蒙古	37.57	35.48	32.34	32.97	30.91	31.43	30.66	31.17	30.78	25.44
9	宁夏	37.14	35.77	33.66	38.09	31.85	26.04	23.78	22.47	22.08	17.39
10	广西	37.07	35.51	34.23	33.25	31.66	31.02	26.50	25.43	25.60	24.54
11	新疆	36.86	35.68	34.19	34.09	31.26	29.93	26.21	25.82	26.24	25.86
12	甘肃	36.85	37.10	36.01	35.51	33.62	32.02	29.81	27.52	24.73	22.39
13	辽宁	35.34	34.11	33.40	32.98	31.72	29.70	24.34	23.10	23.30	21.90
14	陕西	34.82	31.82	29.21	26.20	24.50	22.12	21.03	19.05	19.37	17.73
15	天津	34.70	32.05	30.36	27.75	26.60	25.69	24.26	22.66	22.86	21.26
16	吉林	34.55	30.98	31.58	30.33	29.43	30.12	28.55	25.86	23.45	22.38
17	重庆	34.36	28.93	28.28	27.79	25.95	23.00	21.24	19.18	18.23	17.06
18	北京	33.07	30.49	26.40	24.42	23.38	21.16	18.51	18.25	18.41	17.51
19	上海	33.01	29.84	26.89	24.36	21.97	20.32	17.31	16.17	15.95	14.90
20	福建	32.48	30.17	28.65	27.12	23.57	21.49	18.71	17.03	16.50	15.80
21	江西	31.93	27.56	28.05	25.40	24.53	21.50	18.92	18.88	18.82	18.90
22	四川	31.62	29.89	25.66	24.04	22.07	20.51	18.95	16.93	15.99	14.55
23	河北	31.50	29.63	26.42	24.57	23.92	24.84	21.46	22.84	23.26	19.43
24	河南	31.13	27.84	25.64	24.32	22.73	22.54	21.33	20.33	19.44	17.66
25	山东	31.13	28.41	25.28	23.26	21.09	19.40	17.46	16.94	16.65	15.86
26	安徽	31.03	28.03	25.70	22.53	20.86	20.16	17.81	16.36	16.24	16.66
27	湖南	30.93	29.49	28.85	27.00	23.30	21.42	17.78	17.43	16.11	15.33
28	湖北	30.23	27.45	26.06	24.63	23.62	21.66	21.02	20.98	20.22	18.27
29	浙江	29.16	25.99	24.52	22.50	17.81	16.28	13.47	12.44	12.43	11.33
30	江苏	26.84	24.01	20.93	18.26	16.16	13.98	11.77	10.98	11.03	10.78
31	广东	26.78	24.44	22.19	20.27	17.42	16.29	14.38	12.93	12.85	11.95
—	全国	30.82	28.20	25.85	23.87	21.40	19.76	17.36	16.38	16.18	15.22

图表　"1＋6"省 A 股上市公司机构持股比例中位数比较

排名	省份	机构持股比例中位数（%） 2023 年年报
1	湖南	30.60
2	福建	30.35
3	安徽	29.38
4	江西	28.19
5	湖北	27.77
6	浙江	25.80
7	广东	20.77

江西上市公司机构调研接待量 6719 次，平均 76.35 次/家，占 A 股机构接待量的 1.42%；全部 A 股机构接待量 472442 家，平均 88.27 次/家。江西上市公司平均机构接待量在 31 省中排第 12 名，在"1＋6"省中排第 4 名。

结合江西上市公司机构接待数、机构股东数和机构持股比例数据笔者发现，虽然江西 A 股上市公司的机构接待平均数较高，但一方面机构接待数主要集中在前 20 名上市公司，且行业范围主要集中在新能源和医疗等领域，另一方面上市公司从机构接待到机构持股的转化效果并不理想，表明除行业本身受资本市场关注度高以外，江西大部分上市公司在投资者关系管理方面仍有很多工作需要去做。意味着江西的中小市值上市公司，其实还是远离资本市场的关注，这种上市状态，远远没有把资本市场的功能发挥出来，大部分江西上市公司还没有真正进入"上市后"的经营状态。一个上市公司的经营，和一家非上市企业，在资本行动和资本认识上，应该是不同的。

图表　全国 A 股上市公司 2014—2023 年度平均机构接待量统计

排名	省份	平均机构来访接待量2023年度	平均机构来访接待量2022年度	平均机构来访接待量2021年度	平均机构来访接待量2020年度	平均机构来访接待量2019年度	平均机构来访接待量2018年度	平均机构来访接待量2017年度	平均机构来访接待量2016年度	平均机构来访接待量2015年度	平均机构来访接待量2014年度
1	广东	121.98	122.30	83.66	55.15	26.63	28.72	25.16	25.08	19.29	18.01
2	上海	112.87	98.33	52.87	20.70	5.60	7.38	8.17	7.48	8.71	6.57

（续表）

排名	省份	平均机构来访接待量2023年度	平均机构来访接待量2022年度	平均机构来访接待量2021年度	平均机构来访接待量2020年度	平均机构来访接待量2019年度	平均机构来访接待量2018年度	平均机构来访接待量2017年度	平均机构来访接待量2016年度	平均机构来访接待量2015年度	平均机构来访接待量2014年度
3	北京	108.21	102.97	67.26	40.35	22.24	22.42	18.42	24.15	19.69	17.87
4	湖南	103.42	110.01	53.18	25.23	6.40	10.11	12.14	12.50	10.71	12.03
5	海南	102.79	80.46	27.57	2.39	2.29	4.39	4.36	1.00	5.39	4.68
6	福建	88.14	74.92	22.99	26.07	11.06	17.79	10.35	9.40	8.06	8.37
7	吉林	85.57	67.51	52.90	11.63	0.55	3.76	9.80	8.80	8.29	5.39
8	浙江	83.50	87.04	52.15	30.89	17.19	18.18	14.68	13.65	10.65	10.53
9	辽宁	82.98	56.38	21.08	16.07	5.37	7.66	9.43	11.16	10.16	5.12
10	江苏	82.00	85.98	37.75	17.77	8.88	9.22	8.96	9.43	7.61	7.99
11	陕西	79.67	78.51	25.91	8.48	4.05	4.71	5.43	4.57	3.70	3.35
12	江西	76.35	111.70	41.49	28.28	8.58	11.86	8.55	9.99	4.44	5.27
13	安徽	76.28	80.51	39.11	31.73	9.04	7.80	12.64	11.68	8.61	7.58
14	山东	73.78	75.10	38.82	16.81	8.50	8.07	9.84	11.14	5.93	6.71
15	四川	72.02	78.61	40.59	20.33	10.95	11.63	11.78	16.47	14.98	8.12
16	湖北	69.29	78.29	38.24	21.86	8.49	8.75	8.83	8.57	9.59	7.65
17	贵州	67.22	41.28	10.44	3.64	0.86	1.78	2.17	4.39	5.28	10.33
18	云南	61.12	38.54	39.12	53.59	19.20	19.90	31.27	24.07	25.44	18.78
19	重庆	60.67	44.99	31.77	18.69	10.87	6.71	9.63	9.29	7.40	11.67
20	河北	55.56	73.12	19.18	9.85	5.12	6.24	6.05	11.90	7.49	7.69
21	河南	52.96	82.51	27.59	16.86	6.16	6.79	7.97	8.95	9.10	10.05
22	天津	52.10	53.50	6.90	8.15	6.39	2.78	5.00	5.58	4.89	7.64
23	黑龙江	50.50	28.15	12.95	6.45	3.58	2.45	0.93	3.65	6.80	3.27
24	广西	47.66	52.07	25.68	26.76	11.00	11.39	9.73	10.10	9.24	7.15

（续表）

排名	省份	平均机构来访接待量2023年度	平均机构来访接待量2022年度	平均机构来访接待量2021年度	平均机构来访接待量2020年度	平均机构来访接待量2019年度	平均机构来访接待量2018年度	平均机构来访接待量2017年度	平均机构来访接待量2016年度	平均机构来访接待量2015年度	平均机构来访接待量2014年度
25	内蒙古	35.62	39.62	5.38	4.58	1.62	4.35	13.04	13.65	10.23	6.62
26	甘肃	34.74	23.31	8.66	4.80	3.09	4.63	3.51	8.46	4.89	5.49
27	西藏	26.50	17.36	6.45	11.36	3.36	2.68	1.41	1.82	0.00	0.27
28	新疆	19.50	13.33	7.98	3.57	5.53	9.55	7.13	5.62	5.55	4.40
29	青海	17.50	15.80	43.00	6.00	3.60	13.90	14.20	6.40	11.30	9.80
30	宁夏	16.76	2.76	2.53	5.88	0.12	1.65	0.71	1.71	2.71	6.06
31	山西	14.07	13.93	12.37	9.44	5.90	14.29	9.80	9.61	5.32	5.22
—	全国	88.27	87.91	48.31	28.22	13.26	14.44	13.33	13.97	11.35	10.56

图表　2023年度全国A股上市公司平均机构接待量排名

排名	省份	机构来访接待量合计2023年度	平均机构来访接待量2023年度
1	广东	106614	121.98
2	上海	49887	112.87
3	北京	50861	108.21
4	湖南	15099	103.42
5	海南	2878	102.79
6	福建	14983	88.14
7	吉林	4193	85.57
8	浙江	58953	83.50
9	辽宁	7136	82.98
10	江苏	56910	82.00
11	陕西	6533	79.67
12	江西	6719	76.35
13	安徽	13425	76.28
14	山东	22797	73.78

排名	省份	机构来访接待量合计 2023 年度	平均机构来访接待量 2023 年度
15	四川	12532	72.02
16	湖北	10394	69.29
17	贵州	2420	67.22
18	云南	2506	61.12
19	重庆	4732	60.67
20	河北	4334	55.56
21	河南	5879	52.96
22	天津	3751	52.10
23	黑龙江	2020	50.50
24	广西	1954	47.66
25	内蒙古	926	35.62
26	甘肃	1216	34.74
27	西藏	583	26.50
28	新疆	1170	19.50
29	青海	175	17.50
30	宁夏	285	16.76
31	山西	577	14.07
—	全国	472442	88.27

3. 交易量和换手率：从成交额来看，2023 年江西 A 股上市公司的日均成交额 1.45 亿元，较 2022 年下降 29.95%，低于全国平均水平（1.69 亿元），在"1＋6 省"中排名第 6 位。日均成交额较低的主要原因为 2023 年的市场环境有关，市场趋势不明确，资金参与兴趣不高，导致成交额较低。根据江西 2023 年国民经济和社会发展统计公报，江西的地区生产总值增长 4.1%，但固定资产投资比上年下降了 5.9%，这可能反映出在该省的投资活跃度有所降低，进而影响到市场的交易活跃度和成交额。

江西上市公司日均成交额 127.44 亿元，平均 1.45 亿元，占 A 股日均成交额的 1.41%；全部 A 股日均成交额 9044.12 亿元，平均 1.69 亿元；江西上市公司平均日均成交额在 31 省中排第 20 名，在"1＋6"省中排第 6 名。

图表 全国 A 股上市公司 2014—2023 年度平均日均成交额统计

排名	省份	平均日均成交额（亿元）2023年度	平均日均成交额（亿元）2022年度	平均日均成交额（亿元）2021年度	平均日均成交额（亿元）2020年度	平均日均成交额（亿元）2019年度	平均日均成交额（亿元）2018年度	平均日均成交额（亿元）2017年度	平均日均成交额（亿元）2016年度	平均日均成交额（亿元）2015年度	平均日均成交额（亿元）2014年度
1	北京	2.81	2.28	2.61	2.31	1.52	1.09	1.39	1.42	4.08	0.97
2	贵州	2.57	3.78	3.73	2.79	1.72	1.60	1.46	1.39	2.38	0.78
3	天津	2.46	2.55	2.18	1.79	0.84	0.81	1.58	1.08	2.48	0.91
4	云南	2.22	3.22	3.79	2.41	1.48	0.78	1.91	1.66	2.53	0.90
5	内蒙古	2.16	4.46	7.20	3.26	1.96	1.61	2.46	2.05	4.85	1.73
6	重庆	2.15	1.95	2.11	1.30	0.72	0.43	0.69	1.03	1.96	0.52
7	陕西	1.96	2.17	2.96	1.65	0.90	0.53	0.78	1.06	2.21	0.65
8	福建	1.92	2.01	2.35	1.88	1.08	0.87	1.09	1.09	2.22	0.71
9	四川	1.89	2.41	3.13	1.78	1.11	0.83	0.97	1.20	2.02	0.63
10	广东	1.79	1.73	2.09	2.04	1.25	0.88	0.99	1.13	2.15	0.58
11	西藏	1.78	2.30	2.96	1.64	0.92	0.67	1.12	1.37	1.95	0.36
12	山西	1.67	3.07	3.43	1.27	1.16	1.02	1.28	1.49	3.47	1.23
13	河北	1.67	1.94	2.22	1.90	0.96	0.93	2.30	1.29	2.29	0.72
14	上海	1.67	1.51	1.82	1.88	1.05	0.65	0.84	1.09	2.71	0.68
15	安徽	1.59	1.73	2.11	1.61	0.78	0.62	0.95	0.99	1.89	0.53
16	湖南	1.58	1.72	2.19	1.57	0.84	0.66	0.82	0.92	1.72	0.54
17	新疆	1.52	2.34	2.47	1.52	1.09	0.99	1.44	1.37	3.05	0.80
18	湖北	1.50	1.56	1.90	1.61	0.73	0.77	1.08	1.98	0.59	
19	辽宁	1.49	1.55	1.34	1.07	0.69	0.42	0.87	1.20	2.74	0.83
20	江西	1.45	2.07	2.68	1.66	1.00	0.69	0.95	1.18	1.81	0.47
21	宁夏	1.44	1.71	1.68	0.75	0.79	0.48	1.15	0.84	1.10	0.36
22	海南	1.44	1.92	1.99	2.03	1.12	1.32	0.98	1.62	3.66	1.21
23	青海	1.41	4.33	7.35	1.08	0.73	0.90	1.67	1.84	2.87	0.83
24	山东	1.39	1.53	1.92	1.52	0.92	0.63	0.84	0.99	1.72	0.48
25	江苏	1.35	1.44	1.54	1.32	0.74	0.48	0.60	0.73	1.15	0.32

（续表）

排名	省份	平均日均成交额（亿元）2023年度	平均日均成交额（亿元）2022年度	平均日均成交额（亿元）2021年度	平均日均成交额（亿元）2020年度	平均日均成交额（亿元）2019年度	平均日均成交额（亿元）2018年度	平均日均成交额（亿元）2017年度	平均日均成交额（亿元）2016年度	平均日均成交额（亿元）2015年度	平均日均成交额（亿元）2014年度
26	浙江	1.32	1.47	1.62	1.31	0.79	0.55	0.72	0.88	1.39	0.37
27	河南	1.27	1.87	2.40	1.63	0.82	0.63	1.04	1.24	1.86	0.51
28	吉林	1.26	1.44	2.00	1.47	0.84	0.67	1.01	1.39	2.88	0.82
29	黑龙江	1.20	1.06	1.14	1.36	0.90	0.58	1.07	1.37	3.88	0.85
30	甘肃	1.02	1.85	2.23	2.12	1.19	1.11	1.99	1.49	2.52	0.91
31	广西	0.96	1.06	0.81	0.84	0.67	0.55	0.74	1.43	2.23	0.68
—	全国	1.69	1.78	2.09	1.70	1.01	0.73	0.96	1.08	2.15	0.59

图表　2023年度全国Ａ股上市公司平均日均成交额排名

排名	省份	日均成交额总和（亿元）2023年度	平均日均成交额（亿元）2023年度
1	北京	1319.91	2.81
2	贵州	92.39	2.57
3	天津	176.92	2.46
4	云南	91.20	2.22
5	内蒙古	56.27	2.16
6	重庆	167.88	2.15
7	陕西	160.34	1.96
8	福建	326.93	1.92
9	四川	328.30	1.89
10	广东	1562.84	1.79
11	西藏	39.24	1.78
12	山西	68.53	1.67
13	河北	130.27	1.67
14	上海	737.43	1.67
15	安徽	279.07	1.59
16	湖南	231.26	1.58
17	新疆	91.14	1.52

（续表）

排名	省份	日均成交额总和(亿元)2023 年度	平均日均成交额(亿元)2023 年度
18	湖北	225.06	1.50
19	辽宁	127.78	1.49
20	江西	127.44	1.45
21	宁夏	24.46	1.44
22	海南	40.28	1.44
23	青海	14.14	1.41
24	山东	430.44	1.39
25	江苏	939.42	1.35
26	浙江	930.05	1.32
27	河南	140.79	1.27
28	吉林	61.67	1.26
29	黑龙江	47.81	1.20
30	甘肃	35.63	1.02
31	广西	39.21	0.96
—	全国	9044.12	1.69

从换手率来看,近几年江西 A 股上市公司日均换手率保持在较高水平,2023 年江西 A 股上市公司日均换手率 3.57%,远超全国平均水平(3.17%),在"1+6 省"中排名第二。

江西上市公司群体,过去 10 年,日均换手率从 1.18% 提高到 3.57%,提升了 202.54%,在"1+6"的 7 个省中涨幅较高。但换手率过高或过低,对上市公司来说可能都有不同意味。如果一家上市公司换手率过低,可能意味着这家公司不被市场关注,交易低迷;如果一家上市公司换手率过高,也可能意味着投资机构对公司短期买卖频繁,持股不坚定,可能也带来企业市值的大起大落。这一方面说明江西上市公司正在逐步受到资本市场的关注,但一定程度上是因为江西头部市值企业,主要集中在有色金属、矿业、新能源等热点行业,受到产业周期影响,市值容易大起大落,急涨急跌。

研究报告数量、机构投资者数量、交易量和换手率,对一家上市公司来说,意味着什么? 意味着专业机构和市场资金是否关注这家公司。

如果研究员不分析它,机构投资者不持有它,散户不交易它,媒体不报道它,股民不太听说或议论它,资金不流向它,那么久而久之这家公司势必在资本市场里被边缘化,无声无息、无足轻重、形同不存在。尤其是"注意力经济"和注册制时代,上市公司越来越多,市场的注意力被分散,吸引眼球、抢占"注意力"、增强存在感、防止被边缘化,成为上市公司获得合理估值、实现规模融资、开展系列资本运作的前置条件。好酒也怕巷子深,高"资本市场关注度"将越来越成为上市公司的一种增量竞争优势。上市公司个体是如此,一省的上市企业群体,同此理。

图表　全国A股上市公司2014—2023年度平均日均换手率统计(算术平均法)

排名	省份	日均换手率(%)2023年度	日均换手率(%)2022年度	日均换手率(%)2021年度	日均换手率(%)2020年度	日均换手率(%)2019年度	日均换手率(%)2018年度	日均换手率(%)2017年度	日均换手率(%)2016年度	日均换手率(%)2015年度	日均换手率(%)2014年度
1	宁夏	4.53	2.89	3.45	1.68	2.04	1.66	2.81	1.73	2.59	1.45
2	广东	3.76	3.29	3.26	3.33	2.59	2.01	2.48	2.04	2.41	1.27
3	江西	3.57	3.20	3.30	3.24	1.83	1.55	1.49	2.16	2.84	1.18
4	陕西	3.55	3.89	2.71	2.41	2.12	1.11	1.44	1.42	2.44	1.56
5	江苏	3.50	3.26	3.40	3.08	2.18	1.64	2.16	1.84	1.83	1.03
6	辽宁	3.49	2.66	2.28	2.03	1.97	0.81	1.52	2.19	3.69	2.12
7	重庆	3.33	2.88	2.21	2.15	1.67	0.93	1.64	1.60	2.71	1.34
8	浙江	3.31	3.28	3.51	3.21	2.11	1.77	2.27	1.70	2.36	1.12
9	北京	3.31	3.08	2.68	2.70	2.36	1.51	1.73	1.68	2.62	1.33
10	福建	3.04	2.84	2.73	3.18	2.34	1.83	2.72	2.27	2.78	1.58
11	上海	2.98	2.63	2.87	2.80	2.06	1.43	1.76	1.63	2.25	1.15
12	安徽	2.95	3.19	3.37	3.26	1.60	1.24	1.71	1.64	2.73	1.26
13	湖南	2.92	3.15	3.62	2.98	2.21	2.49	2.73	2.06	2.78	1.51
14	天津	2.81	2.78	1.88	2.79	1.63	1.29	2.34	1.88	2.61	1.94
15	湖北	2.80	2.93	3.40	2.44	2.16	1.79	1.38	2.24	2.55	1.59
16	西藏	2.77	3.72	3.42	3.17	3.04	2.71	2.72	3.20	2.71	0.85
17	四川	2.68	2.91	3.09	2.68	2.13	1.67	1.66	2.43	2.87	1.25
18	山东	2.66	2.96	3.26	2.60	1.95	1.31	1.86	1.87	2.50	1.15
19	新疆	2.62	4.37	2.99	3.19	2.58	3.05	2.51	2.88	3.47	1.66
20	吉林	2.58	2.84	3.25	2.69	1.55	1.37	2.01	2.53	3.63	1.99

（续表）

排名	省份	日均换手率（%）2023年度	日均换手率（%）2022年度	日均换手率（%）2021年度	日均换手率（%）2020年度	日均换手率（%）2019年度	日均换手率（%）2018年度	日均换手率（%）2017年度	日均换手率（%）2016年度	日均换手率（%）2015年度	日均换手率（%）2014年度
21	河北	2.52	2.45	3.18	3.24	1.42	1.34	2.74	1.88	2.74	1.75
22	河南	2.44	3.14	3.43	2.97	1.53	1.14	1.70	2.02	3.24	1.38
23	贵州	2.41	2.91	2.46	3.20	1.86	2.81	3.17	1.73	2.35	1.23
24	广西	2.22	2.98	1.88	1.78	1.55	1.18	1.47	2.73	4.20	2.34
25	黑龙江	2.17	2.40	2.59	2.60	1.93	1.14	1.51	1.99	4.23	1.52
26	内蒙古	2.09	2.88	3.35	1.82	1.25	0.90	1.48	1.73	3.04	1.74
27	云南	2.08	3.31	2.35	2.29	2.31	1.19	2.40	2.89	3.08	1.68
28	海南	1.96	2.97	3.04	3.32	2.16	2.48	1.96	2.44	3.79	2.27
29	甘肃	1.84	3.54	2.78	2.99	2.23	2.21	3.30	3.31	4.40	2.59
30	山西	1.44	2.30	2.31	1.87	1.19	1.03	1.37	2.03	4.40	2.00
31	青海	1.09	2.41	3.02	1.37	1.32	1.59	2.12	3.68	3.25	1.59
—	全国	3.17	3.10	3.13	2.94	2.14	1.65	2.08	1.93	2.54	1.31

十七、ESG

ESG 是近年来资本市场兴起的新概念，是 Environmental（环境）、Social（社会责任）和 Governance（公司治理）三个英文单词的首字母缩写，反映了企业在环境保护、社会责任和公司治理领域的贡献，也是可持续发展理念在企业发展与资本市场方面的具体应用。ESG 概念起步于 1990 年代的国际资本市场，随着几十年的发展完善，越来越多的上市公司与投资者把其纳入到企业经营与投资判断之中。对上市公司的评价和价值判断。除了收入、利润、市值、净资产收益率等传统要素之外，ESG 评价也已逐步形成了市场共识，成为一项更为普遍性的指标。

当前，国内资本市场也在普及 ESG 概念并积极建设 ESG 评价体系。特别是在碳达峰、碳中和的大背景下 ESG 已成为更多上市公司和投资者的关注指标。因此，在报告中，特纳入 ESG 评价章节，并采用华证 ESG 评价体系予以分析。

截至 2024 年 4 月 30 日，江西 88 家 A 股上市公司有 30 家上市公司获得华证 ESG 综合评分，其中 90 分以上者 3 家，80—90 分者 14 家，70—80 分者 13 家。江西上市公司的平均得分为 81.49 分，与全国平均水平（81.42 分）基本持平。

根据华证 ESG 综合得分，截至 2024 年 4 月 30 日，江西上市公司评分分布如下：

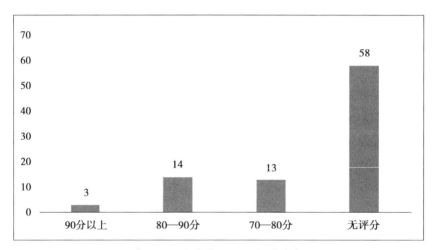

图表　江西上市公司 ESG 评分分布图

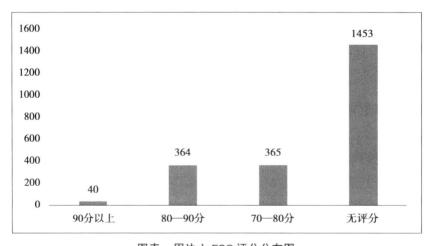

图表　周边六 ESG 评分分布图

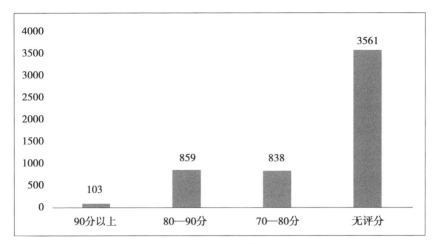

图表　全国 ESG 评分分布图

图表　"1＋6"省、全国 ESG 评分对比情况

分数段	江西家数	占比	6省家数	占比	全国家数	占比
90 分以上	3	3.41%	40	1.80%	103	1.92%
80—90 分	14	15.91%	364	16.38%	859	16.02%
70—80 分	13	14.77%	365	16.43%	838	15.63%
无评分	58	65.91%	1453	65.39%	3561	66.42%

图表　江西上市公司 ESG 评级分布（2024 年 4 月）

ESG 综合评级	上市公司数量
AAA	0
AA	3
A	6
BBB	8
BB	13
B	0
CCC	0
CC	0
C	0

数据来源：华证、iFinD

图表　全部 A 股上市公司 ESG 评级分布（2024 年 4 月）

ESG 综合评级	上市公司数量
AAA	7
AA	96
A	287
BBB	572
BB	838
B	0
CCC	0
CC	0
C	0

数据来源：华证、iFinD

结　论

　　基于 2023 年度的年报和披露信息，根据 HJ—18 分析框架，我们从 18 个维度对江西上市公司的总体状况进行了分析和画像：

　　1. 上市公司数量

　　在全国 31 个省排名中，江西居在全国 31 个省市区中排名第 13 位，略高于省 GDP 的排位（第 15 位），江西 A 股公司数量占全国 A 股公司总数的 1.64%，小于江西 GDP 占全国 GDP 的比例 2.57%。跟接邻六省比，江西上市公司最少。

　　2. 论上市进程

　　跟本省历史比呈现明显的加速度；跟全国平均和周边六省比，呈现相对的减速度。

　　3. 上市公司的区域分布

　　省会南昌是重心。全省 100 个县级经济体，60 个无上市公司。

　　4. 行业特征和产业意味

　　一产弱，二产强（江西以矿业采掘冶炼、原材料加工、制造业等为主要工业），三产待发展。传统行业和制造业居多，新兴产业、高科技产业、服务业公司较少。

　　因矿而立现象突出，铜、锂、稀土、钨、钴等矿关联的上市公司，成为在全国范围内有竞争力的企业；市值前七公司，全部与矿相关。

　　省内行业龙头公司跟全国行业龙头企业比较，差距显著，缺乏行业领先优势。缺乏链主型的产业链龙头公司和盟主型的领袖级企业，因此产业链条和产业集群的拉动力、感召力、凝聚力和掌控力，有待加强。

5. 市值特点

市值总量在 A 股总市值中占比很小(0.94％)。大市值公司很少,中小市值公司居多。市值头部效应明显、二八分化现象突出。尤其值得关注的是,江西的区域经济市值化率为 26.19％,在全国 31 个省级经济体中排名 25 位。区域经济市值化率＝区域内上市公司市值总额/区域 GDP 总值。该指标越高,意味着该区域经济对资本市场的参与度越高、利用得越好,反之则意味着参与度低、利用不力。这个指标,也从一个侧面反映了一个区域总体的企业资产证券化程度、资产质量高低和流动性强弱。

6. 企业的实际控制人和所有制性质

有七种类型的企业,个人最多,共计 59 家;地方政府国有资产管理机构 14 家;其它 8 家;地方各级人民政府 2 家;地方所属部委 2 家;无实控人 2 家;投资公司 1 家。其中,民营企业占比 67.05％,市值占比 57.36％。

7. 上市公司股东财富和高管薪酬

江西高管薪酬平均为 124.28 万元,略低于全部 A 股公司平均高管薪酬的 137.79 万元。平均高管薪酬在"1＋6"省中排第 5 名。

8. 资产负债情况

总资产、净资产、总负债三项,在全国中的占比都极小,分别为 0.26％、1.88％、0.17％;而且平均每家公司的总资产额、净资产额和总负债额在 31 省排位中江西分别居第 28 位、第 23 位和第 29 位。

这些指标"触目惊心",值得引起高度的重视。它们反映江西企业在全国上市公司群体中的权重很低、份量轻微。负债总额仅占全国的 0.17％,说明全国的资金分配,江西所得份额极小,跟江西 GDP 在全国 GDP 中的占比很不相称。

江西 A 股上市公司资产负债率平均为 53.16％,远低于全国 A 股公司平均资产负债率的 83.51％,在全国 31 省平均资产负债率从高到低排名中,江西居第 23 位。在"1＋6"七省中,江西上市公司的总体资产负债率为倒数第一低。这一方面反映出江西企业相对稳健和保守、债务风险相对较低,另一方面折射出江西企业可能不太擅长于运用金融杠杆,经营风格相对温和,不那么进取。

9.创收和盈利能力

营业收入和净利润,在全国中的占比分别为 1.60% 和 0.73%,再次反映江西上市公司在全国中的权重较低。盈利最多的 10 家公司,有 4 家都是上游初级资源加工制造业(2 家有色金属、2 家钢铁),传统行业、资源型企业,是江西上市公司利润的支柱。

江西上市公司的毛利率、净利率和 ROE 平均水平,远低于全国平均水平,在"1+6"省综合排名中居后,这是十分值得往深思考的现象。背后的原因,主要是二个大方面:一是行业方面,传统行业通常有着较低的盈利能力。二是企业经营和管理能力方面。总体水平较低的毛利率、净利润和 ROE,在一定程度上折射出全省的产业结构老化和企业经营管理能力相对落后。

江西上市公司 ROIC 平均为 4.41%,略高于全部 A 股平均水平 3.08%,在"1+6"省中排名第三。这说明借贷资本运用较之前有所改善。

10.研发投入和专利保护

研发投入同比增长 6.42%,研发营收比(研发投入总额与营业收入总额之比)为 2.24%,和上年持平,研发利润比(研发投入总额与净利润之比)为 65.54%,较上年的 72.52% 有所下降。

江西上市公司平均研发投入在 31 省中排第 12 名,在"1+6"省中排第 2 名。江西上市公司主体共持有各项专利技术 19577 项,平均每家上市公司持有专利技术 222.47 项。

11.资本运作

股票融资、债券融资、大股东增减持、大股东股权质押融资、剥离、分拆、控股权或控制权变动等十六个维度看,江西上市公司的资本运作不够活跃,总量小、在全国中占比小、排位落后。

以股票融资为例,2023 年 IPO+再融资,累计 163.42 亿元。同年,全国上市公司股票融资 8882 亿元,江西占比 1.84%。这个指标明确地告诉人们:从资本市场争取资金方面,江西上市公司争得的份额很小。某一个年份或某一段时间如此,这是无关大体的。但如果历来如此、长期如此,就可以推断:全省的经济发展和产业升级,资金"燃料"不足。这就事关大体了。

资本运作是双刃剑,比如融资、举债、并购、重组、分拆、ABS 等,运作得好就是跨越式发展,运作得不好就反遭其累甚至踏入陷阱。江西企业的资本运作不活跃、不擅长,从一个侧面反映了二个特点:一是江西上市公司的经营风格较为稳健和保守,狼性不足,进取心和进攻性不及周边省份。二是江西上市公司不够擅长利用杠杆、并购扩张、外延式增长、跨越式发展。

这种状况的好处是风险小,坏处是发展慢。如果从企业竞争和与时俱进的角度来说,发展慢,也可能是企业的大风险之一,是熟视无睹的风险灰犀牛。

12. 国际化程度

境外销售收入、境外分子公司和分支机构、外资股东和境外融资、引进外资和中外合资、跨国投资和并购等方面显示,江西上市公司的国际化程度有所提高。

13. 就业贡献

2023 年,江西上市公司员工总数达到 33.48 万人,占全部 A 股就业人数的 1.10%;较上年增加 2.51 万人,同比增加 8.10%。员工总薪酬为 502.72 亿元,同比增长 13.05%,占全国 A 股薪酬总额的 0.74%。平均每家 5.49 亿元,不到全国平均每家 11.58 亿元的一半。社保费用总额:为 20.78 亿元,同比减少 57.03%,占 A 股社保费用本期增加总额的 0.63%。

14. 税收贡献

企业所得税总额 58.01 亿元。参考统计局公布的 2023 年数据江西企业所得税财政收入 255.7 亿元,上市公司所得税占比 22.69%。江西上市公司税收贡献 298.26 亿元,平均 3.39 亿元,占 A 股税收贡献的 0.65%。全部 A 股税收贡献 46120.91 亿元,平均 8.60 亿元。江西上市公司平均税收贡献在 31 省中排第 23 名,在"1+6"省中排第 4 名。

15. 合规性

总体良好。

16. 市场关注度和参与度

2023 年有所上升,相比全国及周边六省处于落后水平;2023 年日均成交额 1.45 亿元,低于全国平均水平。

17. ESG

与全国水平基本持平。

概括言之,用三段话来表述江西上市公司的总体特征和未来机遇:

其一,与往年相比,取得了很大的发展,成绩斐然;与全国和周边六省比,还存在差距、相对落后。

其二,产业结构偏传统,企业经营较稳健,资本运作不擅长,资本市场利用不够充分。好处是风险小,坏处是发展慢。

其三,未来机遇:在传统产业方面,江西产业结构的"偏科"(因矿而立、有色金属)面临未来长达十年的超级景气,前景大好。有人把矿业和有色金属业看作是江西经济老化和落后的标签与滞重,我们却坚定地看好矿业和有色金属业的前景及其对江西经济的非凡意义。我们认为,根据最新和未来二十年的世界经济格局,重建一个全新的江西矿业和有色金属产业战略,将有可能使江西成为举足轻重的中国经济重省和世界经济要地。在新产业和先锋产业方面,江西及其上市公司,面临换道超车、腾空而起的历史性机遇。在切入和抢占未来产业主赛道和新赛道上,江西与绝大多数省市甚至与发达省市和发达国家,都处在同等起跑线上。在技术越领先、产业越前锋、起点越高的经济领域,江西与经济发达省份的差距就越被拉平,拉平到同等起跑线上。对江西来说,与其在旧赛道上努力追赶,不如在新赛道上先行起跑或并行赛跑。面对百年未有之大变局、历史和当前的领先或落后,都属"陈迹";更大的机遇属于未来,关键是江西的有识之士和有志企业怎样一起向未来!

我们观察和思考上市公司的发展,一直主张"产业为本、金融为器"。无论是江西省的省域经济,还是各地市县的地域经济,抑或是各家个体的上市企业、如果不以产业为本,不在产业上发力,金融运作就是脱实向虚、不可持续,玩金融终将玩火自焚、走向败局;如果不擅金融为器,缺乏金融领悟和理解,缺乏资本运作能力,不擅长利用资本市场的力量,就难以在产业上强势崛起和开拓创新,更谈不上跨越式发展。

一句话:产业上没有大格局、金融上就难有大作为;金融上没有大作为、产业上就难成大格局。

以此观之,江西省怎样发展上市公司、怎样在全国乃至全球的资本分配和资源配置中争取得到更多的"蛋糕"份额和"燃料"动力,以实现经常说的"争资争项"和"高质量跨越式发展",战略思维上就二条:一是产业上布大局、下大棋;二是金融上大手笔、大作为。二条缺一不可。围绕这二条,配套上适当的策略、有效的措施和专业的操作。

十八、前瞻远瞩:赣商的未来

赣商顺应天时地利人和,进击演化,构成了一条完整、独特的发展商脉。

随着信息化浪潮在全球兴起,世界变化与日俱进。"厚德实干,义利天下"的赣商精神正在焕发新时代的光芒,散发着赣商博大致远的家国情怀。

赣鄱大地曾是中国红色革命的圣地,具有颠覆旧传统旧模式的创新精神。赣商如何破局,才能经得住磨砻淬砺,精金百炼? 政府怎样作为,才能继续生生不息,历久弥新? 在新时代的赣商身上,流淌和赓续那种特殊革命性的基因,将江西与中国和世界紧密相连,共赴蔚蓝的星海。

(一) 赣商强,则经济强

从宋元明清数个朝代中江西的经济发展,以及赣商之于江西经济繁荣史发现,赣商与江西的经济关系相辅相成,紧密相连。可以说,赣商的历史就是江西经济发展历史的重要组成部分。

之于江西而言,一座城市就是赣商的城市,一流的赣商代表一流的江西形象,没有中国一流的赣商,难于有中国一流江西。

江西有着悠久的商业历史,涌现出一大批实力雄厚的瓷商、茶商、粮商、布商、药商、盐商,与晋商、徽商等平分秋色,不分仲伯。这些赣商不仅在江西乃至全国范围内有着广泛的影响力,也为江西的经济发展做出了巨大的贡献。

　　赣商是推进中国式现代化的生力军,是高质量发展的重要基础。进入新时代,江西经济发展迅速,2022年的GDP排名超过了陕西、重庆、辽宁等省市,成为全国经济的重要增长极之一。人均GDP增长倍数位居全国前列。这一切得益于江西政府的大力推动和赣商群体的主体精神和积极参与。

　　赣商兴,则江西经济兴;赣商强,则江西经济强。江西民营经济从小到大,完成了从"微不足道"到"半壁江山"的飞跃。江西经济的发展离不开赣商群体的支持和参与。截止2022年12月,以民营经济为主的非公经济创造了江西62.1%的地区生产总值、77.1%的工业增加值、77%的上缴税金、82.5%的城镇就业人口和98.1%的出口创汇,全省民营经济贡献占比,均高于全国平均水平。这一连串的数据背后,是赣商经济带动更大生产消费,实现社会公平与发展效率的生动写照。

　　赣商除了在江西投资创业外,还积极参与到其他地区以及国家的一带一路倡议中,把握历史机遇,进一步拓宽发展空间。赣商通过自己的智慧和努力,不断推动着江西的经济和社会的全面发展。

(二) 赣商的企业家精神

　　从明清时期的"江右商帮"到新时代新赣商,赣商数百年的发展历史演变告诉我们,优秀赣商都具有一股冒险、创新、诚信、不畏艰险、在困境中反思等精神。这种精神的根本指向,就是企业家精神。

　　具有企业家精神的赣商才能走向未来,走得更远。

　　何为企业家精神?

　　法国经济学家让·萨伊说,企业家是敢于承担风险和责任,开创并领导了一项事业的人。法国另一位经济学家理查德·坎蒂隆在《商业概论》中提出,企业家是面对不确定的市场和承担经营风险的人。

　　英国经济学家马歇尔提出,企业家是以自己的创新力、洞察力和统帅力,发现和消除市场的不平衡性,创造交易机会和效用,给生产过程提出方向,使生产要素组织化的人。

　　美国经济学家约瑟夫·熊彼特的"企业家"定义最为经典,认为企业家是不断在经济结构内部进行"革命突变",对旧的生产方式进行"毁灭性创新",实现经济要素创新组合的人。美国现代管理学之父彼得·德鲁克则认为,企业家是革新者,是勇于承担风险、有目的地寻找革新源泉、善于捕捉变化、并把变化作为可供开发利用机会的人。

从诸上经济学家对企业家的定义,可一窥企业家的本质特征是冒险家与创新者。企业家是经济学上的概念,企业家代表一种素质,而不是一种职务。

赣商的企业家精神包括但不限于如下几种精神。

1. 创新精神

惟改革者进,唯创新者强,唯改革创新者胜。创新是赣商的首要条件,是赣商精神的灵魂,也是赣商精神的主要特征。正如彼得.德鲁克所言,创新的本质是为客户创造新的价值,而不是技术、概念本身。

2. 冒险精神

冒险是赣商精神的核心。对赣商而言,不确定是常态,确定才是非常态。赣商面对新技术、新市场、新的未来趋势等不确定因素中,善于从中捕捉每一个机会。越是不确定的环境下,越可能创造或诞生伟大的赣商。

3. 诚信精神

赣商以讲究贾德著称。诚信是赣商精神的立业价值观。经济学家厉以宁提出,道德力量是市场调节和政府调节之外的第三种调节。对赣商而言,追求利润是道德的,不追求利润是非道德的,但君子爱财,取之有道。诚信、声誉等之于赣商就是利润的附身符。

4. 不放弃精神

丘吉尔曾咆哮道:千万千万别放弃,多数伟大的胜利都发生在最后一局。乔布斯深信,成功与不成功的企业之所以不同,有半数原因在于能否坚持下去。坚持是一种能力和美德。赣商无论是创业还是守业,都会经历种种磨难和挫折,始终坚持信念,不断努力追求梦想,正是这种坚持不懈的精神,才能在激烈的市场竞争中脱颖而出,永葆基业长青。

5. 内外兼容精神

兼容是赣商精神的素质。赣商擅长处理企府、企企,人企、产业等合作关系。同时兼听则明,始终有一种内外兼容和兼修心理。商儒并举,德业双修,外修行动,内修心智;外修能力,内修底蕴;外修创新,内修格局;外修执着,内修使命;外修成果,内修思想;外修功业,内修品德。信念决定赣商的方向与力量,使命决定赣商的责任与担当,格局决定赣商的开局与结局,而底蕴决定赣商的高度与宽度。

6. 社会责任感

赣商的社会责任,包括承担经济责任、社会责任和环境责任。赣商的社会责任,包涵社会公益、教育、扶贫、治理环境、致力共同富裕等,赣商义利并举,守正出奇;义利相合,内圣外王。承担社会责任感,不仅提升赣商形象,还会获得利益相关者对赣商的良好印象,增强投资者信心,同时容易获得社会的认可。

7. 全球化思维

信息技术和智能技术的发展,地球成为地球村,赣商要站在月球上看地球,放眼全球化,敢于重新定义世界标准。虽然当下国际形势错综复杂,但赣商对"走出去"笃定不移,为迎来中国创造、全球智造的新格局,去想、去创、去干。

(三) 赣商有所为,有所不为

改革开放 40 年以降,中国社会经济的快速发展为赣商创造了巨大的市场机会,具有远见卓识的赣商乘着时代翅膀,乘风破浪,茁壮成长,形成了自己一套高效的经营模式、独特的赣商文化和有效的管理体系。

作为新时代的赣商,在未来金波翻滚的国内市场和国际市场中,独领风骚,勇立潮头。那么面对未来,赣商如何所有为,又有所不为?

1. 弃资源依赖,取高新技术

从赣商经营的产业分析,赣商及其企业的低附加值问题是赣商发展的关键瓶颈。

如何突破瓶颈和改变此等困局?

依靠技术,提升赣商的科技含量,摆脱依赖资源、低成本人力等惯性,打造出赣商独有的市场,提高赣商附加值和企业的竞争力,是赣商转型的不二选择。

当今知识经济时代,科技创新是以创造新技术为目的的创新或以科技知识及其创造的资源为基础的创新,成为经济和社会发展的主导力量。技术创新决定赣商发展方向,是赣商竞争的根本之所在。黄代放的泰豪集团公司、李良彬的江西赣锋锂业集团股份公司、李希的润都制药股份公司、王文京的用友软件集团、赖春宝的普蕊斯医药科技公司等赣商正是通过技术创新、技术革新走上快速发展之路,而这也正是无数优秀赣商的成功捷径。

破除"守成"思想,敢闯敢创,敢为人先,拥抱改革,不惧风险,在战胜困难挑战中成长突破,不断赢得发展主动。当今中国正遇百年未见之变局,赣商面临的环境将日益复杂多变,不确定性日益加剧,竞争更加激烈。赣商面临的不仅是国内的竞争压力,更重要的问题是如何在国际竞争中求得生机。这就要求赣商必须摆脱依赖资源惯性,不断进行技术创新,创造市场和适应市场。

2. 舍小富即安,育创新精神

创新是一个民族进步的灵魂,是一个国家兴旺发达的不竭动力。赣商在创业过程中表现出敢为人先、敢于冲破僵化体制的可贵品质,大胆尝试一切有利于发展生产力,有利于提高社会水平的创新试验。

在改革开放大潮中,赣商创造了许多全国第一:张果喜,共和国第一位亿万富豪;熊建明开创了中国第一家同时在 A 股和 B 股上市的民营企业;管金生,创办中国首家股份制证券公司万国证券;王明夫,创办亚洲最大的和君咨询集团……透过这众多的"全国第一",可以看到赣商勇于开拓精神。正是这种生生不息的创新精神,使得赣商充满了创造性的活力,在社会主义市场经济的改革中先行一步,获得制度创新的丰硕回报。

创新过程,从某种意义上说,就是试错的过程。创新就是在实验中不断减少不确定性。创新是企业穿越周期,基业长青的唯一途径。如果说战略是关键阶段的重大抉择,那么,创新就是抉择后的重大行动。在新时代全球竞争的格局下,赣商要走向世界,必须要汲取国际创新的先进经验和模式,打造具有全球共识的中国式创新逻辑。

3. 坚守信用,拥抱资本

和君咨询集团有个著名的十六字诀,即:产业为本,战略为势,创意为魂，金融为器。

金融为器的背后，信用是资本市场的压舱石。

从微观视角看，金融市场是企业竞争的制空权；从中观视角看，资本市场的走向决定着产业结构的变迁和区域经济的兴衰；从宏观视角看，大国之争，资本市场必争。融资方式的创新，是赣商走向强大关键之所在。

市场经济活动中，赣商追求利润是建立在守法和诚信的基础上。企业要生存发展，必须树立起对法律和道德的敬畏，筑牢守法合规底线。曾创造小霸王和步步高等著名品牌赣商段永平，提出办企业要诚信与正值是伟大企业的共性，本分诚信比聪明主要，诚信是无形资产，守诚信能带来巨大利益。熊建明执掌的方大集团成立 30 多年来，坚守实业，做强产业，努力把小产业做到极致。陈新的中智互联投资控股集团致力于金融资本与产业投资相结合，曾钫的北京谛恒投资集团以金融为本，专注于科投企业投资，彭国禄的中大控股集团在智能建造等行业精耕细作，成为民营企业的标杆。

4. 突破格局，积极转型

从粗放型经济向可持续发展经济转型，是赣商崛起和构建赣商品牌的重中之重。

从赣商从事的行业中发现，江西产业的基本结构仍然是数十年前的有色金属冶炼和压延加工业，经过近十余年的调整，赣商的产业结构依然严峻。同时赣商不少支柱产业多为高耗能企业，此类企业的综合耗能占整个省工业能耗总量居高不下。

从"赣商制造"转型为"赣商智造"，是赣商经济实现可持续发展的必经之路，也是赣商面临的最严峻的考验之一。赣商要加快调整产业结构，优化产品结构，完善以及合理促进赣商产业布局。

江西是农业大省，拥有非常悠久的农耕历史，赣商要把这种独一无二的优势资源转化为合理的产业布局。加快自主技术研发，只有拥有更多自主知识产权的产品，才会创造更丰厚的利润，从日益复杂的市场竞争环境中脱颖而出。赣商再度复兴当是历史的必然，然而在这伟大的进程中，赣商要学会脱胎换骨，勇猛精进，缩短崛起所需要的时间，让赣商品牌更早更快地立于世界商业之林。

5. 审时度势, 引领潮流

传统的产业和商业模式难于适应时代经济之发展, 赣商要致力于构筑先进平台, 提供全面的信息、交易、结算、物流、融资等专项服务, 创建公正、公平、公开、高效的市场环境, 发挥更大的资源配置作用。

传统商帮是"人格化交易路径"。赣商在复兴的过程中, 将会遭遇很多的问题, 譬如人与人之间的关系与法律之间的问题、势力与真理之间问题、传统的商业模式与新时代商业模式之间的矛盾等等。赣商要能够从复杂的环境中作出正确的判断, 做正确的事, 做一个具有现代开放意识、现代商业文明契约精神以及根据局势变化不断创新的赣商。在面对困难和不确定性时, 赣商要有坚定的信心, 对企业做系统思维和谋划, 勇谋善断, 推动自身不断发展。

(四) 政府有为, 赣商有感

新中国改革开放以降, 赣商躬逢其盛。无论是过去还是未来, 政府之于赣商的兴衰沉浮, 具有不可低估的力量和影响力。40 余年来, 江西政府为赣商保驾护航, 在环境、政策和战略上为赣商营造环境做了许多努力和探索, 如提出"治湖必须治江、治江必须治山、治山必须治穷"的治理理念, 确立"三个基地, 一个后花园"的发展定位, 提出"对接长珠闽, 融入全球化"的方针, 将建设鄱阳湖生态经济区上升为国家战略, 提出建设"富裕和谐秀美"新江西的奋斗目标等等, 取得巨大的成就。

在中国特色社会主义新时代浪潮中, 江西省委省政府高瞻远瞩, 聚焦"走在前、勇争先、善作为"的目标要求, 加快打造"三大高地"、实施"五大战略", 坚定不移推动高质量发展, 深入推进新型工业化、着力构建江西特色和优势的现代化产业体系, 加快发展新质生产力, 奋力谱写中国式现代化江西篇章。

在 2024 年 7 月的中共江西省委十五届六次全会上, 省委书记尹弘做了重要讲话。会议提出要加快建设现代化产业体系, 做强做大优势主导产业, 深化落实"1269"行动计划, 全面推进制造业数字化转型, 聚焦"未来材料、未来能源、未来生物、未来健康、未来显示、未来航空"六大重点发展领域前瞻布局未来产业,提升招商引资质效,积极培育发展新质生产力。要用足用好国家扩大内需政策,深入实施项目带动战略"十百千万"工程,聚焦"两重""两新"领域,积极扩大有效投资,充分激发消费活力,全面落实推动房地产市场平稳健康发展政策措施,全力稳定外贸出口,持续释放投资消费潜力。

江西省委副书记、省长叶建春在今年 6 月 22 日的"知名企业江西行"投资合作交流会上指出,当前江西正坚定不移实施工业强省战略,着力做优做强做大制造业这个"强省重器",深入实施制造业重点产业链现代化建设"1269"行动计划,"一产一策"推进延链补链强链,推动有色、钢铁、石化等传统产业"凤凰涅槃",促进电子信息、新能源、新材料、装备制造、航空等战略性新兴产业融合集群发展,积极部署低空经济、核技术应用、新型储能、人形机器人、功能食品等未来产业,加快构建体现江西特色和优势的现代化产业体系。

党的二十届三中全会指出,推进政府机构、职能、权限、程序、责任法定化,促进政务服务标准化、规范化、便利化。面对一些共性难点问题,江西探索在基本政务服务便捷化的基础上,为企业提供精准化、个性化衍生服务,通过部门高效协同,进一步增强企业获得感。

1. 营造法治下的市场经济环境

政府进一步尊重市场规律、尊重赣商选择的社会氛围和商业环境,努力构建新型的重商亲商尊商清商关系,保护赣商利益。

首先,尊重赣商的首创精神。要规范和完善市场体系,确保各类生产要素市场合理运作,尊重赣商和创业者的首创精神。政府主导、政企不分、官本位、行政干预等会削弱赣商首创精神,阻碍赣商进步。

其次,确立赣商的主体地位。在严格的产权保护环境下,由赣商自主决策、自担风险,而不能照搬"建设型政府"的一套,让赣商听命于政府的指挥,遵从政府的"红头文件"。

第三,规范而充分的市场竞争。市场竞争会激起赣商和创业者活力四射的创新激情。市场竞争是缩短试错过程和降低试错成本最有效的途径。任何取代市场、抑制市场竞争的制度安排,都会成为压抑创新的因素。

第四,完善服务型政府。政府是赣商发展的推动者、服务员和守夜人,自上而下践行兑现比承诺更重要、效率比笑脸更重要,解决比解释更重要的服务理念。

2. 激发赣商的创新能力

政府重视、鼓励和支持赣商吸引科技人才,增加研发投入,提高产品的技术、质量和品质。加大知识产权服务和保护力度,为创新型企业提供良好的创新环境。营造鼓励创新、宽容失败的舆论环境,对赣商合法经营中出现的失误失败给予理解、宽容、帮助。

3. 进一步开放金融资本市场

政府从制度上疏通货币政策传导问题,解决金融机构对中小型赣商"不敢贷、不愿贷、不能贷"问题,提升金融机构主动服务中小微赣商的能力,降低赣商融资成本。

加大招商引资力度,进一步扩大利用内资和外资规模,促进产业结构改善,促进产业部类升级,从第一产业向第二产业、再向第三产业转变,促进从低技术含量、低附加值的产品和服务生产向高技术含量、高附加值的产品和服务生产转变。

4. 支持赣商"走出去"

"走出去"战略是对外开放的重要内容,也是扩大对外经济技术合作、发展开放型经济的主要手段。

政府做好服务引导工作,利用各种政府间合作渠道为赣商牵线搭桥,提供相关信息,帮助赣商解决走出去中遇到的问题,支持有实力有条件的赣商走出去主动参与国际竞争合作。

5. 帮助赣商防范风险

政府进一步引导、鼓励和支持赣商加强与行业协会、商会、智库以及专家学者的交流合作,及时了解市场信息,处理好与公众的关系,主动承担社会责任,防范和化解各种不确定性风险。

各级政府放松和解除管制,强化市场功能,弱化官员造租和寻租能力。调动赣商出于天性而发扬的创新精神。只有变革永续,方能基业长青。围绕赣商全生命周期,强化数据赋能、改革集成,大力推动"一件事一次办""一网通办"。全面推广"赣商安静期"制度,推动"首违不罚"

"轻微免罚"实现行政执法领域全覆盖。建立常态化政企沟通、诉求快速处理等机制,开展"新官不理旧账"等专项治理,查处一批突出问题,维护赣商合法权益。对外籍赣商,全面实施市场准入的负面清单制度,强化要素保障,针对市场垄断、不正当竞争,开展专项整治,提升赣商获得感,为赣商拓展发展空间。

6. 为赣商提供人才筹备

人才是推动赣商发展的驱动力、是赣商的核心竞争力量。

改革开放以来,由于东部地区率先发展,江西人才不仅孔雀东南飞,麻雀也东南飞,江西人才流失严重。

赣商要发展,人才是关键。政府进一步大力开展人才集聚工程、人才开发工程和领军人才工程建设。在人才观念上,确立人才资源是第一资源,能力本位、竞争激励的观念;在人才投资上,确立人力资本优先积累的发展思路;在人才培养上,要大力实施"名人"培养工程;在人才使用上,可实行"赛马"用人制度;在人才引进上,聚集一批适应现代制造业重要基地需要的高级管理人才和技术专家。

7. 扶持发展支柱产业

支柱产业是一个地区长期发展形成的、具有一定比较优势的产业。

政府为实现支柱产业的发展目标,促进支柱产业快速裂变扩张,精心谋划,通过机制与体制的创新,形成赣商"我要发展"的内在动力和活力机制。

政府进一步坚持市场化运作与政府引导相结合的原则,坚持对内放活与对外开放相结合的原则,坚持机制创新与体制创新的原则,坚持专业化分工和规模经济的原则。支持和扶持赣商致力于发展支柱产业,即汽车航空及精密制造产业、特色冶金和金属制品产业、中成药和生物医药产业、电子信息和现代家电产业、食品工业、精细化工及新型建材产业等。

8. 培育壮大产业集群

未来数十年,发展特色产业,必须围绕特色依托工业园区发展赣商集群,加快形成区域品牌。这是沿海地区发展的经验,也是江西舒展后发优势的着力点。

江西拥有 30 多个产业集群,但大多是传统产业集群,有许多集群仍处于初期形成阶段,且大部分立足于当地的农业和矿产品资源基础之上。江西政府进一步培育扶持战略性产业集群和地方性产业集群,孵化优秀赣商。

战略性产业集群。主要包括培育以 LED 产品及电器元件为主的电子通信设备电子元器件及光电产业集群,以格林柯尔科龙工业园等空调家电产业集群,以"江铃""昌河"品牌为主的轻型汽车产业集群,以新钢为主体的钢铁产业集群,以贵溪冶炼厂、铜业生产加工基地和铜业工业园区为主体的贵溪铜业集群,以赣州稀土工业园为主体的赣南复合型稀土加工基地,以九江石化、九江炼油厂、蓝星化工集团公司等为龙头的石化产业集群,以"亚东"水泥、工业陶瓷、新型玻璃品牌等为主体的材料产业集群,以上饶凤凰光学仪器工业园区为依托的光学仪器产业集群。以樟树现代中药为主体的医药产业集群。

地方性产业集群。主要包括景德镇的日用陶瓷产业集群,万载的烟花爆竹产业集群,进贤文港镇的毛笔、钢笔及文具用品产业集群,进贤的一次性医用注射器产业集群,余江县的眼镜产业集群,赣州的服装、鞋业产业集群,高安的建筑陶瓷产业集群,南昌、赣州和广丰的烟草产业集群,樟树、临川和李渡的白酒产业集群,高安的腐竹产业集群等。

9. 赣商文化重构

文化作为一种重要资源正越来越多地影响着区域经济增长过程,推动着区域经济增长方式的转型。对于不同区域来说,其深厚的文化资源的积淀能促进区域经济增长,增强区域竞争力。

江西政府进一步着力区域文化的重建,发掘儒家文化内涵中的卓越传统。即儒家的具体伦理规范中有对促进资本积累必不可少的勤劳与节俭精神,儒家忧国忧民的传统成为赣商进行实业强国的强大精神动力,重视教育及以人为中心的人本思想转化为对社会人力资源的用人制度,以及强调内部和谐、团结的集体主义精神对赣商的发展所产生的积极作用。

江西政府以区域文化重构为突破口,开展解放思想活动,荡涤思想,转变观念,进一步用发展社会主义市场经济的新观念来统一思想,增强开放意识、市场意识、机遇意识、创新意识,开阔视野,通过发展思路、发展战略、发展手段的创新,以及体制、机制与科技的创新,从而使赣商的劳动、知识、技术、管理和资本的活力迸发,为地方为社会为国家创造更大的社会财富。

后　记

　　对赣商的关注,历时十余年。本书从成稿到出版,前后酝酿数载。

　　本书参考诸说。除在文本做标注外,还参考了庞振宇著《赣商文化导论》,张方霖等编著《万寿宫与江右商帮》,秦夏明主编《赣商研究》、林芸主编《赣商研究(卷二)》,贺三宝著《江右商帮兴衰对区域经济社会影响研究》,尹继东等著《江西在中部地区崛起方略》,徐鸿著《中部地区经济发展的战略选择:江西在中部地区崛起的经济学分析》,刘秋根著《江西商人长途贩运研究:江西商人经营信范》等等,特表感谢!

　　美国著名传记作家斯诺在《西行漫记》序文里说:"从字面上讲起来,这一本书是我写的","可是从最实际主义的意义来讲,这些故事却是中国革命青年们所创造,所写下的。"此刻呈现在读者诸君面前的《赣商的过去、现在和未来》,我们只能这么说,从署名上来说,是我们创作的,但真正的故事是全体赣商们所创造的。

　　感谢青年书法家、舒同之孙舒晚先生为本书题签。

　　赣商研究既是我们的专业和职业所向,也是我们作为赣鄱之子永恒的课题。因水平所限,书中不当之处,敬请方家不吝指教。

作者

2024 年 8 月

图书在版编目(CIP)数据

赣商的过去、现在和未来/汤涛,王明夫,史贤德著.
—上海:上海三联书店,2024.9
ISBN 978 - 7 - 5426 - 8669 - 5

Ⅰ.F729

中国国家版本馆 CIP 数据核字第 2024LR7075 号

赣商的过去、现在和未来

著　　者　汤　涛　王明夫　史贤德

责任编辑　钱震华
装帧设计　汪要军

出版发行　上海三联书店
　　　　　中国上海市威海路 755 号
印　　刷　上海颛辉印刷厂有限公司

版　　次　2024 年 9 月第 1 版
印　　次　2024 年 9 月第 1 次印刷
开　　本　700×1000　1/16
字　　数　350 千字
印　　张　23.75
书　　号　ISBN 978 - 7 - 5426 - 8669 - 5/F · 930
定　　价　128.00 元